ANTROPOLOGÍA SIMBÓLICA DE UNA CIUDAD

ANTROPOLOGÍA SIMBÓLICA DE UNA CIUDAD

Évora, mitología y patrimonio

MARÍA CÁTEDRA

CONSEJO SUPERIOR DE INVESTIGACIONES CIENTÍFICAS
Madrid, 2024

Cómo citar: *Antropología simbólica de una ciudad: Évora, mitología y patrimonio* / María Cátedra. Madrid: CSIC, 2024.

Catálogo de publicaciones de la Administración General del Estado: https://cpage.mpr.gob.es

Editorial CSIC: *http://editorial.csic.es* (correo: *publ@csic.es*)

© CSIC, 2024
© María Cátedra
© De las ilustraciones, las fuentes mencionadas a pie de figura
Imagen de cubierta: *Símbolos en la noche evorense, collage* de José Antonio Elvira

ISBN: 978-84-00-11329-2
e-ISBN: 978-84-00-11330-8
NIPO: 155-24-186-0
e-NIPO: 155-24-187-6
Depósito Legal: M-20926-2024

Coordinación editorial: Enrique Barba (Editorial CSIC)
Corrección: María José Pérez
Maquetación: Doce Calles S.L.
Impresión y encuadernación: Gráficas Muriel, S.A.
Impreso en España. *Printed in Spain*

En esta edición se ha utilizado papel ecológico sometido a un proceso de blanqueado ECF, cuya fibra procede de bosques gestionados de forma sostenible.

Índice

PARTE III
Évora Patrimonio Mundial

Prólogo

Este innovador ensayo de antropología está dedicado al universo simbólico en que se asienta la identidad urbana de Évora. Se trata de una importante monografía sobre esta monumental ciudad portuguesa y constituye una contribución significativa a la antropología urbana en el contexto ibérico.

Algunos artículos en revistas y libros que leí en su día ahora los veo transformados en capítulos de este libro. Fue como el milagro de la multiplicación de los panes y de los peces. Porque una monografía es más que la suma de sus capítulos. Tuve la fortuna de presenciar este proceso y espero ahora saber corresponder en estas líneas. Desde el punto de vista intelectual esta ha sido una experiencia estimulante, porque se observa, se acompaña y aprende con el otro. La profesión antropológica vive del ajuste, el perfeccionamiento y la comparación: tanto en lo que respecta a los temas de investigación como en las relaciones con los colegas. Eso me pasó en Évora con María Cátedra.

Durante el periodo de gestación de este libro y debido en algunas ocasiones a la influencia de María, surgieron otras etnografías que destacan diferencias y semejanzas ibéricas. Por ejemplo, la investigación en cuerpo y alma de Sara Sama con colectivos de gitanos de Évora y su entorno, o el artículo de Mónica Cornejo y Ema Pires sobre comparación de fiestas. La etnografía de António Medeiros sobre nacionalismo gallego es el reverso de la incursión de María Cátedra en tierras portuguesas. Y sobre Évora en concreto habría que destacar la monografía pionera de Georges Augustins.[1]

---

[1] Augustins, Georges. 2006. *Les marques urbaines du prestige. Le cas de Évora au Portugal*. Nanterre: Société d'Ethnologie.

Cornejo V., Mónica y Ema R. Pires. 2003. «Una fiesta y varias fronteras. Los Quintos de Barrancos (Portugal) y Noblejas (España)». *Revista de Antropología Social* 12: 181-198.

Medeiros, António. 2006. *Dois lados de um rio: nacionalismos e etnografias em Portugal e Galiza*. (Traducciones: 2006, *Los dos lados de un río. Nacionalismos y etnografías en Portugal y en Galicia*. Madrid: CIS Centro de Investigaciones Sociológicas; 2013 *Two Sides Of One River. Nationalism and Ethnography in Galicia and Portugal*. New York: Berghahn). Lisboa: Imprensa de Ciências Sociais.

Sama Acedo, Sara. 2010. «Espacios vividos, espacios creados: los "ciganos" de Évora». Tesis doctoral. Universidad Complutense de Madrid.

En este libro la autora afronta un desafío con dos ejes. A saber: los fenómenos de semejanza y diferencia pensados, imaginados, deseados o rechazados provocan metamorfosis, que el antropólogo capta, elabora y desmonta. Su modo de mirar las piedras hace perceptibles ideas que les están asociadas, originando una densa descripción geertziana. Y, en segundo lugar, el propio lugar. Buscando la comparación eligió precisamente una ciudad de provincias con murallas y con monumentalidad de reconocida relevancia. Antes María había estudiado Ávila, ciudad castellana; la investigación de este libro la llevó a Évora, ciudad alentejana.

Portugueses y españoles somos peninsulares, viviendo en dos Estados salpicados de autonomías y de algunas insularidades. Durante el trabajo de campo, la antropóloga se sorprendió al descubrir que venía del lado del *enemigo* histórico. Tuvo que reorientar sus coordenadas culturales. Este enemigo no estaba en el sur musulmán, como había aprendido anteriormente tras una gesta de más de setecientos años, sino en el este, en el corazón de León y Castilla. Evidentemente, cualquier diferencia va acompañada de una similitud.

Es necesario tener en cuenta el espacio, el paisaje de la ciudad, para llegar a su construcción simbólica. El horizonte es esclarecedor y ha cambiado. En Évora podemos ver como los silos de cereales construidos en los años 1930 alejaron las torres de las iglesias de sus hitos en el horizonte. Pero una de las claves para entender una ciudad son sus puertas y murallas, ya sean las que existen, las demolidas o las reconstruidas. Y al reflexionar sobre el papel de estas edificaciones antiguas eborenses, percibo también una proyección hacia los tiempos actuales y hacia nuevos usos. Por ejemplo, el Muro de Berlín (1961-1989) ha sido también muralla urbana con su simbolismo político asociado. Las losas de hormigón que lo formaron se encuentran repartidas en muchas ciudades por el mundo como suvenires históricos. Es el caso, como se puede comprobar en el Parque de Berlín, en Madrid. No solo hay diferencias y similitudes en el espacio, sino también en el tiempo.

Fijada y apropiada la ciudad en su territorialidad, es importante investigar sus orígenes. Una vez asentadas y aparejadas las piedras de vallas y castillos, hay que extraer las ideas en las que también se asientan. Se suceden periodos, dominios, señoríos, vasallajes, lealtades, infidelidades; en el medio, cristianización, romanización, islamización, y (una controvertida) Reconquista. Se configura una mitología eborense. La fundamentación y la legitimación ideológicas están inscritas en monumentos y respaldadas por textos académicos antiguos y modernos. Hoy en día esta mitología se ha convertido en un consumo turístico.

Cátedra desvela un mundo más allá de las evidencias: el comienzo de todo, la construcción mítica de la ciudad, la Évora romana. Entran en escena figuras como Sertorio, Viriato, Giraldo sem Pavor. El acto fundacional de la ciudad recuerda el carácter sagrado asociado a la institución del Estado. Los lazos de parentesco se establecen, a veces por sangre, por alianzas mantenidas o rotas, a veces por imaginación. Se elabora una cronología de dominios y reinados, hecha de ajustes y vicisitudes. Los monarcas entronizados con la Corona portuguesa, incluso en un Portugal que ya es republicano desde hace más de un siglo, mantienen el derecho de ser recordados con el título de *dom*. Sin embargo, cuando se llega a los monarcas del periodo filipino (1580-1640), el título desaparece, lo que supone tácitamente un tratamiento discriminatorio. ¿Estaba el enemigo histórico dentro…? Lo que me gusta de la cultura es que necesita la trasgresión y solo existe con ella. Es uno de los mensajes que contiene el libro.

A María le gustan los santos y menos los reyes. El título de una monografía sobre Ávila, *Un Santo para una ciudad* (1997), así lo demuestra. Pero, como ella misma indica, su interés radica en la corte terrenal y no en la celestial. Por ello, busca su proximidad y atribuye significados y motivaciones a textos antiguos, fuentes documentales dispersas y controversias en curso. En ellos, se elogia la violencia que adopta diferentes formas: sufrimiento, privaciones, tortura, decapitación, seducción, violación, traición y la siempre ambigua conversión. Es decir, diversas maneras de inscribir las leyes de la sociedad en los santos y en los cuerpos de los pecadores. Aparecen reliquias que se multiplican más que los cuerpos a los que se dice que pertenecieron. Aquí se produce en cierta manera un impulso endofágico. ¿Qué destacar del libro de María? Los santos son los obreros y las vigas sobre las que se sustenta una ciudad, dotándola de cultura y regulando el orden mítico. La fundación de la ciudad legitima la historia de la nación enumerando sus excelencias.

El trabajo de campo realizado por la antropóloga tenía como objetivo la construcción simbólica de la ciudad y la mitología que en ella se fundamenta. Y así sucedió. Durante su prolongada presencia sobre el terreno, se familiarizó con el centro urbano, con su historia y mitología. De su experiencia cotidiana intramuros, rodeada por la monumentalidad de las puertas, los muros, los templos, los palacios —las piedras y las ideas—, se convierte en una *flâneuse* en el sentido benjaminiano. Busca continuidades, transformaciones de la ciudad en el tiempo y en el espacio, de distintas formas (construcciones y destrucciones, salvaguardas, piedras y palabras) por parte de grupos de individuos y colectividades. Y, finalmente, en busca de un camino, encuentra otro. Se produce una metamorfosis en la mitología eborense que se transfigura en Patrimonio de la Humanidad. El nuevo mito es un bien comercializable, pero también sitúa a la ciudad en un mundo global y la configura una vez más. La mitología urbana explica el surgimiento de la cultura y la sociedad; esta perspectiva ha sido muy poco planteada en los estudios urbanos. Esta es la lección que nos proporciona María Cátedra a través de su mirada a las ciudades en este libro.

Jorge Freitas Branco, octubre 2023

Presentación

Este libro, dedicado a la ciudad portuguesa de Évora, tiene una larga historia y es fruto de una doble circunstancia intelectual. Primero fue concebido como parte de una perspectiva comparativa con la ciudad de Ávila, mi trabajo previo (Cátedra 1997a, 2007, 2012). La comparación consciente es, según mi opinión, una asignatura pendiente en antropología social. Ambas ciudades históricas, amuralladas, de tamaño parecido ofrecían contrastes y similitudes intrigantes, sus historias mostraban diferencias, pero también muchos puntos en común y formaban una especie de espejo para poder entenderse mutuamente: la mirada de una enriquecía la de la otra. En Ávila había encontrado al final de mi trabajo una vía fructífera para entender cómo se construye simbólicamente una ciudad, a través de su mitología —antigua o moderna—. En Évora fue lo primero a lo que me acerqué, al tiempo que aprendía algo de su historia y su lengua.

Pese a la cercanía, en aquel momento, apenas se habían realizado investigaciones en el otro lado de la frontera entre Portugal y España. Cuando comencé esta investigación había en España una cierta inquietante tendencia a la endogamia que había señalado unos años antes (Cátedra 1991)[1] y que me proponía enmendar en mi caso. Después de visitar y sopesar literalmente varias ciudades norteamericanas (Richmond, San Agustín, Charleston...) me decidí por una exogamia más cercana. Había viajado con mucha frecuencia a Portugal en vacaciones, un país que me encantaba, y pensé que Évora era la ciudad que buscaba.

Una vez que me decidí a realizar trabajo de campo en Portugal me percaté de que apenas conocía antropólogos portugueses frente a colegas de otros países eu-

---

[1]   Esta publicación fue en origen una conferencia del curso de la Universidad Menéndez Pelayo de Santander «Los españoles vistos por los antropólogos», que dirigí en 1989. Mi trabajo se titulaba «Desde una fresca distancia. ¿Por qué no estudiamos a los norteamericanos?» y aunque me refería irónica y retóricamente a los numerosos estudios desde afuera frente a la endogamia nacional, inicialmente estuve pensando en varias ciudades norteamericanas, interesantes pero difíciles de comparar con Ávila. La transcripción de documentos y de textos en portugués se ha hecho de acuerdo con las reglas propuestas en Costa 1993.

ropeos —un ejemplo más de la escasa comunicación entre ambos lados, que intenté superar leyendo lo que pude y atendiendo varios congresos y conferencias—.[2] El Instituto Superior de Ciências do Trabalho e da Empresa (ISCTE) de Lisboa[3] fue un centro particularmente receptivo, a cuyos antropólogos desde entonces debo una cariñosa acogida y colaboración. Con ánimo de profundizar en nuestro mutuo conocimiento, ya iniciado mi trabajo de campo en el año 2000, organicé en Ávila el seminario titulado «La mirada cruzada en la península ibérica», una pequeña reunión de antropólogos portugueses y españoles que nos permitió conocernos a nosotros mismos y a nuestras investigaciones. Fue tan agradable y fructífera la experiencia y el formato que, para mi sorpresa, allí mismo se decidió que se iba a repetir dos años después en Portugal. Desde entonces se han realizado nueve reuniones en los dos países, a las que siguen otras tantas publicaciones.[4] Esta continuidad me ha permitido conocer a un grupo de antropólogos portugueses y disfrutar de su trabajo y su amistad. Entre otros, José Carlos Gomes da Silva, Brian O'Neill, Manuel João Ramos, António Medeiros, Ana Isabel Afonso, Manuela Ivone Cunha, Adolfo Yáñez Casal, Paulo C. Seixas, Luís Cunha, Humberto Martins, Jean-Yves Durand, Manuela Palmeirim, Virginia H. Calado, Paula Godinho, José Manuel Sobral, Salwa El-Shawan Castelo-Branco, Antónia Lima, Ana Magalhães, Dulce Simões, Daniel Lopes, Nuno Domingos, Catarina Nunes, Pedro Sena, Ana Moreira, Inês Fonseca, Gonçalo Mota, Ricardo Roque... En Lisboa y Oporto encontré otros colegas con los que compartí charlas y cenas como Paula Mota Santos, Paulo Guimarães, Cristiana Bastos, Filomena Silvano, Paulo Lima, Cristina García, João de Pina Cabral, António

---

[2]   VIII Congreso de Antropología. Mesa de Trabajo «I Recreaciones etnográficas» (coordinador, António Medeiros). Santiago de Compostela, 20-24 de septiembre de 1999. Ponente por invitación, título: «El origen de las ciudades: la invención de la tradición en Évora y Ávila»; Congreso de Antropologia de la Associação Portuguesa de Antropologia. Práticas e Terrenos da Antropologia em Portugal. Ponente por invitación en la Mesa de Trabajo «Antropologia em Espanha, hoje» (comentador, Raul Iturra). 15-17 de noviembre de 1999. I Congreso Internacional e Interdisciplinar da ESAP-Ano 2000, Memória(s) e Antecipações. Ponente por invitación, título «La construcción simbólica de las ciudades y los sexos. Hombres y mujeres en la génesis de Ávila y Évora». 18-20 de noviembre, 1999. Fundação Eng.º António de Almeida, Oporto (Portugal).

[3]   Ahora ISCTE, Instituto Universitário de Lisboa.

[4]   Cada organizador invita a un pequeño grupo de antropólogos de ambos países, no más de una treintena, durante tres o cuatro días de intensos debates y agradables charlas y descansos en sitios pequeños que ayudan a la interacción. De manera habitual acuden investigadores sénior y otros más jóvenes. Aparte de la de Ávila (Cátedra 2001) se han realizado en Évora (Branco y Afonso 2003), Pamplona (Uribe 2006), Ponte de Lima (Cunha y Cunha 2008), La Seu d'Urgell (Del Mármol *et al.* 2010), Miranda do Douro (Martins y Durand 2015), Barco de Ávila (Tomé 2017) o en Idanha-a-Nova (Branco y Medeiros 2018). La última, que tuvo que postergarse por la pandemia, se realizó en Hervás en octubre de 2021 (Mariano, Rivero y Conde 2023).

S. Catana y Georges Augustins. Entre ellos quiero destacar a Jorge Freitas Branco, quien ha impulsado decididamente los encuentros en la parte portuguesa; ha leído todo lo que he escrito sobre Portugal y lo ha corregido y mejorado con mesura y sabiduría. En este caso además me ayudó con las imágenes del texto y el formato del manuscrito. He sido muy afortunada de contar con su ayuda y consejo en todo momento y su inestimable amistad.

También quiero extender mi agradecimiento a los colegas españoles que han participado en estos encuentros ibéricos y han mejorado con vivas discusiones algunos de los capítulos de este libro. Una mención muy especial para José Luis García, querido amigo y colega, que ya no está entre nosotros, y a Enrique Luque que ha sido un clásico en ellos. Txema Uribe, Joan Frigolé, Camila del Mármol, Susana Narotzky, Pedro Tomé, Lorenzo Mariano, Borja y David fueron generosos organizadores. Entre los asistentes, Joseba Zulaika, Pepa Cucó, Jesús Azcona, Elena Freire, Manuel Delgado, Beatriz Santamarina, Nieves Herrero, Matilde Córdoba, Xavier Roigé, Consuelo Álvarez, Jesús Contreras, Pedro Cantero, Xerardo Pereiro, Julián López, Joan Prat, Esteban Ruiz Ballesteros, Juan Antonio Flórez, Natalia Castellano, Sara Sama, María Valdés, Oriol Beltrán, Ana Giménez, Charo Otegui, Francisco Sánchez, Jaume Franquesa, Javier Medina, Manuel Gutiérrez Estévez, Xerardo Pereiro, Borja Rivero y David Conde. Mis colegas y amigos Pedro Tomé, Joan Frigolé, Beatriz Pérez Galán leyeron el manuscrito en su totalidad; agradezco mucho sus sensibles comentarios y sugerencias dedicados a este trabajo.

Las líneas que siguen se basan en el trabajo de campo realizado en Évora en dos periodos (en total algo menos de dos años entre 2001-2002 y 2011-2012)[5]. Varias personas me ayudaron en mi trabajo y en mi adaptación al campo. Citaré en primer lugar a dos de ellas que ya no están entre nosotros. Carmen Balesteros, tan gentil, buena amiga y colega en todo momento, y Ludovina Grillo quien fue de mucha ayuda en el Centro de Documentação de la Câmara Municipal, (al igual que Joaquim Duarte y Paula Santos). En Évora fueron muy generosos también Helder Adegar Fonseca, Celestino David, José Maria Pinto Barbosa, Celino Silva, Rui Arimateia, Helder Cortês, Fátima Nunes, Jorge Croce Rivera, Paulo Simões Rodrigues, Manuel Baiôa, Alice Pisco, Antónia Fialho Conde y Celeste Guerreiro. Con mis colegas antropólogos Ema Pires y José Rodrigues dos Santos, a la relación intelectual se unió también una buena amistad. Los dos presidentes de la Câmara Municipal en los dos periodos, Abílio Dias Fernandes y José Ernesto Ildefonso Leão d'Oliveira, fueron muy sensibles y deferentes con mi trabajo. Mi agradecimiento incluye a otros muchos eborenses

---

[5]	Aparte de algunos viajes exploratorios y breves estancias en 1998 y 1999, estuve once meses de octubre a agosto de 2001 y cinco meses desde marzo a julio de 2002. Volví por otros cinco meses de octubre de 2011 hasta marzo de 2012.

siempre corteses y generosos con una «inimiga histórica» tan preguntona. Tan solo citaré a mi vecina Luísa Branco, Jesuína Rosalino y mi compañera de portugués Mapi (y Eliseo). Todos ellos me hicieron sentir «como en casa». Ana Magalhães transcribió con primor y atención las grabaciones que realicé en Évora, incluidas mis preguntas en «portuñol».

Agradezco a mis amigas Marisa Briones, Silvia Lezcano y Asunción Rodríguez la lectura y revisión minuciosa del manuscrito. Y también a Alfonso y a Amparo, que solucionaron con mucho cariño algunas de mis peleas y sobresaltos con la informática. He sido muy afortunada por contar con una imagen de mi amigo el escultor abulense José Antonio Elvira como portada de este libro. Pero un agradecimiento muy especial va para mis dos colegas: uno portugués, Jorge F. Branco, que prologa este libro, y una española, Beatriz Santamarina, que ha hecho una intensa, afectuosa y rigurosa revisión del manuscrito y ha posibilitado su publicación. Ambos hacen que la investigación y la profesión sean también un lugar de generosidad, grato y querido. Finalmente quiero agradecer al director de la Biblioteca de Antropología del CSIC, Luis Calvo, su interés por mi trabajo, y al coordinador editorial, Enrique Barba, y su equipo por la excelente tarea de revisión.

La mayoría de los distintos capítulos que aquí aparecen fueron publicados con anterioridad, entre los años 1999 y 2017, en distintos lugares de Portugal y de España; en portugués, castellano y en inglés; en versiones reducidas o ampliadas; en libros y en revistas no siempre muy accesibles. Por ello ha sido necesaria una revisión bastante exhaustiva para dar unidad y coherencia al texto, evitar repeticiones y completar o corregir ciertos aspectos. Sin embargo, he preferido respetar en conjunto el análisis realizado en su momento, ya que es parte del proceso de investigación y evoca el conocimiento que he ido adquiriendo sobre la ciudad en distintas épocas, por lo que mis datos se refieren a ese amplio espacio temporal. El resultado es este libro que trata sobre la construcción simbólica de una ciudad y contiene tres partes diferenciadas. En la primera parte he resumido un conjunto de textos de diferentes autores[6] que muestran perspectivas históricas, ejemplos de análisis simbólico de la ciudad, al igual que algunos aspectos teóricos. Ello enmarca y contextualiza mi propio análisis que sigue a continuación. La segunda parte trata sobre una selección de la mitología de diferentes épocas que ha marcado una impronta en Évora, pinceladas o hitos, plenos de significado, que la «construyen» o reconstruyen a lo largo de su historia. La tercera parte conforma una nueva mitología en torno a los rituales que celebraban la declaración de la ciudad como Patrimonio Mundial por la Organización

---

[6] Fundamentalmente los trabajos de los White, Silverman, Schorske, Kagan, Frykman y Löfgren, Caro Baroja, Dutour, Zumthor y Rodwin y Hollister.

de las Naciones Unidas para la Educación, la Ciencia y la Cultura (Unesco) desde 1986, sus luces y sus sombras, además de sus impulsos hacia el exterior.

Me he permitido comenzar por un pequeño artículo procedente de una mesa redonda de un curso realizado en el antiguo Museo de Antropología de Madrid en 2002 (García y Barañano 2003). Tiene el posible interés de haberlo realizado recién llegada de una primera etapa de trabajo de campo en Évora. Podría servir como pieza etnográfica para analizar cómo empecé a interpretar, desde mi propia perspectiva, la cultura de nuestros vecinos. Una constante en este y otros capítulos es la referencia a mi propia cultura, el impacto e inevitable efecto de mi nacionalidad al observar a los portugueses. Ya sabemos que la mirada etnográfica es también una mirada cultural y, sin duda, también personal; incorporarse al proceso de investigación debería ser algo consciente y sistemático, una obligación metodológica, ya que somos parte del proceso por el que conocemos. El material se refiere ya a una época lejana —han pasado veinte años— y algunos datos son obviamente antiguos y coyunturales. Pero espero que muestren el contexto de aquella época y las cuestiones teóricas que se planteaban, al mismo tiempo que los afectos que ya me unían con la gente portuguesa.[7]

[7]   Para realizarlo conté con la ayuda de dos proyectos del Plan Nacional I+D+I que he dirigido (PB98-0771; CSO2008-03427) y dos ayudas de Movilidad de Personal Investigador (Ministerio de Educación; Caja Madrid).

Parte I
Introducción

CAPÍTULO 1

La imagen del otro en Portugal

Mas esta «intrigante cercanía» constitui em si mesma matéria apaixonante
de reflexão. Ela prenuncia uma verdadeira epistemologia da semelhança, capaz
de tornar manifesta a falsa evidência do «mesmo». Só ela pode tornar pensável
a proximidade, instituindo-a como distância, iluminando o traço inaparente de
alteridade sob o aspeto enganador da similitude; só ela pode re-situar, em suma,
a ilusória inteligibilidade do que persiste em aparecer como óbvio e familiar

José Carlos Gomes da Silva

La globalización estalla con intensidad en la última década del siglo XX. Este es un
proceso que convierte en irrelevante la distancia geográfica como bien muestra la
ubicuidad de los productos de consumo y la generalización del turismo, la extensión
de los nacionalismos, la expansión de los conceptos de derechos humanos, las
tecnologías de información y, también, la epidemia de sida o el tráfico de drogas
y armas. Sin embargo, muchos de estos temas son antiguos y desde hace tiempo
estudiados a través de las investigaciones de identidad y etnicidad, modernización
o economía política. Además, bajo otras formas, se pueden rastrear repetidamente
a lo largo de la historia, estando tan presentes en los procesos de colonización. Por
ello una se pregunta si la globalización ha existido siempre o es algo nuevo. Quizá
solo sean nuevos la velocidad y el volumen de las corrientes actuales de información,
gentes y bienes.

No se puede negar que la escala global de la emigración en sus diferentes modali-
dades (desde el largo proceso de lo rural a lo urbano a las nuevas formas de transna-
cionalidad) introduce en el mundo una variedad étnica que nunca antes había sido
contemplada. Esta diversidad supone una potencialidad del conflicto étnico que es
proporcional al número y grado de contrastes (político, económico, religioso, lingüís-
tico, cultural), especialmente en situaciones de competición por recursos o poder. Pero
la globalización tiene efectos locales impredecibles y autónomos —la glocalización—
y plantea sugerentes formas de indigenización de la modernidad y también ofrece
consecuencias políticas —quizá sea en definitiva una nueva forma de imperialismo—.
Pensemos, por ejemplo, en la comercialización y politización de la identidad por la que
los nativos se presentan ante los turistas recreando la imagen que otros han creado de

ellos mismos. O la resistencia ante corrientes globalizadoras mediante afirmaciones y recreaciones de la tradición, o mediante el recurso a formas innovadoras.

Fui editora de un libro colectivo que se llamaba *La Mirada Cruzada en la Península Ibérica* en el que participaban un grupo de antropólogos portugueses y españoles. En este libro se destacaba la escasez de estudios —prácticamente la ausencia— de antropólogos portugueses en España y de españoles en Portugal. Frente a la ya considerable producción antropológica de ambos países, los dos vecinos, pese a compartir una enorme frontera de norte a sur, han vivido siempre de espaldas. No solo no ha habido investigaciones mutuas, sino ni siquiera colaboración o incluso un mínimo conocimiento mutuo. Una rápida encuesta entre los colegas españoles así lo confirmó —alguna monografía, generalmente en inglés, y dos o tres nombres a lo sumo—.

Tras haber vivido algo más de un año en Évora creo que esta extraña e intrigante cercanía hecha de distancias y desconocimientos —«a insondável distância», como la ha denominado Gomes da Silva— tiene mucho que ver con las imágenes del otro, una de las cuales paso brevemente a exponer. Tómense estas observaciones como meras pinceladas para ilustrar la importancia de las imágenes y símbolos en la interacción con el otro.

EL *INIMIGO HISTÓRICO*

Cuando alguien me pregunta en Évora qué es lo que hago allí, yo les digo que he ido a conocer un poco al *inimigo histórico*. La gente se sonríe, pero todos saben perfectamente qué quiero decir.

Hasta que no llegué a Portugal a realizar mi trabajo de campo no me percaté que yo era el *inimigo histórico*. Es más, para el grupo de amigos que frecuento en Madrid, gente progresista y universitaria, Portugal había sido siempre el *amigo histórico* (y no el enemigo). Probablemente esta imagen española de Portugal de mi grupo de amigos tiene que ver con el impacto y prestigio en España de la pacífica «Revolución de los Claveles» y también con la imagen de los progresistas españoles sobre ese paraíso perdido que consideran a Portugal, tierra de nivel humano y un ritmo calmado, de pequeños y limpios pueblecitos, ciudades con barrios de mucho sabor, de gente amable y educada.

Si les pregunto a ustedes por nuestros enemigos históricos seguro que me señalan dos: tenemos por un lado la pérfida Albión (aunque esta pérfida es aún más enemiga de los franceses), pero fundamentalmente es la «dulce» Francia la enemiga por excelencia y concretamente tras el impacto, a nivel popular, de la guerra de la Independencia. Los franceses son para esta época una especie de Atilas que supues-

Figura 1. La panadera de Aljubarrota. Azulejo de Coutos de Alcobaça. Dominio público.

tamente invadieron, robaron y saquearon todo lo de valor en las ciudades españolas. Un bonito problema de investigación sería el análisis de la utilización de tal imagen para explicar decadencias y pobrezas actuales. Francia es para España lo que esta es para Portugal, el vecino poderoso e invasor.

Algunos de ustedes habrán leído hace un tiempo (26 de mayo de 2002) en el diario *El País* un artículo titulado «El síndrome de Aljubarrota». El artículo —que por cierto se basa en otro publicado recientemente en el semanario *Expresso*— viene acompañado de la reproducción de un grabado, en el que se aprecia a una aguerrida panadera metiendo en el horno a un español (de los siete que mató de la misma manera) (figura n.º 1). Esta heroína popular, la panadera de Aljubarrota, se parece mucho a nuestra Agustina de Aragón matando franceses a cañonazos.

El artículo en su subtítulo señala dos de los temas más frecuentes en la relación de España y Portugal. Dice así: «Resurge el fantasma de la invasión y el antiespañolismo en Portugal». Y explica el resurgimiento del nacionalismo «más tradicional y patriotero» frente a la nueva invasión de los españoles en Portugal —esta vez más pacífica pero no menos agresiva— como es la invasión económica. La amenaza de asimilación de la TAP, las líneas aéreas portuguesas, por parte de Iberia pondría en peligro (y cito literalmente a un político del Gobierno) el que «Portugal continúe existiendo por sí mismo y tenga protegidas esas reservas de soberanía para mantenerse como Estado y como nación realmente independiente». No es el único tema en conflicto: el tren de alta velocidad con España, un caro proyecto, se dice que «podría convertir a Madrid en capital de la península», por lo que, para evitar esto, se trataría de «dirigir a Portugal hacia el mar y el aire… para pasar menos por España» —de ahí la importancia de las líneas aéreas nacionales—. El artículo alude a la noticia de que un grupo de empresarios y políticos acaban de crear la Fundación Batalla de Aljubarrota para conmemorar la victoria contra las tropas de Castilla el 14 de agosto de 1385, símbolo de la independencia de Portugal. La fundación está apoyada por el Ejército, la banca nacional y el Ministerio de Cultura.

Detrás de esta creación está el temor antiguo a la invasión por parte del vecino poderoso. No en vano existe una extensa red de fortificaciones en el lado portugués que llega incluso a Évora (casi a cien kilómetros de la frontera) y que, a diferencia del lado español, no responde precisamente a la defensa contra los moros. La metáfora de la invasión ha sido muy permanente y persuasiva y se sigue reproduciendo en la actualidad ante los masivos cruces de frontera de los ruidosos vecinos españoles en vacaciones y puentes, y sus hábitos desmedidos de consumo. Con mucha frecuencia los turistas españoles van a Portugal a llevarse ropa de la casa, *ménage* de cocina y artesanías. Pero también, aprovechando la recesión económica portuguesa, se compran tierras, compañías de aviación, bancos, proyectos y clientelas. En estas circunstancias no es extraño que Paulo Portas, el líder de la derecha, irritado con Aznar por el apoyo de este al centrista Durão Barroso le dijera: *«¡Portugal no está en venta, señor Aznar!»*.

Hay otros temas que ilustran este temor a la asimilación y provocan suspicacias y enfrentamientos. Uno de ellos ha sido la llegada a Lisboa de El Corte Inglés, símbolo de la globalización comercial ibérica en un país de mercadillos, y lo va a ser el Alqueva, un enorme embalse en el Alentejo lindando con Extremadura que, sospechan, puede convertirse en la playa de la gente de Badajoz. Pero también la dependencia del comercio de Badajoz, el problema de la contaminación de los ríos en común, los parques naturales que no conocen de fronteras, la pesca, etcétera.

El portugués se queja con mucha frecuencia de que España solo se interesa por Portugal para llevarse algo o hacer negocios. Una de las quejas más repetidas es la invisibilidad de Portugal en la prensa española que no se corresponde con la actitud contraria. A este respecto los portugueses señalan también la confusión que existe en el extranjero sobre su país que, en muchas ocasiones, se asocia a España. Como ejemplo de esta misma suspicacia, consideren esta malévola conversación en un chiste muy celebrado:

Um português liga para a embaixada americana:

—Boa tarde! Queria informar-vos que fomos nós, os portugueses, somos os autores dos atentados de New York e Washington...

—What? Nós pensar que foi Bin Laden! Ele ser terrorista muito perigoso...

—Não foi ele! Fomos nós! Planeámos e executámos tudo! Foi limpinho...

—Bastards! Vamos bombardear vosso país!!!

—Não temos medo de vocês!

—By the way: qual ser capital de Portugal?

—Madrid.

La elección de Madrid no es gratuita. No todas las regiones españolas provocan la misma actitud de recelo. La región histórica del enemigo histórico es básicamente Castilla. Por el contrario, Cataluña concita muchas simpatías portuguesas, ya que se supone que Portugal alcanzó la independencia gracias al levantamiento de los catalanes que permitieron dirigir la atención y las tropas a otro lugar. Con los más cercanos a la frontera sur hay mucha intensidad de relación en sentido positivo y negativo, ya sea por luchas y peleas infantiles, lazos económicos (el estraperlo y contrabando) o matrimonios mixtos, no siempre bien vistos al decir del refrán: «De España, nem bom vento, nem bom casamento». Sin embargo, dependiendo de la marcha de la economía en ambos países, las relaciones han podido ser más estrechas o tensas y más o menos dependientes. Ha habido épocas en que los españoles compraban mejor en el otro lado y viceversa. Otras situaciones, como la propia guerra civil española, motivaron exilios todavía perceptibles en los descendientes de muchos de los que se quedaron definitivamente. Hoy, sin embargo, se considera que, a nivel de economía, sanidad y salarios, los españoles son más dinámicos y ricos que sus vecinos alentejanos. Una sorpresa fue comprobar que no es tal; según las cifras, el crecimiento real y el producto interior bruto (PIB) en Extremadura española son menores que los del Alentejo portugués.

Pero no todos los portugueses muestran las mismas tendencias respecto a España. La estimulación de la conciencia nacional y el nacionalismo se corresponde con una determinada ideología y también su opuesta, la unión ibérica. Muy significativamente en dos regímenes muy parecidos de ideología fascista, los de Franco y Salazar, se dio un gran impulso a la cuestión nacional, a la recreación de su pasado imperial y a la tendencia a vivir ignorando ostensiblemente el país vecino. O quizá peor, con secretas ansias de anexión por la parte española.[1] Los europeístas, más progresistas por su parte, se pasan al otro extremo. Una de las sorpresas que he sufrido en Portugal me sucedió nada más llegar, al realizar mi primera entrevista,

---

[1]   En este sentido, más adelante tendremos ocasión de comentar una anécdota sobre el dictador Francisco Franco.

cuando un inteligente profesional liberal me comentó su nostalgia por no haber podido formar junto a Galicia «la gran provincia atlántica de la península». Muy asombrada le dije: «¡Si ahora todos quieren separarse...!». Podría pensarse que la frase estaba amablemente dedicada a una antropóloga española, pero he comprobado que similar actitud y aspiración se ha repetido en algunos medios de comunicación.

Ahora bien, quizá el mayor contencioso actual a nivel de imagen de invasión es lo que se ha llamado la cuestión de Olivença, un territorio que fue conquistado por Godoy a comienzos del siglo XIX en el episodio de la guerra de las Naranjas, y que nunca fue aceptado por Portugal. Si ustedes observan un mapa de Portugal podrán comprobar como la línea que separa a los dos países de la península desaparece a la altura de Olivença, para volver a aparecer al acabarse el territorio que la circunda. La cuestión de Olivença ha tenido diferentes énfasis en ciertas épocas y fue una cuestión candente para los dirigentes del Estado Novo al igual que Gibraltar lo fue para el régimen franquista. Es más, a Olivença se la llama el Gibraltar portugués. Las negociaciones actuales con Gran Bretaña sobre Gibraltar y, especialmente, la reciente reconstrucción del Ponte da Ajuda (que unía Olivença y Elvas) han hecho surgir nuevamente la cuestión. El Gobierno portugués no ha aceptado la oferta española para pagar conjuntamente la reconstrucción de este puente, ya que ello supondría el reconocimiento de la definitiva españolidad de Olivença. Dos asociaciones portuguesas defienden una Olivença portuguesa y se encargan de difundir el tema en los medios de comunicación, así como de publicar una revista y colecciones de documentos.

Acabo de referirme a la más portuguesa de las villas españolas y termino con una referencia a la más española de las aldeas portuguesas: Barrancos. Esta pequeña localidad se adentra en tierra española, y en más de un sentido. Por el enclave geográfico en que está situada (a escasa distancia de la frontera española y a una mayor lejanía de la próxima aldea portuguesa), en la composición de su población muy mezclada (donde hay poco viento y mucho casamiento) e incluso en su propia habla local (realmente una forma de castellano), los barranqueños muestran muchos rasgos considerados españoles. Quizá el ejemplo más característico es su tratamiento del embutido del cerdo ibérico —los jamones de pata negra, los mejores de Portugal— y especialmente la práctica del toreo a la manera española: *os touros de morte* —la muerte del toro—. Esta última afición, que compartían muchos otros pueblos de la raya, ha quedado simbolizada en Barrancos. Ante las fiestas locales todos los años hay un escándalo en el Parlamento portugués, la imposición de multas, protestas de la sociedad protectora de animales y la inevitable duda sobre la portuguesidad de Barrancos. En algún caso se han oído comentarios del tipo: «*¡Pues que se vayan con los españoles... y nos devuelvan Olivença!*». En este contexto, Barrancos es sinónimo de primitividad, seres rudos y costumbres crueles, mientras que la bella e histórica villa de Olivença representa valores opuestos: civilidad, belleza. Con el tema del toro a la gente de Barrancos se le atribuye la agresividad y violencia que para muchos caracteriza la cultura española. Los barranqueños se quejan de que, pese a sus muchos problemas y de su situación en el límite de su propio país, solo son conocidos y han saltado a los medios de comunicación por esta característica. Ellos, que han levantado una estatua al toro bravo tamaño natural a la entrada de su localidad, responden reafirmando su propia identidad y negando a la vez ser españoles o portugueses; se declaran simplemente «barranqueños». El título de un reciente libro ilustra sobre su ambigua posición: *Barrancos resiste!* Tal resistencia probablemente ha motivado una visita a Barrancos del presidente de la República intentando encontrar un estatus propio para las *touradas de morte* y así dar cabida en la legalidad a estos ambiguos portugueses.

Terminando…

En estas líneas he tratado de señalar alguna de las imágenes que se dan en situación de contacto —o en ocasiones de falta de contacto—. La construcción de imágenes corresponde a un mecanismo más general que forma parte de la evaluación negativa de un grupo, o una nación, por sus comportamientos, valores, capacidades o atributos, el reflejo de estereotipos sobre grupos o países que son aplicados a los individuos. Los miembros del grupo actúan como se les supone deben actuar e interpretan muchos comportamientos individuales como evidencia del estereotipo, confirmándolo. Las diferencias se exageran con mucha frecuencia y se busca la oposición y el contraste. El problema es que a veces se busca el contraste donde no lo hay, o donde se funden con dramatismo ambos grupos o culturas, como en esas tierras de nadie y límites respectivos de las fronteras vivas en plena ebullición.

Por supuesto, los estereotipos son mutuos. He dejado de lado los estereotipos de los españoles respecto a los portugueses, pongamos por ejemplo entre los numerosos especialistas sanitarios que van a trabajar a Portugal. Por enumerar algunos, la supuesta alegría y bullicio de los españoles frente a la tristeza y *saudade* de los portugueses, el carácter franco y abierto de los primeros frente al carácter reservado y taimado o diplomático de los segundos; la rebeldía de los españoles frente a la pasividad portuguesa, etc. Por supuesto que todas estas características tienen un gran potencial para pasar a ser positivas o negativas según la óptica empleada: los «alegres» vecinos pueden pasar a ser ruidosos y molestos; un carácter franco convertirse en pura grosería; los rebeldes, en bravucones poco educados. También hay tendencia a ver lo que uno quiere ver. Una de las imágenes más repetidas de los turistas españoles en el Portugal del pasado ha sido la imagen del portugués descalzo, tan evidente mientras pasaban desapercibidos nuestros propios descalzos —por ejemplo, nuestros gitanos—.

La imagen produce efectos a diferentes niveles. A un nivel mental la península ofrece una imagen asimétrica que podría simbolizarse a través de la división sexual.

Así, España ofrecería la imagen del padre, una imagen varonil de poder y peligro, de agresión e invasión, mientras Portugal sugiere una imagen femenina, susceptible de ser conquistada y agredida. En el imaginario fronterizo esta es una imagen poderosa. Los portugueses hablan de sí mismos en términos muy femeninos: son una gente y un país pequeño, pacíficos, humildes y conciliadores. Uno de los mayores valores que se atribuyen es el de la diplomacia, una característica muy asociada a la supuesta «mano izquierda» de las mujeres. En términos psicoanalíticos, la propia existencia de Portugal supondría un divorcio o un parricidio —en definitiva, la pérdida del varón—. La imagen del enemigo entronca así con la mitificación de la propia identidad, con los abundantes mitos mesiánicos que tantos autores han señalado. El mesías es la otra cara del enemigo, la posibilidad de existir.

La imagen del enemigo ofrece en un mundo global una cierta desproporción, es algo fantasmagórico, una fantasía amenazante de asimilación, de quedarse sin identidad, desaparecer. Eduardo Lourenço lo ha expresado en estos términos: «É por de mais claro que ambos (complexo de inferioridade e superioridade) cumprem uma única função: a de esconder de nós mesmos a nossa autêntica situação de ser histórico em estado de intrínseca fragilidade» (Lourenço 1978, 25-26).

Es obvio que hay una base histórica que explica la existencia de la imagen de la invasión. Pero ¿por qué en ciertos momentos se activa o desactiva esa imagen?, ¿qué determina su virulencia en ciertas épocas y su poco impacto en otras? Por un lado, es significativo que se vuelva a recrear una frontera mental cuando desaparece la física. Por otro, también la imagen de la invasión se produce en un momento en que los portugueses han perdido sus colonias, cuando dejan a su vez de «invadir» otras culturas.

Quizá esta imagen es una defensa contra la homogeneización, contra la europeización, una forma de glocalización, una consecuencia de la globalización. En definitiva, las imágenes nos afrentan a nosotros mismos, a lo que somos y lo que quisiéramos ser. Estudiando Portugal, es obvio, se aprende sobre el propio país. Estudiando los mitos de los vecinos me he topado con los propios.

Capítulo 2.
La ciudad como representación

En una ciudad hay muy distintos tipos de construcciones. Las ciudades están hechas con piedra, con jerarquías, con ideas, con memoria y con símbolos. En estas páginas intentaré mostrar cómo se construyen simbólicamente las ciudades. Una parte de esta construcción proviene de su mitología. La mitología encierra una definición cultural de la comunidad. Aunque tenga una forma concreta (por ejemplo, la corografía) permite la especificación local, el escrutinio de su historia, muestra sus aspiraciones y deseos, es la forma de presentarse al exterior. Se trata de analizar los modos en que una ciudad se da a conocer por la ostentación de sus emblemas y mitologías. El conocimiento de otras culturas y tiempos debería partir de la definición de las propias culturas, por lo que la representación de la ciudad es clave o, mejor, las representaciones de las ciudades. Estas pueden provenir de diferentes perspectivas —desde dentro, desde fuera—, clases sociales, intereses, etc. Pero estas representaciones tienen trascendencia en la ciudad.

He analizado en otro lugar las imágenes mitológicas de la ciudad de Ávila a través de la historia de su primer obispo (Cátedra 1997b), o de la construcción de las murallas (Cátedra y Tapia 2007). También he trabajado sobre la mitología eborense comparándola con la de Ávila (Cátedra 1999). Los mitos de Évora y Ávila tienen lugar fundamentalmente entre los siglos XVI y XVIII —un poco antes en el caso de Ávila—. El estudio de la mitología es un primer bosquejo de las imágenes de la ciudad, un intento de señalar los momentos álgidos de la misma, sus preocupaciones más relevantes en determinadas épocas. Las mitologías evocan periodos claves de la historia de las ciudades. En Évora, por ejemplo, se destaca su fundación, la época romana, la Évora cristiana y la Reconquista. En Ávila lo mismo, a excepción de su menos reconocido pasado romano. ¿Por qué estas épocas y no otras? Estas elecciones sugieren definiciones de lo que es la historia local, su selectiva naturaleza y su carácter simbólico. La elecciones y selecciones son, en sí mismas, significativas. La mitología permite asomarse a la historia y sus valores de una determinada manera. Y es fundamentalmente ideología.

La mitología no es solo cuestión de viejas crónicas y de fabulaciones. La ideología de la ciudad revela valores e imágenes que provienen de la cultura, experiencia y también de los distintos discursos sobre la ciudad. Uno de estos discursos es el de los propios antropólogos y sociólogos, escritores y filósofos. Y, desde luego, no es menos importante la distinta consideración de la ciudad que existe entre Europa y América. La investigación de la ciudad ha estado dominada por el modelo de la sociología alemana y la escuela de Chicago. De ellos proviene una visión de la ciudad como una entidad grande, densa y heterogénea (Wirth), desorganizada, secular e impersonal (Redfield), que concentra individuos de tal modo especializados que llegan a ser piezas de una maquinaria (Simmel), pero son al mismo tiempo más libres y creativos. En caso de ser real tal ciudad, sería imposible de estudiar con una metodología antropológica, y el examen de una parte sería muy poco generalizable a otras y a la ciudad en conjunto. Este paradigma, sin embargo, ha sido usado por una generación de antropólogos que han elegido unidades familiares (el barrio, el grupo étnico...), pero conservando muchos de los estereotipos de la ciudad. El reconocimiento de que existe una estructura mítica en la idea de la ciudad que afecta a su consideración y estudio puede ayudar a que sea observada y pensada de otra manera.

Detengámonos un momento en la perspectiva tradicional sobre la ciudad entre ambos continentes. En América el modelo antropológico se supone que parte de Redfield y de la llamada escuela de Chicago. Evidentemente, el modelo es anterior, como han mostrado Morton y Lucia White en su interesante texto *El intelectual contra la ciudad*, que se publica en inglés y castellano en los años sesenta, y a quienes sigo en estas líneas. Este libro traza la línea de pensamiento sobre la ciudad desde Thomas Jefferson y Benjamin Franklin a Robert Park y Frank Lloyd Wright. Una línea donde sobresalen los contornos negativos de las ciudades norteamericanas (Filadelfia, Boston, Nueva York y, particularmente, Chicago). La historia, tal como la relatan los White, comienza en el siglo XVIII en una época en que las ciudades norteamericanas, muy pequeñas, suscitaban poca hostilidad. Frente a Franklin, constructor de ciudades, Jefferson, tras su viaje a Europa, las ataca con virulencia en sus *Notes on the State of Virginia* (las considera una forma social maligna) para posteriormente aceptarlas en la vejez como una necesidad del progreso. Emerson, dentro del movimiento romántico, y Thoreau y otros trascendentalistas atacan con saña la ciudad como algo artificial y desmembrado, antinatural, destructor de la poesía, la filosofía y la soledad. Por el contrario, se valora al individuo aislado que vive en medio de la naturaleza y libre de las ataduras sociales. Antes de la guerra de Secesión, todo tipo de hombres de letras, filósofos y visitantes (incluido el propio De Tocqueville en 1835) y desde todo tipo de ideología (deístas, trascendentalistas, empiristas, idealistas, optimistas y pesimistas) someten a una fuerte crítica a la ciudad. En ese momento, el modelo era la ciudad europea y, especialmente, el Londres degradado y pobre de la época. Por el contrario, los Estados Unidos se caracterizan por su ruralidad, por lo que la crítica romántica es comprensible y aceptable.

No obstante, los White vienen a señalar que tal visión no se puede atribuir, como ha sido habitual, a la ideología romántica roussoniana del buen salvaje y el pérfido ciudadano, un estereotipo comodín. Por el contrario, hay que destacar las épocas históricas concretas, circunstancias específicas de las ciudades y quiénes las definen. Por ejemplo, un hecho clave es el crecimiento de la población urbana norteamericana once veces entre 1820 y 1860; la ideología de la ciudad refleja este dato objetivo. Ante este enorme crecimiento de las ciudades responden hombres que contemplan la civilización con ojos campestres (como Walt Whitman y Mark Twain), pero otros más ciudadanos y nada románticos (Henry Adams y Henry James) responden de la misma manera. Aun escritores realistas como Howells, Norris y Dreisser son muy duros al juzgar a la ciudad e incluso algunos proponen su destrucción. Esta ideología aparece también en las obras de escritores antagónicos: los primitivistas y los reformadores. Estos últimos consideran a la ciudad americana excesivamente imperfecta, poco civilizada, vulgar y ostentosa; no desdeñan la ciudad en sí, sino esa clase de ciudad. Los motivos de unos y otros son, pues, muy diferentes. Los reformadores, sin embargo, se proponen cambiarla, entre ellos William James, hermano de Henry, quien acepta el ruido, el movimiento, los rascacielos y suburbios de Nueva York, y se propone resolver los problemas urbanos con un conjunto de educadores, sociólogos y asistentes sociales. Robert Park, Jane Addams y Dewey están entre este grupo que entronca con la orientación urbana de la escuela de Chicago.

Así, a lo largo de ciento cincuenta años hay un conjunto de visiones negativas de la ciudad que giran al principio en torno al temor a la muchedumbre urbana, el carácter corrompido de la urbe, la desconfianza ante el comercio y la acumulación de dinero. La industrialización de la ciudad provoca quejas sobre la suciedad, el hacinamiento, la insalubridad, la pobreza y la monotonía de sus edificios y empleos. En cierta forma, la ciudad es una especie de *cáncer* o *tumor* dentro de la sociedad. Con el tiempo se considerará a la ciudad americana provinciana o poco civilizada frente a la europea, destructora de formas valiosas de relación social, que aísla al individuo y alberga inmigrantes de un modo caótico. El modelo opuesto es la vida en los bosques, las granjas de Virginia, las villas rurales. En los primeros años del siglo XX se inicia una corriente cada vez más fuerte hacia la dispersión suburbana que, unida al avance del transporte, sumirá en la degradación el centro de la ciudad y fortalecerá el mito negativo de la urbe. Frank Lloyd Wright pone la puntilla en este proceso aceptando como una causa perdida la búsqueda de la comunidad dentro de la ciudad. La metrópoli norteamericana había llegado a su fin por la misma razón que la había hecho surgir: la tecnología.

El modelo de ciudad, sin embargo, se reelaborará con Chicago.[1] La colección de etnografías cualitativas de los años veinte y treinta (Anderson, Trasher, Wirth, Zorbaugh, Cressey sobre vagabundos, pandillas, *ghettos*, barrios y *taxi-dance girls*) proporcionó una imagen de la ciudad como un mosaico de culturas, poco interrelacionadas, de grupos pobres y con un fuerte componente étnico. La llamada cultura de la pobreza o el énfasis en los enclaves étnicos en la ciudad fueron un resultado posterior que proviene de este modelo. También, las primeras monografías africanas, que seguían al campesino o al nativo de una tribu hasta los suburbios pobres de las ciudades (Gluckman, por ejemplo, y su concepto de destribalización), componen otra parte del modelo dominante —que tuvo su continuación en Latinoamérica—. Estas herencias provocaron un estilo característico en las monografías: se estudia precisamente a los menos ciudadanos, los recién llegados a la ciudad, grupos tribales, campesinos, vagabundos. Así, la ciudad viene a ser un recipiente de población, un nicho ecológico al que hay que adaptarse, un conglomerado de partes en conflicto, islas dentro de la jungla, con poco pasado, sin historia, sin una visión de conjunto.

Y, fundamentalmente, es un modelo negativo. Falta una visión holística de la urbe, la ciudad como cultura. Es probable que esta sea una de las razones por las que los antropólogos en su mayoría siguieron cómodamente trabajando en el campo y, en una implícita división del trabajo, dejaron el territorio ciudadano a los sociólogos, a pesar de que sus campesinos ya habían emigrado hacía décadas a la gran urbe. La ciudad se definió a través del contraste urbano-rural que proponía Redfield, un contraste (o *continuum* si se prefiere) sobrecargado de juicios de valor que ha dado lugar al modelo bipolar moralístico que Gulick (1973) resumió en su día.

En Europa seguimos pensando en Chicago durante bastante tiempo, aunque este modelo aquí a todas luces no servía (y es posible que en Chicago tampoco). Un modelo tan dispar de, pongamos por caso, la escasa urbanizada y autárquica sociedad española de posguerra, con pequeñas ciudades provincianas e históricas con una aparente uniformidad cultural en las que, por ejemplo, los negros norteamericanos de las bases militares producían sorpresa y admiración. No había, pues, manera de encontrar un grupo étnico (aparte de los gitanos) y en aquel momento no parecía adecuado llamar así a gallegos, vascos o catalanes.

Pero si hablamos de Europa se tiene que hacer una distinción similar a la que se tiene en mente cuando se habla en términos demasiado generales de América: la distinción de Europa del norte y del sur. La idea de la ciudad tiene muy distinta consideración en el sur europeo, con una gran tradición urbana,[2] de la que aparece

---

[1]   Sobre esta escuela véase la revisión de Hannerz (1986).
[2]   Como ha mostrado, por ejemplo, Silverman (1975).

en el norte, cuyo modelo es la cultura campesina.[3] Esta diferencia se puede apreciar a través de dos monografías.

La primera monografía trata sobre una comunidad del centro de Italia, Monte Castello (Umbria), que en 1960 contaba con unos 1885 habitantes y donde se daban dos formas de vida distintas: una campesina y otra que se definía con el término *civiltá*. Del total de habitantes, solo 345 se localizaban en el núcleo urbano, que es la sede donde se percibía la *civiltá* y donde se reflejaba una ideología ciudadana, una forma de vida urbana según el concepto nativo. A través de la historia se observa que muchos de los elementos de la *civiltá* describen el comportamiento y los valores de la élite. Estas ideas se extenderán a segmentos más amplios de la población que, como un todo, se identifica como urbana en contraste con el campo. La idealización del rol de la élite se transforma en un mito que racionaliza y justifica la estratificación de la sociedad y perpetúa la posición de riqueza y poder. La élite jugará el papel de intermediaria entre el gobierno local y el nacional.

Frente al modelo urbano de Monte Castello, los burgueses suecos optan por otro modelo diametralmente opuesto. Los ciudadanos suecos se definieron a sí mismos a través del modelo campesino por medio de tradiciones construidas. Así, el estudio de la cultura tradicional del campesinado nacional informa más sobre la nostalgia burguesa de la vida campesina ideal que sobre esta misma. Los mitos y estereotipos sobre lo que es ser sueco (amante de la naturaleza, la evitación de conflicto, la limpieza, la autodisciplina, el orden y la puntualidad, etc.) son virtudes de la clase media que se proyectan sobre las zonas rurales en las que, realmente, no aparecen estas nociones. Frykman y Löfgren relacionan la creación de esta ideología con el movimiento romántico y la identidad nacional: desde un pasado heroico y marcial se pasa a un paisaje *natural* y el culto a lo simple. La nación, el tiempo, el cuerpo humano y la naturaleza conducen a la gente *natural* —la cultura campesina tradicional—. Los suecos, en esta transformación, fueron ayudados por los etnólogos y folkloristas del pasado siglo. En conclusión, los autores vienen a indicar como los conflictos de clase pueden ser expresados como batallas culturales; la cultura burguesa estaría definida frente a la aristocracia (cuya cultura ha degenerado) y los campesinos (que no tienen cultura). Se trata, pues, de un proceso en el que la clase media se define a sí misma.

Estos ejemplos sugieren que la ideología de la urbe es una receta de la cultura y la historia, que la idea de la ciudad se deriva de la percepción de una cultura heredada y una experiencia personal. Este es el pensamiento de Carl E. Schorske, quien publicó en el año 1963 un sugerente artículo: «The idea of the city in European

---

[3] Véase, por ejemplo, Frykman y Löfgren (1989). Ambos textos contienen valores divergentes sobre el campo y la ciudad.

Thought: Voltaire to Spengler»⁴ que duplica para Europa el texto de los White sobre Estados Unidos. Este autor, que ha escrito un bello libro sobre la Viena modernista (1961), planteó que la idea de la ciudad está rodeada de conceptos y valores sobre la naturaleza del hombre, la sociedad y la cultura. Para la Europa central, tres modelos sobresalen del pensamiento político y filosófico: 1. La ciudad como virtud (siglo XVIII e Ilustración); 2. La ciudad como vicio (la Revolución Industrial en el siglo XIX); y 3. La ciudad más allá del bien y del mal (la actitud intelectual de la segunda mitad del siglo XIX). Voy a exponer brevemente sus ideas.

1. La idea de la ciudad como virtud está representada por Voltaire, Adam Smith y Fichte, pensadores ilustrados del siglo XVIII, quienes evocan la imagen de la ciudad como lugar de civilización, un lugar que contiene virtud civilizada. Este será el origen de la idea del siglo XIX de la ciudad como un centro productor de industria y una cultura más elevada. Las virtudes de Londres, según Voltaire (1736), son la libertad, el comercio y el arte; una especie de Atenas, un lugar donde es posible la movilidad social frente a la jerarquía fija de la sociedad que se da en los ámbitos rurales. Las actividades de la ciudad —el trabajo y el ocio; la industria y el placer— producen la civilización, crean riqueza, progreso y un modelo que imitar. A pesar de su defensa de la ciudad como cuna de la movilidad social, la agencia crucial en el progreso de las maneras es la aristocracia; la cultura de la ciudad sería una extensión del palacio (desde donde se difunde la razón y el gusto a todos los individuos y clases). Para Adam Smith, en *La riqueza de las naciones,* el origen de la ciudad está en los reyes, quienes la construyen e impulsan frente a los bárbaros señores feudales que perpetúan su poder en sus señoríos rurales. Así pues, a diferencia de Voltaire, la ciudad civilizó a los aristócratas y destruyó el feudalismo (puesto que niveló la sociedad bajando a los nobles y aupando a los burgueses). Las ciudades se convirtieron en centros de libertad, orden, progreso en la industria y la cultura. Sin embargo, más ambivalente que Voltaire, defendió a la ciudad, aunque no denigró al campo; precisamente el intercambio entre el material en bruto y las manufacturas fue la base de la prosperidad. Pero el capitalismo es poco natural, nada fiable y dependiente, no es libre. La ciudad proporciona el progreso y el estímulo económico, no obstante, crea también inseguridad y falta de libertad; estimula el robo, el egoísmo, la riqueza y la industria. Así pues, la consecuencia *natural* es la vuelta del hombre y el capital a la tierra y su modelo utópico es Norteamérica. Es el campeón del *laissez faire* con nostalgia por la vida rural. Esta será la visión dominante en Inglaterra sobre la ciudad y el campo en el siglo XIX.

---

⁴   Este es un raro trabajo publicado en origen en 1963, hoy poco accesible, que voy a comentar de forma extensa por su interés y calidad. Después ha sido publicado en español (2011).

Los intelectuales alemanes mostraron poco interés por la ciudad en Alemania hasta el siglo XIX debido a su contexto nacional, ya que no existía una gran capital como París o Londres, sino un grupo de ciudades medievales que sobrevivía con una vida económica propia, como Frankfurt, y centros políticos barrocos, como Berlín. Johann Gottlieb Fichte, a finales de siglo, expone su idea de la ciudad, que tendrá gran influencia en el pensamiento alemán del XIX en figuras como Schiller, Hölderlin c el joven Hegel. Fichte considera, como Voltaire y Smith, a la ciudad como agente formador de cultura, pero al contrario de estos, la ciudad fue una pura creación del *volk*: las viejas tribus germánicas dieron lugar a los burgos germánicos con las virtudes primitivas de la piedad, modestia, honor y sentido de la comunidad. La ciudad favoreció el comercio, el arte y la libertad, pero además la moral comunitaria. Esta imagen glorifica la ciudad como agente civilizador: democrática y comunitaria como la polis griega, se supone sobrevivió en ciudades medievales, un ejemplo de comunidad y virtud, y fortaleció la conciencia de la burguesía en la lucha por el nacionalismo y la democracia. Fitche pensó un modelo de ciudad como un paraíso perdido, y además señaló los enemigos a combatir: el príncipe y el Estado inmoral. Su teoría tendrá gran relevancia en pensadores alemanes posteriores.

2. La imagen de la ciudad como vicio es una vieja idea y parte de una antigua tradición moralista —Caín, el primer fundador de una ciudad, y las ciudades malditas de Sodoma y Gomorra—. En el siglo XVIII esta tradición cobra un nuevo impulso coincidiendo con la idea de la ciudad como virtud. En Inglaterra encontró eco en Oliver Goldsmith, quien se lamentaba de la destrucción del campesinado inglés por el capitalismo y la acumulación egoísta de la riqueza. Por su parte, los fisiócratas franceses, preocupados por la producción campesina, mostraron también sentimientos antiurbanos. Los prerrománticos, desde su culto a la naturaleza, consideraron a los urbanitas como ricos, alienados, ganadores y gastadores. El poema de William Blake sobre Londres es muy diferente del de Voltaire; en cada una de sus calles hay decadencia y debilidad. Se produce una revuelta contra el racionalismo mecanicista.

En el siglo XIX, con la extensión de los efectos de la Revolución Industrial, cobra una nueva fuerza esta teoría, al comprobar que no es posible una nivelación de las diferencias sociales sino la guerra entre las dos naciones de Disraeli, los ricos y los pobres. Los poetas románticos habían descubierto la ciudad como un crimen social y ahora se observa en sus lugares concretos. La pobreza ya estaba antes, pero en este momento hay un incremento en la tasa de urbanización y se dramatiza la ciudad industrial y las condiciones urbanas. De las expectativas de la Ilustración provenía un pensamiento optimista y la idea de progreso: en este momento todo ello, se comprueba, eran esperanzas vanas. Hay dos tipos de respuesta: la posición arcaísta que proclama abandonar la ciudad (los prerrafaelistas, Coleridge, Dostoievski, Ruskin) y la de los futuristas (los socialistas utópicos) que intentan reformarla. Ambos son antiurbanos y tratan de recuperar un pasado preurbano.

El fracaso de la arquitectura del siglo XIX, que no puede producir un estilo autónomo en la arquitectura urbana, refleja la importancia de la tendencia arcaísta: el historicismo victoriano, expresado en la incapacidad de los habitantes de la ciudad de aceptar el presente o concebir el futuro excepto como una resurrección del pasado. No hay formas estéticas nuevas. Los rebeldes arcaístas, irónicamente opuestos a la ciudad, encontraron en las viejas ciudades su inspiración: los estilos medievales que se reproducen en los nuevos edificios. Pasaron del esteticismo arcaico al socialismo; de las clases a las masas, en su búsqueda de una solución para reconciliar el industrialismo y la ciudad. Entre los críticos futuristas de la ciudad, los socialistas Marx y Engels trataron de lograr la adaptación intelectual del progreso a la urbanización industrial. En ambos casos, en sus escritos iniciales mostraron cierta nostalgia por el artesano medieval (a lo Fichte). Engels (1845) retrata a la ciudad industrial de un modo realista sin plantear una solución concreta, pero tres décadas después (Engels 1873) la imagen es diferente: el trabajador urbano industrial fue libre, frente al esclavo rural; la ciudad fue el teatro de la liberación proletaria y la consciencia; la marcha a la ciudad desde el campo es la primera condición para su emancipación. Tanto Marx como Engels tuvieron una actitud dialéctica frente al capitalismo y la ciudad industrial; en ambos casos fue una especie de purgatorio para la liberación proletaria. En Engels (1845) se aprecian tres fases: un rechazo ético de la ciudad, la afirmación histórica de su función liberadora y, por último, el traslado de la ciudad al campo y de la naturaleza a la ciudad; una síntesis de *natur* y *kultur* en el futuro socialista. La imagen de la ciudad pequeña es el ideal común tanto para los reformadores de la ciudad como para los detractores de la megápolis.

A finales del siglo XIX, Emilio Zola describe París como un lugar de iniquidad en su trilogía *Tres ciudades*. La solución no está en las viejas recetas, como la religión, sino en la propia metrópolis. De la degradación misma surgirá la moral humanista y el espíritu científico para construir una nueva sociedad. Para este tiempo, los arcaicos se han transformado en nacionalistas totalitarios, especialmente en Francia y Alemania. Para estos protonazis, los habitantes de la urbe son viciosos (y los judíos sus aliados). Los neoarcaicos odian al hombre ciudadano. La nueva nación debe volver a la provincia y a la virtud campesina, a la idealización del modelo medieval de Fichte, pero usándolo contra el liberalismo, la democracia y el socialismo. Se proclama el irracionalismo de la sangre y el suelo patrio. La ciudad debe ser destruida.

3. La ciudad *más* allá del bien y del mal podría apuntar al modelo que plantean hacia 1850 Baudelaire, los impresionistas y Nietzsche. Se cuestionan la validez de la moralidad tradicional, el arte y el pensamiento social y también la primacía de la razón en el hombre, la estructura racional de la naturaleza y el sentido de la

historia. En este amplio replanteamiento, la urbe pierde sus contornos, al igual que la virtud y el vicio, el progreso y la regresión. La ciudad es la base esencial de la existencia humana, con sus glorias y horrores, bellezas y fealdades. No es cuestión de juzgar, sino de experimentar; el hombre moderno lo ha experimentado, ha perdido su identidad y es una especie de nómada dentro de la muchedumbre. Este espacio no tiene tiempo sino presente (ni pasado glorioso ni futuro optimista), un presente de permanente transición. La ciudad está hecha de multitud y soledad, alejada del confort de la tradición y de la participación. La urbe moderna ha destruido la validez de los heredados credos que servían para integrar al ser humano. Según Rilke, esta se aprecia como un horror psicológico, una fatalidad colectiva. No obstante, aquí está la aceptación estética de la metrópolis, aceptación de la artificialidad, la base innegable de la existencia humana: «una flor del mal» (aunque una flor es una flor…). Alegrías y horrores, la belleza en la degradación humana.

Oswald Spengler proporciona la síntesis intelectual última de la ciudad como fatalidad y su puesta en escena por los nacionalsocialistas alemanes. Acepta viejas ideas (la ciudad como una agencia de civilización central, una creación original del *volk*, una fatalidad), si bien convierte todas las afirmaciones en negaciones para rechazar la ciudad. Los nazis intentaron trasladar las nociones neoarcaicas a la administración pública (la política de devolver a la gente urbana a la tierra, la educación de la juventud urbana en el trabajo social rural…), pero su propia construcción de la ciudad contiene todos los elementos contra la ciudad, todas las características antes condenadas: la mecanización, la deshumanización, la atomización y los suburbios pobres…

La distinción de Redfield, el contraste urbano/rural, es mucho más relativa en un lugar donde la tradición histórica ha sido más resaltada. Ya no solo la importancia de los modelos urbanos clásicos (Roma, Bizancio, Jerusalén), sino también la propia historia de la dicotomía urbano/rural. Fue precisamente Caro Baroja quien señaló en un modélico artículo (escrito en castellano en 1953 y publicado en inglés en 1959) que los valores de la ciudad y el campo son viejos lugares comunes, que ya aparecen en la Antigüedad clásica. Entre los griegos la ciudad se asociaba con el llano y el puerto (y ya se sabe lo que pasa en los puertos…). La frecuencia con que este texto ha sido citado en la literatura norteamericana sobre la ciudad creo que es significativa. Caro plantea en este artículo tres importantes ideas en el tiempo y en el contexto angloamericano. En los años cincuenta, en medio del funcionalismo más sincrónico, indica que si queremos saber algo de la ciudad hay que verla desde una perspectiva histórica. En segundo lugar, que las ideas de los sociólogos del XVIII que parecen inaugurar el pensamiento de la ciudad son lugares comunes, viejos estereotipos. Y, por último, que es fútil estudiar la ciudad sin relacionarla con el campo; ambos son conceptos indisolubles.

Entre griegos y romanos ya aparece la idea de la ciudad como algo negativo. Platón hace una división entre la gente de la montaña, rústica y simple, y los del llano y el puerto, lugar de la política. El modelo puede ser reducido a la imagen de la anomia primitiva del campo en la montaña y a la corrupción ciudadana en los puertos y en el llano. La gente del campo tiene necesidades elementales, mientras que los de la ciudad son amantes de los lujos y derroches. Otro autor romano, Varrón, considera que la forma de vida rural viene dada por la divinidad, es la original, la mejor, la más moral y «natural», mientras que la urbana es cosa humana, artificial e inmoral. De un modo similar en otros autores, la vida urbana es vicio, corrupción y artificio frente a viejos valores y el trabajo. Ello explica el declive de imperios y civilizaciones (a lo Ibn Jaldun). Por ejemplo, se supone que la derrota de los moriscos de Granada fue debida a la vida ciudadana y el lujo frente a los habitantes de las agrestes Alpujarras que eran menos refinados pero más fuertes y valientes. También en el siglo XVI, y concretamente en 1539, fray Antonio de Guevara se hará eco de esta larga tradición en su muy citado *Menosprecio de corte y alabanza de aldea*. No son los únicos: los sociólogos del siglo XVIII compartirán estos viejos valores.

La vida de campesino está, de forma constante, influenciada por el ciudadano. Y viceversa, la ciudad y el campo pertenecen a un complejo, no son entidades aisladas. Diferentes autores encontraron en la sociedad urbana el fallo de los ciudadanos de respetar antiguas tradiciones y un sentido de comunidad. La dicotomía de Tönnies (*Gemeinschaft* y *Gesellchaft*) o la de Durkheim (solidaridad mecánica y orgánica) apuntan a los principios de secularización, rompiendo con la tradición. Así pues, la visión moralista de la ciudad no se basa en las hordas ciudadanas, se fundamenta en la amenaza al orden social tradicional. Es, pues, necesario estudiar la relación entre *rusticitas* y *urbanitas* —a la fama negativa de la ciudad se oponen las virtudes del campo—. En Horacio encontramos la defensa de la vida en el campo como «el reposo del guerrero»; cuando el hombre público tiene disgustos busca paz en el campo, un viejo lugar común que ha continuado hasta nuestros días. Ahora bien, las virtudes pueden transformarse en aspectos negativos. La «simplicidad de la vida campesina» se vuelve «ignorancia» expresada con los epítetos clásicos —la gente de la montaña son *catetos*, *paletos*, *grullos*, *payos*, *payeses*, *isidros*, etc. — del mismo modo que la ciudad ofrece características contradictorias desde el punto de vista moral. De aquí que no se pueda separar el pensamiento de la ciudad al del campo. El latifundio en el sur llano es un viejo fenómeno, de tiempos romanos y visigodos, que existe como función de la ciudad y su comercio (cereales, vinos, aceites). La explotación de las llanuras contribuye a los placeres de la ciudad. La ciudad y el campo parece una dicotomía real y la gente la acepta y la usa..., pero es un lugar común.

¿Hasta qué punto esta persuasiva dicotomía clásica tiene valor para el estudio actual? ¿Se puede hablar de continuidad? Hay que dar más atención a las realidades históricas, los vicios de la ciudad son tan modernos como Babilonia y las brillantes ideas de los sociólogos pueden ser parte de la tradición moralista. La ciudad griega sirve para entender la ciudad de hoy y su universo cultural está condicionado por las tradiciones que le unen a su pasado.

En estas visiones de la ciudad que acabo de perfilar hay una fuerte tendencia a mostrarla en términos contradictorios y generalmente negativos. Probablemente la imagen negativa de la ciudad tiene que ver con su supuesta *desorganización*, es decir, por estar compuesta de partes poco relacionadas y relacionables —la clásica visión de Chicago—. Pero, como se puede comprender, esta imagen en realidad es el resultado del enfoque y metodología empleados y, por supuesto, del marco teórico, filosófico y político imperante. Una gran parte del pensamiento sobre la ciudad se ha referido a las grandes metrópolis (Chicago, Nueva York, Barcelona o la propia ciudad de México) y se sabe, en cambio, poco de las pequeñas o medianas ciudades, provincianas y monumentales. En ellas es imposible ignorar la historia.

Veamos un ejemplo, en el caso español. En la Castilla del siglo XVI surge un género, la corografía, que contiene una teoría sobre la representación de la ciudad. La ciudad, que se suponía no tiene tiempo, es historia y mitología. Me voy a referir a ella siguiendo el trabajo de Richard Kagan (1995) bajo el significativo título «La corografía en la Castilla moderna. Género, historia, nación», que voy a resumir. La corografía es la expresión cultural de los pueblos, un lenguaje que les permite desarrollar a través del tiempo su propio sentido de identidad. Mientras la geografía se ocupa de regiones y rasgos generales, la corografía es una descripción detallada y particular de un cierto lugar. La corografía es sinónima en el Siglo de Oro de las historias de ciudades, las conocidas «antigüedades y grandezas», mezcla de descripción topográfica y narrativa histórica. Aunque se incorpora a proyectos reales, no siempre se entendieron; mientras la corografía se dirigía a las particularidades, la monarquía austríaca buscaba horizontes a escala universal. Alcanza su mayor éxito en ciudades y municipios que lo utilizan para mostrar al mundo sus grandezas. Muy similar a los panegíricos humanísticos escritos en latín de la Italia del Renacimiento, seguían el modelo de ciudad ideal de Aristóteles, san Agustín y Leo Battista Alberti; cada ciudad había de ser autosuficiente, populosa y próspera, devota en extremo, llena de edificios singulares y gente noble. En España unen la *laudatio* humanística y la crónica urbana, siempre en vernáculo.

Las corografías están al servicio de intereses políticos de los bandos urbanos. En la narrativa se incorporan historias para demostrar la antigüedad del municipio, su resistencia a la invasión de los musulmanes, gestas de la Reconquista o los servicios prestados a los reyes. No fueron, pues, historias objetivas o desinteresadas, sino que proporcionaron una visión del pasado que servía a los intereses colectivos de la ciudad o de sus grupos. El trabajo del comunero Gonzalo de Ayora, en 1519, sobre

Ávila es el primero que une el elemento descriptivo y el histórico, escrito en castellano y con una interpretación de la Edad Media: catálogo de servicios prestados por los abulenses a la Corona y de las mercedes que los reyes les conceden. Es, pues, una interpretación de la historia de Castilla como una reciprocidad entre Corona y ciudad (y no solo recopilación de hechos reales como en las crónicas oficiales).

Las corografías son el medio de demostrar las excelencias de un lugar. Siempre se comienza con una descripción geográfica en la que se retrata la abundancia y fertilidad del paisaje en términos paradisíacos, a ello sigue la discusión etimológica del nombre de la ciudad, la especificación de sus orígenes remotos —símbolo de su nobleza— y reyes míticos (Túbal, Hércules...). De manera habitual se señala con mucha minuciosidad el carácter de municipio romano de la ciudad y su conversión al cristianismo. A fines del siglo XVI, Román de la Higuera compuso sus falsos cronicones y los eruditos municipales los acogieron con entusiasmo, puesto que establecieron textualmente la llegada de Santiago a su municipio y los nombres de sus primeros obispos, mártires y santos. Toda la sociedad, desde los eruditos de los pueblos a Felipe II, tenía un interés profundo en establecer su antigüedad cristiana. No es ajena a esta búsqueda de orígenes de la ciudad la preocupación (y obsesión) por la «limpieza de sangre» de los individuos; en ambos casos, se trataba de esconder oscuros antepasados y, por el contrario, mostrar nobles y limpias genealogías, orígenes con *pedigree*.

Por ello, se pinta una ciudad más bien uniforme en su composición social. Hay muy poco interés por las minorías y por ciertos periodos históricos, como los del dominio musulmán. En ocasiones estos periodos de varios siglos desaparecen y solo se destaca la Reconquista de un modo épico. Además, se intenta evocar un modelo de la ciudad que la retrata como el vasallo fiel, leal a los reyes («la muy noble y leal ciudad de...»). A este respecto se borran o evitan las revoluciones comuneras y se atribuyen los hechos conflictivos a los extranjeros o a la plebe. La ciudad se muestra como un cuerpo místico, una *civitas* basada en los principios de caridad, piedad y nobleza. El número de habitantes no cuenta para mostrar su grandeza, sino su calidad y nobleza.

El modelo dura hasta el siglo XVIII, pero todavía en el XIX las historias locales recogen muchos de sus datos e historias. Tiene mucha importancia para las oligarquías urbanas, que fomentan la escritura de la historia local: sirve para fortalecer identidades locales y proteger a la ciudad contra las reclamaciones de grandeza de otras ciudades. También es una defensa de la independencia e identidad legal frente a la monarquía (por su énfasis en fueros, leyes e instituciones). Sus autores son eruditos locales que cogen la pluma por *amor de pátria* o para *conservar la memória* de hechos ilustres, pero también por otras razones más políticas: mostrar, por ejemplo, que la ciudad merece un obispado o voto en Cortes. En ocasiones son clérigos que pretenden presentar a su ciudad como una *civitas Dei*, una comunidad cristiana, y, por ello, se concentran en descripciones de ermitas y santuarios, mártires y obispos. Textos que servirán de ayuda de los predicadores en sus sermones y como fuente de identidades. Se inventa para defender el honor de la ciudad o asegurarle un papel en la historia. Se trata de defender, glorificar, celebrar... Son obras patrióticas, aunque, en ocasiones, las alabanzas se dirigen a quien paga la edición y su *ilustre* genealogía. Estas ediciones tienen poca tirada y restringida al mercado local —a lo sumo unos quinientos ejemplares—, que se reparten entre cabildos, regidores y personas ilustres, prohombres locales que se identifican con la *civitas* retratada y que saben leer.

En la corografía, la ciudad aparece como la patria natural de cada persona. Es una defensa de la autonomía e importancia de la ciudad frente a la monarquía y una respuesta a una historiografía real en la que los municipios tenían un papel secundario y limitado. La corografía garantiza a la ciudad un espacio en la historia, ya que la propia representación equivale a la diferenciación. La historiografía real pinta a Castilla de un modo unitario y homogéneo, un teatro para la demostración de la grandeza real; la Castilla de la corografía es más trasparente e individualizada. Cada ciudad, sin embargo, es un microcosmos y una entidad aislada y única, una especie de república independiente. Son muy escasas las referencias a otras ciudades y hay poca comparación. La corografía convierte a los vecinos en ciudadanos. Cada ciudad podía convertirse en un reino, un microcosmos del pueblo español. León de Arroyal indica que España está compuesta por varias repúblicas confederadas: «Cada villa hemos de mirar como un pequeño reino y todo el reino como una villa grande» (León de Arroyal 1789, como se citó en Kagan 1995, 47).[5]

La corografía bien puede ser considerada como un antecedente arqueológico de las monografías modernas de los antropólogos, con las que comparte aspectos positivos y negativos. Entre los primeros es la perspectiva utilizada, la descripción minuciosa sobre el terreno de las características locales, una interpretación de la historia del municipio y la especificación de valores, símbolos y aspiraciones. Entre las negativas, el modelo de ciudad aislada y única que resulta (modelo tan familiar en los clásicos estudios de comunidad), la descripción interesada (¿cuál no lo es?) y la concentración en un segmento, mientras se invisibilizan otros. En cualquier caso, la corografía es un discurso persistente que hay que analizar, un pedazo de historia mítica que ofrece información sobre lo que es la ciudad y cómo quiere ser considerada, una interpretación desde dentro de la cultura en cuestión. De ahí su importancia.

La mitología, los discursos positivos y negativos por parte de sociólogos, filósofos, antropólogos y otros intelectuales en el viejo y en el nuevo mundo, en la Antigüedad clásica y en la modernidad, apuntan a distintas representaciones de la ciudad, formas diversas de concebirla, pensarla y vivirla. Estas distintas perspectivas sobre la ciudad,

---

[5]   Sigo a Kagan (1995) en este tema.

que acabo de resumir, evocan un conjunto de valores y símbolos que envuelven a las ciudades y las convierten en una creación cultural. Junto a sus aspectos materiales y tangibles, esta dimensión expresiva y evocativa tiene sin duda trascendencia para el estudio de la ciudad.

CAPÍTULO 3

El paisaje de las ciudades

La representación de la ciudad no es un hecho objetivo, sino un objeto cultural densamente cargado de significado simbólico y político, históricamente situado. Cualquier paisaje lo es. Frente a lo que denominamos naturaleza (por cierto, muy poco natural), la ciudad viene a ser nítidamente una creación humana. En este capítulo voy a tratar de explorar un conjunto de símbolos, imágenes y temas urbanos. No ha sido frecuente el estudio de la ciudad desde esta perspectiva, pero creo que puede llegar a ser una dimensión crucial. Las imágenes se hacen tangibles a través de metáforas o símbolos que usamos cotidianamente, como por ejemplo la ciudad como una jungla, un cáncer, una máquina o un *ghetto*. Se trata del análisis de los metaaspectos de los estudios urbanos, de la construcción simbólica de la ciudad. Lo que se ha llamado en algún caso la ciudad de la mente o la ciudad invisible (Rodwin y Hollister 1984), la constelación de imágenes y temas que ayudan a organizar el pensamiento y el discurso de la ciudad, incluyendo las que han conformado la perspectiva de los investigadores y las que influencian nuestras políticas sobre la ciudad. Voy a reflexionar sobre este tema a través de dos pinceladas diferentes en tiempo y espacio.[1] De las tres grandes fases de urbanización en Europa (la del Imperio romano, la Edad Media y la época de la industrialización) voy a referirme brevemente a las dos últimas.

Se ha destacado repetidamente[2] que la ciudad no aparece en las imágenes del siglo VII y VIII, y en el siglo IX surge de una manera desconcertante: no representa el aspecto exterior, sino que la identifica por un rasgo; es decir, no hay descripción, sino significación o ideograma (una puerta, un muro, un edificio); es una ciudad ideal, no

---

[1] Este capítulo fue dedicado a José Luis García y publicado en su libro homenaje (Cátedra y Devillard 2014b). De sus modélicos trabajos sobre el espacio y análisis del discurso trata este ensayo. Diversas partes o versiones del mismo fueron presentadas en un curso de verano de la Universidad Complutense de Madrid dirigido por Charo Otegui (El Escorial 2006) y en un seminario de la European Science Foundation que codirigí (Las Navas del Marqués 2012).

[2] Voy a seguir en este apartado el trabajo de Zumthor (1994) y Dutour (2004) para ilustrarlo.

real (Dutour 2004, 48-49). Por el contrario, desde el siglo X y hasta el XV, si bien la ciudad continúa sin ser representada, las descripciones del lugar donde se emplaza la ciudad suelen ser muy precisas (los accidentes geográficos, el río, la montaña o la campiña de alrededor). En las descripciones sobre la ciudad aparece muy repetida la idea de su inmensa gloria pasada (que le viene de sus fundadores), su fortificación y sus reliquias. La retórica sigue las reglas habituales de la *laudatio*: el punto de vista de la persona, del tiempo, de sus ciudades análogas, de su nombre, emplazamiento y materia. Pero es un espacio vacío; solo tres rasgos identifican la ciudad: el puente, las murallas y las reliquias que la santifican. Estos rasgos se mantienen durante siglos a través de la corografía (Kagan 1995) y forman el núcleo de la *descriptio civitatis*. Es un esquema comodín, un tipo, conjunto de fragmentos descriptivos, un estereotipo, una representación de la realidad. Hasta el siglo XV se utiliza la hipérbole para definir la ciudad (la más grande, bella… del mundo). Probablemente, la estructura narrativa surge de la ciudad de Dios (capítulo 21 del Apocalipsis) con la muralla cuadrangular, las doce puertas, el esplendor de la piedra, el río y el árbol. No hay que olvidar que hasta el siglo IX la ciudad es episcopal, lo que indica la importancia de la función religiosa; es la ciudad del obispo y es una fortaleza. En los siglos IX y X en Europa comienzan las incursiones y saqueos de musulmanes, húngaros y vikingos, y con ello crecen las defensas de la ciudad. Defensas aún más importantes en el caso de la península ibérica.

Zumthor (1994) analizó veinticinco descripciones de ciudades entre los siglos XII y XV y una treintena de imágenes pictóricas de la misma época. Las descripciones son una enumeración admirativa de los indicios típicos de poder: elevadas murallas de hermosa piedra, puerta fortificada, iglesias, palacios y torres, riqueza de sus habitantes, encantos del territorio circundante, etc. El esquema general gira en torno a la riqueza-grandeza-belleza de la ciudad. Son tradiciones formales muy rotundas sin detalles concretos. La representación de las ciudades comenzará cuando se empiezan a preocupar de su apariencia y organización. Hasta el siglo XIV, por no decir el XV, la mirada del artista no penetra en el espacio interior delimitado por la muralla: calles, fachadas y personajes. La tradición representativa va mudando progresivamente hacia una voluntad de particularización. Se produce el paso de la imagen ideal de la ciudad a la representación de una ciudad particular a través del detalle. Un hecho significativo es que los pintores aprenden el arte del retrato humano. Frente al anónimo *gran número* o *multitud* de habitantes de los siglos pasados e informes caballeros y mercaderes que proporciona el elemento de *poder* y *riqueza* que se incluye en el estereotipo de la ciudad, con el tiempo aparecen los hombres concretos y definidos de la ciudad, consecuencia de la difusión de la mentalidad burguesa.

La percepción de la ciudad está determinada por cuatro modelos míticos: la Jerusalén celeste; Babilonia la maldita; Roma, sede de autoridad y conocimiento (cabeza de la cristiandad); y Bizancio, la maravilla lejana fuente de reliquias. Jerusalén es un modelo de muchas representaciones pictóricas y literarias de ciudades reales, su arquitecto se supone es el propio Dios e incluso se la identifica con el paraíso. Roma es mucho más terrenal, es la cabeza del mundo, otro estereotipo. Constantinopla será el equivalente de Roma en el imaginario de los cristianos orientales. Y Babilonia, obviamente, el símbolo del mal, de los males que alberga la ciudad. De estos modelos se derivan la mayor parte de las descripciones. La forma de la ciudad, geométrica o en cruz, la vincula con los astros y con Dios; su gobierno, con el origen del universo. Todo discurso sobre la ciudad pertenece, por una necesidad interna, a la retórica del elogio o a la censura. Una misma ciudad puede ser Jerusalén o Babilonia. Estos modelos se alimentan de una corriente arquetípica que determinan la imaginación y la palabra: cierre (aislamiento y protección), solidez (seguridad) y verticalidad (grandeza y poder). Así, la ciudad se asienta sola, sólida y segura en una creación cuyas tradiciones denuncian la debilidad y la fugacidad. Su centralidad desmiente el salvajismo (la ruralidad); es espacio de franquicia y centro de poder como expresan sus muros, torres, atalayas. Es alta como el cielo y poderosa y temible como una voluntad sobrenatural. A pesar de su tamaño y diversidad hay una serie de rasgos comunes de la ciudad: circundada de piedra, compacta, tendrá una o dos plazas para intercambios sociales, un conjunto de calles funcionalmente diferenciadas, una población densa. Su emplazamiento en un río, vado o meandro, o con más frecuencia sobre una elevación, se exhibe en las alturas. Tiene lo que ha llamado Le Goff (1983) memoria topográfica.

La ciudad constituye un lenguaje para los que allí viven y que contribuye a su elaboración, combinándose varios sistemas simbólicos: lo visible, el rumor, los topónimos, la crónica local. La ciudad es múltiple: espacio físico, social, político, económico, religioso, mental; es decir, cultura urbana. Genera nuevas formas y contracultura (Bajtin 1987), es un espacio de cálida sociabilidad en sus plazas y atrios, tabernas, fuentes y lavaderos. La muralla y, especialmente, la puerta o las puertas configuran el emblema urbano (Cátedra 1999; Cátedra y Tapia 2007; De Seta y Le Goff 1991). La puerta es bifronte, entrada y salida de hombres, punto débil de la fortificación, pero especialmente defendida. La ciudad irradia y domina sobre la campiña, es espacio de libertad y centro de poder. Con el tiempo, la ciudad se divide: pobreza y riqueza se repartirán el espacio urbano. La toma de conciencia urbana a pesar de las desigualdades será un destino común.

Como he indicado, hasta el siglo IX la ciudad es episcopal, la ciudad del obispo y fortaleza. Las primeras ciudades medievales son ciudades de poder, donde tienen lugar ritos y liturgias, residencias de los propietarios de tierras (obispo, clero) que subsisten gracias a la dominación simbólica y material (Roma, ciudad *parásita*). Pero a pesar de que la Iglesia es la principal propietaria de la ciudad y de participar en la cultura urbana (a través de las universidades, por ejemplo) hay cierta hostilidad hacia la misma por parte de los clérigos, que recuerdan que Caín fue el fundador de la primera ciudad. A partir del siglo XVI, la ciudad se convertirá en un espacio profano. Desde el siglo XV se producen las primeras quiebras de las murallas, los primeros indicios del fin de su aislamiento. Aunque la muralla ya no tiene mucho valor militar (por el impulso de la artillería) sigue siendo un símbolo importante, el emblema de la ciudad. Tiene como función la de separar y determinar un lugar, establece una división entre los hombres (los de dentro y los de fuera, pobres y ricos). Vista desde afuera la ciudad despierta sospechas, hostilidad o codicia, sentimientos reveladores de ser otra forma de vida. La ciudad delimita un espacio cerrado que excluye al campesino; la imagen global de la ciudad agrede a los que no están en ella; es un lugar febril donde todo se inventa y en cierta forma el ciudadano se convierte en un ser obscuro. La ciudad mantiene una conciencia de sí misma por el culto al santo que ha elegido como protector y por ciertos individuos que expresan un sentimiento de pertenencia que mantienen, refuerzan o crean. Se apoya en una representación de los orígenes de la ciudad, en la participación en la vida cívica, en construcciones que llevan la memoria del pasado, una memoria depositada en las piedras, en los contactos en la catedral, en la plaza, en los recorridos de las procesiones (Dutour 2004).

La estrategia de dominio sobre la sociedad medieval se materializa también con el control del tiempo mediante el campanario. A la vez que expresaba su permanente presencia a través de los sentidos, imponía el ritmo sobre los aconteceres colectivos, el trabajo y la oración. Con el tiempo, las sirenas de las fábricas sustituirán el dominio eclesial del tiempo a través del campanario. Los cambios que produce el reloj «afectan no solo a lo que hacemos, sino a cómo pensamos» indica Dumézil (1935, como se citó en Le Goff 1983, 12). La apropiación del tiempo, incluso más que del espacio, constituye la más evidente prueba de dominio:

> Almacén de los acontecimientos, lugar de las ocasiones místicas, el tiempo-marco adquiere un interés particular para cualquiera que, dios, héroe o jefe, quiera triunfar, reinar o fundar: éste, quienquiera que sea, debe tratar de apropiarse del tiempo por la misma razón que del espacio (Dumézil 1935, como se citó en Le Goff 1983, 12).

Cambiemos de escenario de la mano de un interesante análisis de Sam Bass Warner (1984) titulado «Slums and skyscrapers». Nos movemos a otro lugar y damos un salto de varios siglos: la ciudad americana en el siglo XIX (también hoy ya, una ciudad histórica). La imaginería popular en esta época muestra dos imágenes poderosas: una optimista, la ciudad está pavimentada con oro (o su vertiente hispana «atan los perros con longaniza»), y otra pesimista, la que destruye la juventud con crimen y vicio. La primera imagen se asoció a los inmigrantes y a los jóvenes rurales en América que se trasladaban a la ciudad. La segunda tuvo que ver con la fascinación victoriana con el sexo y el crimen;[3] ¿qué relación hay entre ambas imágenes? ¿Se refuerzan ambas imágenes, se contradicen, se sostienen al mismo tiempo? Las imágenes dicen algo sobre quien las crea, son una imagen dual que destaca la prosperidad de la ciudad como creadora de oportunidades frente a la pobreza del campo, al mismo tiempo que pone de manifiesto la mortalidad, crimen y prostitución ciudadanas. Evidentemente, las imágenes se relacionan con los aspectos políticos, económicos y sociales.

La imaginería urbana se forma desde dos perspectivas: la milenarista del nuevo mundo que supone la ciudad y la imagen pastoral clásica del contraste con el campo. Al final del siglo XIX, además de estas dos, hay otras imágenes relacionadas: unas glamurosas como la Costa Dorada, la Quinta Avenida, los rascacielos de Nueva York y Chicago. Pero también otras más peyorativas como la Pequeña Italia, o Sicilia, Germantown, Niggertown...; es decir, imágenes étnicas y de clase. Los símbolos se tienen que contemplar desde el contexto social y el cambio histórico en que se producen. La ideología maneja múltiples imágenes incorporándolas en una visión coherente del mundo contemporáneo. Desde este punto de vista la ciudad antigua se concebía y construía de acuerdo con la cosmología de las viejas culturas. Del mismo modo, la ciudad americana responde a la ideología dominante: la cultura secular, la democracia y el capitalismo liberal. Vamos a ver dos de esos símbolos: el *slum* (barrio bajo) y el *skyscrapers* (rascacielos) según el análisis de Warner (1984), el primero una imagen verbal y el segundo una imagen visual.

Slum es una palabra que nace y muere para ser substituida por otras imágenes (movilidad social, cultura de la pobreza, raza, *ghetto*). Este símbolo ha ocupado un lugar en la ideología contemporánea y ha cubierto un ciclo de vida simbólico. Es una palabra del argot inglés que proviene de *slime* (*room*, habitación). Aparece en 1825 en Inglaterra y pasa posteriormente a Estados Unidos hacia 1870. La palabra tiene dos significados: en Inglaterra es «calle», «callejón» o «patio» en un distrito hacinado y habitado por los más pobres; en Estados Unidos se refiere a «barrio» del mismo tipo. *Slum* sugiere una forma de pobreza y de vivienda en relación con la idea de localidad: barrios, calles, pobreza, hacinamiento..., pero no se refiere directamente a la gente, sino a sus condiciones del medio ambiente. Hay una literatura sobre el *slum* desde Engels (1845), con su libro *La condición de la clase trabajadora en Inglaterra*, al contundente y clásico *How the Other Half Lives* de Jacob Riis (1890), periodista y fotógrafo, quien trató las causas, razones y remedios para erradicarlos desde el ambientalismo (mejores casas, espacios abiertos...). Gustavo Doré los retrató en sus dibujos en 1870. Este símbolo verbal y sus imágenes visuales constituyeron una nueva manera de ver y comprender la ciudad, un nuevo símbolo puesto en circulación ante nuevas circunstancias.

---

[3] Tal como ha mostrado Walkowitz (1995).

¿A qué se debe que aparezca la palabra? Las dimensiones relativas y absolutas de la pobreza cambiaron drásticamente en el siglo XIX: los pobres aparecieron en la ciudad (con la emigración y el éxodo del campo). La nueva industrialización provocó una división radical entre pobres y ricos. La palabra fue utilizada preferentemente por la clase alta y no por los propios vecinos, puesto que es un término que connotaba inferioridad, opresión y fracaso. Los escritores nativos trataron de proporcionar dignidad y respeto a estos barrios en sus escritos. Con el tiempo, la palabra se hizo verbo «to go slumming» y a ello siguió la visita al *slum,* primero por caridad y más tarde por moda, por entretenimiento o curiosidad como sucedió, por ejemplo, en Boston o Londres. Los *slums* se convirtieron en un lugar extraño, original y nuevo que se visitaba como un territorio extranjero. En su lado oscuro, el *slum* sugiere la segregación de la ciudad moderna, pero también la concentración en el barrio pobre de la prostitución, el juego y la bebida ilegal a donde se dirige la gente rica para su entretenimiento.

El concepto de *slum* está de acuerdo con la ideología que la sustenta: la política democrática y el capitalismo liberal. La palabra se refiere al lugar, no a la persona, y, por ello, evita asignar valor moral al que habita (no hay pobres que *merezcan* vivir en el *slum*). En ese sentido, es democrática e igualitaria dentro de su medio. Tiene que ver con los desarrollos de la ciencia y la sanidad y la idea del organismo en interacción con su medio ambiente, clave para definirlo. No se sugiere una causa (como, por ejemplo, la falta de trabajo); los *slums* tienen que existir en las ciudades como el humo, el ladrillo o el bar. Por lo cual, un suceso histórico se convierte en un hecho estructural, un hecho general sin tiempo. La ideología del capitalismo liberal domina entre 1840-1930 y la palabra es usada por todas las ideologías en todos los conflictos. Luego muere por cambio social e ideológico.

Tras la Segunda Guerra Mundial, la ciudad americana cambió: el hacinamiento se volvió vacío; el abuso de los niños y huérfanos se convirtió en el reino de las bandas de adolescentes; la promiscuidad y maternidad de adolescentes sustituyó a la prostitución; las drogas, al licor. El *slum* blanco e inmigrante formado sin el concepto de raza se volvió negro y étnico: el *ghetto* fue la palabra que sustituyó a *slum*. Harrington (1962)[4] explica que el viejo *slum* fue un lugar de esperanza y promesa para una vida mejor, un lugar de movilidad social pese a la pobreza, donde los hijos de los emigrantes se adentraron en la sociedad más amplia; el nuevo *ghetto* no tiene esperanza y está abandonado, es la cultura de la pobreza.

---

[4]   El texto de Harrington fue un estudio muy divulgado e impactante de la pobreza en los Estados Unidos que en esos años alcanzaba a un 25 % de la población y que motivó diversos planes para combatirla.

El contraste con el *slum* es el rascacielos. La línea de los edificios sobre el cielo es un conjunto de imágenes visuales y no verbales. Tiene unas connotaciones de clase y de sentido opuestas a la del *slum*, a pesar de su proximidad geográfica en ocasiones. Las imágenes de los rascacielos son parte de la tradición visual continua que tiene sus raíces en el orgullo cívico de los comerciantes capitalistas. En América se han plasmado los paisajes urbanos, calles y panoramas de la ciudad desde al menos el siglo XVII por placer público, pero también por encargo directo de los mercaderes, quienes aparecían frecuentemente frente a sus negocios. En el siglo XIX la pintura identificaba con toda precisión los edificios. Como elemento de la ideología contemporánea, la visión urbana pertenecía a esa parte del capitalismo democrático que contemplaba toda obra humana (los edificios, puentes, granjas) en armonía con Dios y la naturaleza. La introducción de la fotografía continuó la tradición de pintura y grabado anterior.

La construcción de rascacielos en Manhattan entre 1890-1930 constituye el hecho social del que se derivarán las imágenes posteriores. Las primeras imágenes son parecidas a las del pasado, pero un grupo de fotógrafos en torno a Alfred Stieglitz en una galería de la 5.ª Avenida comenzó a retratar rascacielos como los impresionistas y cubistas. Así, la vieja tradición de paisajes ciudadanos se renovó con nuevos objetos (el rascacielos) y enfoques (la abstracción), y la nueva línea del cielo se volvió una imagen moderna, de moda, como siluetas y planos, sin enfocar su individualidad o su propiedad como antaño. Hacia 1930 este modo de ver la ciudad a través de fotografías y películas llegó a ser un lugar común. El significado de esta nueva imagen urbana fue doble: por un lado, renovó la imagen de la vieja tradición del orgullo cívico. Las vistas de la ciudad desde ciertos ángulos (por ejemplo, desde el mar) se convirtieron en un modelo que volvía a capturar la idea de interrelación armónica de naturaleza y ciudad. Otro significado tiene que ver con el problema ideológico que solucionó el rascacielos, que surgió en un tiempo activo de conflicto sobre la preeminencia creciente de la moderna corporación americana. El rascacielos fue parte de un conjunto de imágenes de Wall Street, bancos, oficinas y corporaciones frente a la agitación sindical, agraria y socialista.

Al convertir el rascacielos en algo abstracto se solucionó este conflicto político y económico entre la democracia y los elementos capitalistas de la ideología contemporánea. En las manos de los fotógrafos, los rascacielos no eran ya torres corporativas, sino objetos de arte, con lo que pasaron de mostrar el conflicto ideológico a la vieja tradición de orgullo cívico. Así transformada, la torre corporativa se convirtió en el símbolo americano de la ciudad próspera, algo que cada ciudad quería poseer como parte de su imagen. Es probable que, en la actualidad, el *edificio de autor* de tantas modernas ciudades cumpla un significado semejante y también la preferencia por los lugares altos para contemplar la ciudad desde lo alto (¿de la sociedad?), desde el *cielo*.

El *slum* y el rascacielos se pueden considerar como dos conjuntos de símbolos e imágenes que ocupan diferentes lugares en las estructuras ideológicas contemporáneas de la ciudad. El *slum* definió, dirigió y limitó la acción pública a través de su nombre; el rascacielos pacificó y evitó el conflicto a través de su conversión de nuevos hechos sociales en objeto de arte. Esta nueva imagen fue capaz de funcionar como elemento de trasmisión de masas, explotación comercial, signo de lujo, moda y éxito social. Este ejemplo nos indica la necesidad de mostrar los problemas de relación entre el cambio simbólico y el cambio político y social.

El trabajo de los hombres en la ciudad es totalmente humano, creando diferentes paisajes, por ejemplo, jardines, una ficción que pretende ser naturaleza. De hecho, construir un jardín es una mentira y la gente que lo contempla sabe que es un fraude para lograr una sensación de belleza, una obra de arte. Antes indiqué que la dicotomía ciudad/campo tiene sus límites en la muralla, que separa ambas, pero esto no es totalmente cierto, ya que la ciudad, aparte de sus edificios, alberga jardines, pequeñas huertas, plantación de hierbas, o patios como los de la casa mediterránea o las viejas villas romanas. Tras el Renacimiento, la ciudad comenzó a colonizar el campo y, especialmente, desde el siglo XVIII y comienzos del XIX con la creación de parques y jardines por los reyes y nobles. Justo cuando comienzan a derribarse las murallas, ya en marcha la Revolución Industrial, comienzan las utopías de la construcción de la ciudad en el campo o de la introducción del campo en la ciudad. En el siglo XX, la idea de la ciudad regional trajo una nueva concepción de la ciudad en la que todo es ciudad (suburbios, urbanizaciones) incluyendo grandes periferias con usos y servicios urbanos. Incluso los espacios libres, como los parques, fueron usados por los consumidores urbanos de paisajes.

Estas variaciones en el paisaje occidental durante siglos, imágenes, formas de definir diferencias de clase, espacios, maneras de representar gente y paisaje (incluyendo pobreza, ruralidad o modernismo) sugiere la construcción de políticas de desigualdad que hoy aparecen bajo la forma de turismo o políticas de patrimonio. Ello supone la construcción del paisaje por el poder. A lo largo de este pequeño recorrido por la historia y la geografía se puede apreciar que la percepción de la ciudad no es automática o *natural*, sino que responde a una lógica simbólica, está sumergida en mitos y perspectivas significativas y se encuadra dentro de un contexto histórico concreto. Esto se hace evidente a través de un viaje por ciertas épocas y algunos de sus objetos.

En la Edad Media, la ciudad se percibe a través de símbolos (su fortificación, un edificio, una entrada…), imágenes míticas (la ciudad de Dios, Jerusalén o Roma), religiosidad (reliquias y santos), descripciones hiperbólicas, palabras y signos de poder, tradiciones formales y estereotipadas. Se trata de «modelos» de ciudad y no de ciudades concretas. Ni ciudad ni ciudadanos, que desaparecen tras nociones de muchedumbres llenas de nobleza, riqueza y religiosidad. Así definida la ciudad, protegida por sus murallas, aislada y autosuficiente, esconderá a las minorías étnicas y a los pobres, creará desigualdades y dominará sobre el entorno exterior y los campesinos. Solo a partir de la revolución cultural renacentista de la mano de los primeros burgueses la ciudad abre su espacio interior desplegando calles, fachadas, personas concretas, voluntad de particularización y de orgullo de los ricos mercaderes frente a los antiguos nobles guerreros. Además de visibilizar su interior comenzará a abrirse al exterior, perder su aislamiento, hacerse profana.

La ciudad alberga diversidad. Los distintos mundos de una ciudad pueden ser enfocados a través de símbolos verbales, como el *slum,* o símbolos visuales, como el rascacielos, ambas imágenes contradictorias y opuestas que reflejan la ambivalencia urbana, el lugar de la oportunidad y el progreso, pero también de la sordidez y la violencia. La propia ciudad en su consideración ha sido escenario de viejas luchas ideológicas entre el bien y el mal (Schorske 2001), con la construcción de ciudades en contraste con la imagen idílica y pastoril del campo. Pero los símbolos no son inmutables; no pueden divorciarse del tiempo y del espacio. Esta imagen clásica se revitaliza en ciertos momentos de cambio social y cultural. Así, el *slum* cobra vida dentro del contexto de la ciudad americana con su cultura secular, demócrata y capitalista liberal y se convierte en su propio producto. De igual modo se revitaliza la torre corporativa y se produce su estetización a través del nuevo y pujante arte de la fotografía, otra forma de representación que la acerca al viejo modelo medieval por cuanto desdibuja sus contornos y simboliza sus edificios. Tras ambos ejemplos encontramos una de las características más claves de la ciudad, el escenario más nítido de la desigualdad humana donde se potencia con intensidad la pobreza y la riqueza. La construcción del paisaje urbano, *slums* o rascacielos es, pues, un asunto del poder.

Parte II
Mitología

CAPÍTULO 4

El origen de las ciudades

A antiguidade das cidades deve ser prezada …
o que do antigo de esta cidade Évora nossa pátria tinha alcançado…
André de Resende[1]

Ouvi já Évora gloriosa […]
Quantos heróis à luz deu
Esta cidade famosa…

Era Évora a segunda
Cidade mais principal
Antiga corte, e leal,
Em que este reino se funda

Musas, deuses, poetas com cordura
De Évora naturais…

De Évora as preeminências
Em tudo bem singulares…
Amador Patricio

Villa por Villa, Valladolid en Castilla,
Ciudad por Ciudad, Évora en Portugal.
Francisco de Fonseca

Recorrer una ciudad como Évora supone sumergirse en el tiempo, reconocer retazos de historia a través de calles y monumentos, rastrear otras culturas plasmadas en

---

[1]   Un primer esbozo de este ensayo, que incluye la comparación de Évora y Ávila, fue realizado para la Mesa de Trabalho «Recreações etnográficas: textos, emblemas e palcos» del VIII Congreso de Antropología de Santiago de Compostela, realizado en septiembre de 1999. Agradezco la oportunidad a su organizador y amigo, António Medeiros. Una posterior elaboración, primero como conferencia y después como publicación (Cátedra 2007), se debe a la amable invitación del presidente de la Câmara Municipal de Évora y a los Dres. Arimateia y Grilo. En su día, al escribir este ensayo, fue sabiamente corregido de algunas imprecisiones por J. Duarte.

piedra y estructura, pero también toparse con jirones de su mitología: entre otros, el Templo de Diana, la *praça do* Giraldo, la Capela de S. Manços, la Igreja de S. Vicente. Una ciudad está también construida de ideas (figura n.º 2)

Los mitos de las ciudades han sido en general poco estudiados. La fundación o fundaciones de las ciudades constituyen referencias cronológicas claves por cuanto suponen definiciones de lo que es la ciudad —o lo que debería ser— en ciertas épocas. Encierran ideas y aspiraciones complejas sobre la misma, establecen las relaciones que mantiene con el contexto más amplio en que se encuadra. La mitología de las ciudades, que se forja fundamentalmente en el siglo XVI, es posteriormente despreciada y abandonada por los historiadores del XIX tras la revisión y crítica a la que se le somete desde el talante positivista. Y, sin embargo, los mitos tienen su importancia, son parte de un corpus general de comentario sobre la naturaleza humana, un instrumento humano para entenderse, entender el mundo que nos rodea y enfrentarse a lo desconocido. Son sistemas semánticos estructurados de una cultura y, en definitiva, ofrecen información sobre los valores de una época, sobre la sociedad que los mantiene. Los mitos muestran cuánto de construcción simbólica tienen las ciudades.[2]

En estas líneas me propongo explorar la mitología eborense sobre la prístina fundación de la ciudad y los mitos referidos a la época romana. No son las únicas; a otras mitologías —la cristianización y la Reconquista— me referiré más adelante. Un personaje clave en esta elaboración fue el humanista André de Resende a través de su *História da antiguidade da Cidade de Évora* ([1553, 1576] 1783). De este autor se hizo el siguiente elogioso juicio: «Foi Resende na averiguação das cousas antigas primeiro sem segundo até agora: assim como foi também o primeiro que em Portugal abriu as fontes da antiguidade» (Estaço 1625). Otros escritores de los siglos XVII y XVIII (Fialho, Patricio) contribuyen en gran manera a la mitología de la ciudad y me baso también en ellos.[3]

---

[2]   He analizado en otro lugar las imágenes mitológicas de otra ciudad de la península, Ávila, a través de la historia de su primer obispo (Cátedra 1997a) y de la construcción de las murallas (Cátedra y Tapia 2007). El análisis de la mitología de Ávila fue realizado después de un largo período de trabajo de campo. En el caso de la mitología de Évora, fue justamente al revés, un punto de partida de posteriores investigaciones.

[3]   Entre otros, Diogo Mendes de Vasconcelos, que escribe el *Livro V do Municipio* (1593) y Gaspar Estaço y sus *Várias Antiguidades de Portugal* (1625). Autores posteriores como Manuel Fialho (según el resumen que hacen António Franco, *Évora Ilustrada*, en 1945 y Francisco de Fonseca, *Évora Gloriosa*, 1728) o Amador Patricio, *História das Antiguidades de Évora* (1739) son los más fabuladores. Ambos autores del siglo XVIII tienen muy poco sentido crítico; según Armando de Gusmão, que hace el prefacio de la obra de Fialho, a este se le considera encuadrado en la escuela historiográfica de Alcobaça, que se caracteriza por un exaltado amor patriótico. Varios de estos autores los recoge Farinha en su *Coleção*

Figura 2. Paisaje de Évora.

das Antiguidades de Évora, en 1785. Cuando en el texto aparece Fialho me refiero al resumen de su obra hecho por Franco y publicado posteriormente (1945); los datos que aquí utilizo aparecen entre las páginas 33-48. El texto de Resende que he manejado de (1576) 1783 tiene numeración en cardinales.

En el comienzo del mundo

> ... não é pequeno gosto saber e ter notícia dos principiadores das cidades, e
> maiormente se foram varões ilustres
>
> André de Resende

La mitología de la fundación de Évora es poco explícita y no aparecen descripciones de rituales de posesión y demarcación del territorio. Muchos autores señalan simplemente su gran antigüedad y la imposibilidad de descubrir sus inicios como ciudad («Outros dizem que por ser muito antiga não se lhe pode dar fundador»). Pero Fialho se refiere a un fundador clásico, ya que exactamente en el año 2164 a. C. Túbal, hijo de Jafet y nieto de Noé, y Elisa, su sobrino, toman tierra en Portugal y fundan Setúbal. Esta ciudad parece que fue «a primeira povoação deste Reino e ainda de toda Espanha onde começa a língua portuguesa» tras el éxodo de la Torre de Babel. Elisa dio comienzo a Elisa o Eisea (más tarde Lisboa) y después a Évora, la cabeza del Alentejo, en la pequeña colina en que se asienta. Algunos dicen que Elisa se llamó Luso o Lísias y que de este nombre tuviera lugar Lusitânia o Lisitânia.

Aquí comienza la saga de los llamados «reyes antiguos», una serie de reyes fabulosos iniciada por Túbal, quien se supone introdujo en la península las letras, la música y la filosofía moral. Su hijo Íbero heredará el trono y la lista de reyes incluirá en total veintiséis nombres con resonancias geográficas o nacionalistas[4] que Annio de Viterbo elaboró para dotar de antigüedad a una monarquía *española* que había dominado la totalidad de la península ibérica.[5]

Aunque algunos autores lo consideran una fábula, hay otra historia, la de Évora y Evorinho. Según Fialho, el primer rey de la ciudad, al que la historia «não lhe dá nome» tuvo una hija hermafrodita que se llamó Elbora. Al morir su padre heredó su reino y, usando su parte masculina, llamándose Elbur, se casó con una mujer, Tulda, y tuvo una hija con ella que llamó Évora. Al morir su mujer en el parto, Elbora se volvió a casar con un hombre llamado Braco, usando su sexo femenino, y parió un hijo que llamó Evorinho. De esta Elbora o Évora la ciudad tomó su nombre. Por eso dicen que Évora fue fundada por un monstruo.

---

    [4]   Tras Túbal e Íbero, Idúbeda, Brigo, Tago, Beto, Gerión, los tres hijos de Gerión, Híspalo, Hispán, Hércules Egipciano, Espero, Atlante Italo, Sicoro, Sicano, Siceleo, Luso, Sículo, Testa, Romo, Hércules Tebano, Palatuo, Caco, Eritreo, Gárgoris y Habis.
    [5]   Annio de Viterbo en el siglo XV crea una historia de la humanidad e influye en Jerónimo Román de la Higuera (siglo XVI) y Lupian Zapata (XVII), un trío de fabuladores en un tiempo de excitación piadosa y efervescencia nacional. Viterbo afirma basarse en textos falsos de Beroso (un supuesto astrónomo del IV o III a. C.); la humanidad comienza con un ser anfibio, Oannes, que introduce el pensamiento en los humanos, tras la creación.

Otro autor[6] aporta nuevos datos sobre Elbora y el desenlace de la historia de los dos hermanos. Elbora a la muerte de su padre se convierte en «senhora de tudo» y construye el primer edificio de la ciudad, una torre o casa «junto á *praça* de Peixe» que tomó su propio nombre. Los hijos de Elbora, a la edad de treinta años, se disputan el señorío de la ciudad, por lo que esta queda dividida en dos partes; Évora, la mayor, se queda con la torre que su madre construyera, y Evorinho en otra parte de la ciudad, en los molinos de viento. Ambos intentan disimular su rivalidad; Evorinho visita a su hermana y, tras un gran convite y una gran fiesta, los dos hermanos suben a la torre a pasear; en un momento de descuido, Evorinho se abraza a Évora para arrojarla desde lo alto, pero ella se agarra con tal fuerza a su hermano que caen los dos y mueren. Entierran los cuerpos en ese mismo lugar y el rostro de ambos hermanos quedará fijado en el escudo de armas de la ciudad.

El siguiente hito se refiere unos años después (1227 después del diluvio y 1079 a. C.) en que reina en Lusitania Abides durante treinta y cinco años, quien fue criado por una sierva en los montes de Scalabis (Santarem). Al final de su reinado sobrevino una terrible sequía de veintiséis o veintisiete años que despobló España y motivó una emigración masiva a Francia, siendo hospedados por ciertos pueblos de Eburões, o Eburonisses, de los que tomaron su nombre al volver. El Alentejo es finalmente dominado por los celtas que «com grande poder» se fueron extendiendo para el norte.

ÉVORA ROMANA

> Era este pórtico uma das mais famosas peças dos Romanos que se conservava, não digo eu somente nas Espanhas, mas no mundo: era composto de três arcos triunfais ...
>
> Bento José de Sousa Farinha

El pasado romano de Évora ha sido, a partir de Resende, un importante motivo en la ciudad. Aunque hoy se considera que el nombre de la ciudad es de origen celta y probablemente de ahí proviene su primera urbanización,[7] la mitología se desarrolla en torno al *açougue* o edificio de la carnicería (lo que más tarde se llamará el Templo de Diana), el resto más representativo del arte romano en Évora tras la demolición del arco triunfal romano que existía en la ciudad.[8]

---

[6]   Amador Patricio (1739, 3) da una versión un poco diferente del origen de la ciudad. Afirma que antes del diluvio vivieron en Évora gigantes. Este dato indica el tono fabulador de este autor que, por ejemplo, hace eborenses, entre otros, a Dionisio, Júpiter, Juno, Atlante y Roma, fundadora de la ciudad que lleva su nombre. Elbora es hija del rey de los pobladores de la ciudad tras el diluvio; manda hacer su mansión en una torre «junto a praça do Peixe» y desciende de Túbal.

[7]   Según indica Antonio Carlos Silva (1997), al que sigo al situar a Resende.

[8]   Este era, según Estaço, «um formoso pórtico de colunas Corintias que nela há». O hubo, porque el *pórtico* se destruye por consejo del cardenal don Enrique durante el reinado de Juan III. Esta

El *açougue* dejaba ver, a través de sus toscas paredes y almenas de época medieval, unas gráciles columnas que André de Resende supone pertenecen a la Antigüedad clásica. La percepción de la antigüedad de este edificio sirve de espita para la recreación del pasado romano de la ciudad y de su protagonista, Sertorio, general romano disidente y jefe de la revuelta lusitana. Pero veamos cómo se descubre esta *antiguidade*. André de Resende escribe su historia en 1553 a petición de la Cámara de la ciudad, tras permanecer varios años en diversas universidades europeas y percatarse de la importancia política que la nueva dinastía de Aviz había concedido a la ciudad, a la que hace sede de la corte por largos periodos. Crítico de Florian de Campo que se atrevió a hacer y publicar *Origenes y antiguidades fabulosas*, se propone dejarse llevar por «autores dignos de fé, ou por escrituras de pedras, ou o que de nossos olhos ainda podemos ver» (1783, cap. ij).

Comienza Resende por asegurar que «em tempo do grande lusitano Viriato, Évora já era» (1783, b). Fialho indica que Viriato Segundo, llamado por los romanos «ladrão, se levanta contra la "barbaridade e perfídia" romana a raíz de la «matança» de Galba en la sierra de Monchique. Tras la victoria contra Vitillio, «cheio de aplausos, e glórias retirou à Lusitânia: Chegou a Évora, que elegeu por corte, e praça de armas [...] o aclamaram por seu Príncipe». Se recoge en la ciudad al derrotar a Pompeo, construyendo dos arcos triunfales y tres «imortais padrões da sua fama»: los muros con que cercó la ciudad («que eram fortíssimos [...] de desmedida grandeza»), el acueducto («em nada inferior aos de Roma») y su magnífico palacio con columnas y estatuas donde viviría (Fialho, como citó en Fonseca 1728, 16).

La ciudad vuelve a construirse, o mejor, reconstruirse, según Resende, con Sertorio, quien también escoge Évora, en medio de Lusitania, para establecerse en una casa (que todavía lleva su nombre),[9] con una mujer y tres libertos. Manda cercar la ciudad (la que se llamará *cerca velha*) y hacer el acueducto da Pratta, que llegaba hasta lo más alto de la ciudad. Évora, en tiempo de los romanos, era municipio romano, tenía moneda propia y no pagaba tributos, ya que era «livre, imune e sócia do povo romano»; sus naturales se distinguían poco de los ciudadanos romanos, con similares derechos. Este estatus es muy valorado por Resende y, aunque confiesa no saber de dónde viene este privilegio, por «conjetura», piensa que puede venir de Julio César, debido al sobrenombre de la ciudad Liberalidade Iulia. Abundantes sepulturas

---

destrucción le hace exclamar a Farinha: «*Não* basta isto para se crer que em tais tempos, por tal rei e tal príncipe, em os olhos de Mestre André de Resende, Gaspar Barreiros, Diogo Mendes de Vasconcelos, e infinitos outros homens sábios e dados as antiguidades, que então moravam em Évora, se desmanchasse e destruísse, e apagasse tal memória».

9   La casa en cuestión, un palacio, ocupa hoy el edificio de la Câmara Municipal y alberga en su interior las termas romanas.

confirman este origen de la ciudad, muchas de ellas en poder del propio Resende, un coleccionista de piedras antiguas.

Autores posteriores como Fialho repiten la historia y sitúan a la ciudad en un lugar más central si cabe. Viriato escogió como corte a Évora «por ser a principal da Lusitânia e estar mais no coração dela». Este ejemplo fue seguido por Sertorio, Sisibuto y Suitilla, D. Afonso Henriques, D. Sancho I y «muitos reis portugueses». Por su parte, Sertorio, en Évora, «foi jurado por Príncipe da Lusitânia» donde instituyó un senado «em tudo semelhante ao de Roma», construyó el Templo de Diana y «por cativar de todo os corações dos Eborense, fundou Palácio em *Évora* para sua pessoa, e se casou com Laberia,[10] donzela eborense de extraordinária beleza e nobilíssimo sangue». Se trata de hacer protagonista a la ciudad en todo tipo de acontecimiento antiguo o moderno; tanto a Viriato, el pastor lusitano que lucha contra los romanos, como al romano rebelde Sertorio. Los dos héroes escogen Évora y construyen allí su casa y su linaje. La libertad (Liberalidade Iulia) comienza a ser una idea repetida y asociada a la ciudad y su pasado.

Resende da cuenta de la leyenda de la corza de Sertorio. Cuando este escogió a Évora como corte, un hombre llamado Hispano le ofreció una corza pequeña y fingió que la mandaba Diana. Sertorio edificó un templo a esta diosa, templo que luego sería mezquita de los moros y *açougue* de la ciudad. Sertorio se casó en Évora y quiso ennoblecer y fortalecer «esta sua cidade» empezando por la construcción de los muros, el acueducto y un majestuoso palacio que lleva su nombre y que más tarde se convertiría en convento de religiosas. La conjetura de Resende sobre Julio César se ha convertido en certeza, a quien la ciudad dedicó una estatua en el medio de su plaza mayor —«ainda hoje há mármores com o títulos»—. Cuando muere Sertorio, su corza deja de comer y muere también de tristeza. El cadáver de Sertorio es quemado, pero los eborenses traen sus cenizas y, en 1495, se le dedica una sepultura en la iglesia de São João dos Lóios, al lado del templo de su querida diosa Diana.

La historiografía actual ha recogido la leyenda de la corza o cierva blanca de Sertorio (Dávila, s.f.). Tiene lugar entre los años 82 y 72 a. C. en las llamadas guerras sertorianas, dentro de la guerra civil romana. Sertorio, de la facción popular, había sido nombrado gobernador de la Hispania Citerior, pero fue proscrito por la facción oligárquica y se refugió en el norte de África. La visión nacionalista le dibuja como un héroe que intenta liberar a los pueblos hispanos y conducirlos a la independencia, magnánimo y tolerante, partidario de la reforma agraria, pero una perspectiva más crítica considera que utilizó a los lusitanos en su provecho para intentar una insurrección contra sus oponentes. Una delegación de lusitanos había ido en su búsqueda tras levantarse contra Roma para que les dirigiera. Después de la conquista de algunos territorios, un campesino llamado Spanós le regaló una cervatilla blanca que le seguía a todas partes. Sertorio

---

[10]   Según Resende, la mujer se llama Junia Donace, es doméstica o criada.

utilizó al animal como representación de la diosa Diana, un oráculo que le protegía en las batallas y a la que amaestró para que se arrimara a su oído fingiendo comunicarle victorias, pero no derrotas. Esta portadora de mensajes divinos fortalecía así la moral de sus tropas y de los nativos hispanos. Hasta que las cosas empezaron a ir mal y acosado por el partido político rival, dejó de ser benévolo e indulgente, matando o vendiendo a los hijos de algunos nobles hispanos. Tras un banquete, Sertorio murió víctima de una conjura, sin que fuera *avisado* por su corza blanca.

La importancia del pasado romano obscurece otras aportaciones étnicas. Resende, por ejemplo, se refiere a los godos calificándolos de «bravos e bárbaros e pouco católicos», por lo que dejan escasos restos y vestigios. Lo mismo sucede con los moros. Resende cuenta la siguiente historia recogida por el cronista moro Rafis. En el año 760 un hijo de Abderramán, de nombre Alhami, oyó hablar de la hermosura de una hija de Juceph, el rey anterior, y le envió una embajada con ricos presentes y joyas. La *moça* no aceptó a Alhami por ser de «baixo sangue» y avisó a su hermano, señor de Elvira. Este se dirigió a Beja y allí escogió a tres de las más hermosas de las mujeres de Alhami y, para deshonrarle, «dormiu con elas». Luego venció a Alhami en batalla, le cogió prisionero y le liberó bajo promesa de respetar a ambos hermanos. Abderramán, tras conocer esto, salió tras el hijo de Juceph al que alcanzó y mató. Luego tomó Beja y Évora. Concluye Resende que, de esto, se deduce que Évora estuvo hasta esa conquista en manos cristianas y, por ello, Juceph dejó allí a su hija «mais segura que entre mouros de pouca verdade e de pouca continência» (Resende 1783, cap. xij). Évora, se indica, fue tomada en el 780.

Cuando se conquista la península a los moros (y esto lo sugiere Fialho) unos eborenses se marchan a Asturias, pero la mayor parte «foi mandada como gente cativa para África e Marrocos» en donde les asignaron un arrabal (llamado Évora) para vivir sin mezclarse con la población local, con su propio templo e incluso un obispo propio. Aparte de estas, las noticias sobre el periodo de dominación musulmana son prácticamente inexistentes: «O mais que houve em Évora nos 451 anos que foi dos mouros, se não sabe» (Fialho, en Fonseca 1728, 36-38).

LA CONSTRUCCIÓN MÍTICA DE LA CIUDAD

> ... esta vossa cidade em outro tempo casa e alojamento do valoroso e muito nomeado Sertório ... frequente morada e habitação dos reis e príncipes nossos senhores: cidade em sua origem e fundação antiquíssima, em a fé católica e religião cristã entre todas as de Hispânia ou mais antiga ... e em lealdade amor e serviço da real coroa deles sem dúvida a primeira ... que vossa vinda a estes reinos seja felicíssima...
>
> André de Resende

Las páginas precedentes evocan dos periodos claves de la historia antigua de Évora: su fundación y la época romana. Como se ha podido apreciar, la fundación de la ciudad la realiza Túbal, considerado el primer poblador de la península. Este héroe, pariente directo de Noé, tras el diluvio pone su propio nombre a la primera ciudad portuguesa —Setúbal, fundada por Túbal—. En Évora, como en Ávila u otros lugares, no hay un ritual de elección del solar, quizá por el hecho de que la pequeña colina en que está situada la ciudad, rodeada por una gran llanura, no ofrece mucha posibilidad de elección;[11] su emplazamiento sugiere claramente motivos defensivos para su creación. Este origen marca una estricta jerarquía en las ciudades lusitanas: Setúbal, Lisboa, Évora. Incluso se sugiere que el fundador de Évora, Elisa, puede haber dado su nombre a toda Lusitania.

Una de las funciones más importantes de los mitos de origen es proporcionar antigüedad a la ciudad a través del héroe fundador de la misma. Precisamente la fundación de una ciudad es una tarea típica de todo tipo de héroes. Las ciudades que no contaban como fundador con un héroe *histórico* se inventaron uno cuya imagen se componía de diferentes retazos de mitos. La ciudad *tenía* que haber sido fundada por un héroe y solo un héroe *podía* fundar una ciudad. En Ávila y en otros muchos lugares aparece la figura heroica y semidivina de Hércules o sus descendientes. De la popularidad de esta figura da cuenta el hecho de que hacia finales del siglo XVI se contabilizaban más de cuarenta Hércules fundadores de ciudades de varias nacionalidades (egipcio, tebano, africano, cretense, fenicio...). De igual modo, Túbal se considera el primer poblador de la península[12] y el tubalismo fundacional se aprecia en muchos lugares, como por ejemplo Tafalla, en Navarra.[13]

---

[11] Como ha señalado Orlando Ribeiro (1986, 377), Évora está situada en el mejor lugar posible para su defensa. A media distancia entre un litoral sin puertos y una frontera, es vulnerable en las diversas guerras de la antigüedad como las más modernas. En una planicie cualquier altura es el lugar potencial de una población fácil de defender. Las hay muy exiguas como Evoramonte o San Bento, la de Évora es relativamente extensa.

[12] En el comienzo del cristianismo el historiador judío Flavio Josefo lanzó una teoría sobre el origen de la humanidad basada en los textos bíblicos. A partir de la incomunicación producida tras la Torre de Babel aparece la diversidad de las distintas lenguas y culturas humanas. Los descendientes de Noé se dividieron en setenta y dos grupos. Uno de ellos es el de Túbal, quinto hijo de Jafet y nieto de Noé, que se asentó en Hispania. El mito fue recogido y trasmitido por san Jerónimo e Isidoro de Sevilla. Otras teorías, sin embargo, convierten a Túbal en sobrino o hijo de Hércules, quien tuvo a Iber con una mujer bárbara y a Keltos, de los que descienden íberos y celtas. Esta mitología une así los dos tipos de orígenes, grecolatino y cristiano.

[13] Caro Baroja (1992) se ha referido a la literatura sobre los orígenes de las ciudades y pueblos, una actividad antigua que se encuentra ya en los logógrafos griegos del siglo VI a. de C. y continúa en la Edad Media y el Renacimiento. En ella se utiliza con frecuencia la «etimología de sonsonete» (Se-tubal viene de Tubal). En el siglo XVI y XVII la tradición anónima pasa a ser erudita y conjetural.

La naturaleza divina o semidivina del héroe fundador suele provenir del hecho de ser engendrado por un progenitor divino y otro humano, generalmente una virgen. Esta unión incestuosa supone una suerte de mediación. Así, el héroe se convierte en un mediador entre el cielo y la tierra, entre la ciudad en que uno nace y la que crea, o entre la naturaleza y la cultura, como en el caso de los gemelos Rómulo y Remo, alimentados por una loba. En el caso de Ávila hay una mediación entre dos continentes, África y Europa, simbolizada en una madre de Gibraltar (Ávila), un padre africano (Alcideo, hijo de Hércules) y una fundación en medio de la península. En Évora esta mediación se produce doblemente, primero a través de Elbora, un hermafrodita, un ser mediador entre el hombre y la mujer. Los hijos de este mediador, Évora y Evorinho, desdoblan la ambivalencia de su progenitor/a y personifican la dualidad humana en términos sexuales. En las mitologías están muy presentes la exposición, confrontación y conciliación de opuestos.

Casi todos los autores señalan que Évora fue fundada por un monstruo; una ciudad es siempre producto de una monstruosidad. Una fundación significa la fijación de límites de la naturaleza continua, un acto de posesión, una representación dramática de la creación del mundo. La noción de límite (y discontinuidad) es algo esencial en la elaboración y representación simbólica de los sistemas espaciales humanos. Limitar contiene la idea de la trascendencia, esencial para la construcción de relaciones lógicas o estéticas; limitar un mundo es trascenderlo. Una de las formas primarias de limitar el espacio se produce al marcar el espacio cultural y el espacio natural. La construcción es, por definición, un acto contra la naturaleza: al seleccionar un solar se le separa de la naturaleza. Esta separación se experimenta en los mitos como una pérdida, una división, el mal, la caída y la necesidad.

Quizá por ello la creación de una ciudad está señalada por un asesinato, como en la Biblia, donde el primer fundador de una ciudad (Caín) es un fratricida, al que siguen otros, como Rómulo, quien matará a Remo, o un parricida (Teseo) o un infanticida. Como ha indicado Rykwert (1985), la fundación de una ciudad parece llevar emparejado el peso de la culpa. En el caso de Ávila, a la muerte de su madre, Alcideo lucha con su tío Magonio sobre la herencia de esta; el conflicto se resuelve cuando Alcideo se marcha para fundar Ávila. El intento de Evorinho para matar a su hermana Évora se encuadra dentro de este contexto. Ambos se disputan también una herencia familiar; al morir ambos el conflicto se evita, no se resuelve, porque la guerra de los sexos es irresoluble.

La conquista de la ciudad a los moros es en cierta forma una nueva *fundación* de la misma. Después de un pasado glorioso romano es significativo el velo de silencio con que se despachan los cuatro siglos de gobierno musulmán. Tras la Reconquista se indica que inmediatamente se construyen muros, castillos, fuentes públicas, lo que en definitiva caracteriza una ciudad. Frente al escaso interés y vaguedad que ofrece la primera fundación, es interesante cómo se fabrica, a través de algunos restos, pero especialmente del Templo de Diana, el pasado romano de Évora. El templo cumple en esa ciudad la misma función simbólica que en Ávila las murallas medievales[14] y su corza (la representación de Diana) es uno de los animales que con tanta frecuencia aparecen en los ritos de fundación. Fialho incluso sugiere que Évora, por su situación y sierras que la rodean a lo lejos, se parece a Roma, el modelo clásico de urbe. Algo difícil de entender en la gran llanura que rodea la ciudad. Roma proporciona otra idea recurrente de Évora: la de la libertad. Idea asociada a dos personajes como Viriato y Sertorio, ambos rebeldes ante el poder establecido. Diversos autores señalan reiterativamente el estatus de municipio romano, su libertad y su sobrenombre Liberalidade Iulia. La ciudad, pese a la dominación romana, es libre, mantiene su independencia, acuña moneda y proclama su libertad; quiere ser considerada una ciudad romana.

La mitología romana se desarrolla, pues, en torno al llamado Templo de Diana, que puede considerarse la obra más representativa del arte romano en Évora. El *açougue* exhibía elementos arquitectónicos de la época medieval y elegantes columnas que André de Resende entendió que pertenecían a la Antigüedad clásica. La percepción de la antigüedad de este edificio, debida sin duda a sus viajes por ciudades europeas, sirvió de inspiración para la recreación del pasado romano de la ciudad y de su protagonista Sertorio, general romano disidente y líder de la revuelta portuguesa. Frente al héroe nativo, el pastor lusitano Viriato, con toda su importancia, Sertorio es el *príncipe*, el héroe de esta nueva etapa de esplendor en Évora, el fundador que construye las señas de identidad de la ciudad, sus principales edificios defensivos, civiles, religiosos y sus más características obras públicas: templo, palacio, murallas y acueducto. Abundantes tumbas, piedras y ruinas confirman este origen, muchas de ellas en manos del propio Resende, como coleccionista (y fabricante) de piedras antiguas. Como todos los héroes, Sertorio muestra también su parte oscura: en el episodio de la corza es una especie de *trickster*, embaucador o pícaro con cualidades semidivinas, el romano que entronca con la ciudad, que la hace suya, a través de su propia elección y de la unión matrimonial con una nativa.

En términos históricos no hay evidencias concluyentes sobre la fundación de la ciudad de Évora. El topónimo y un poblamiento de algún tipo son ciertamente prerromanos; la región estaba en el límite entre los celtas y los lusitanos. Se considera que fue una población indígena que se adaptó a la estructura del urbanismo romano cuando este apareció (Calado 1997).[15] Tampoco hay evidencia alguna sobre la presen-

---

[14] Ávila tuvo también su pasado romano e incluso perteneció a la Lusitania (Rodríguez Almeida 1981).

[15] Silva (1997) considera que con la llegada de los celtas aparecen los primeros indicios de urbanismo en un antiguo poblado (IV o III a. C.). La ocupación romana del territorio alentejano es efectiva hacia el 203 a. C., pero, por la resistencia indígena, hasta mediados del siglo I a. C. no se reorganiza

cia de Sertorio en la ciudad, a excepción de unas pocas lápidas creadas por el propio André de Resende (Encarnação 1991). El Templo de Diana no fue anterior a la época imperial ni estuvo dedicado a esta divinidad, sino a Júpiter o al propio emperador. Las murallas tampoco son tan antiguas, se construyeron en el siglo III cuando surge la amenaza de las primeras invasiones bárbaras. Y el acueducto da Prata, de la época de D. João III, es de 1532 (Silva, 1997).[16] Es decir, todas las construcciones que se supone realizan Viriato y Sertorio son posteriores.

Los héroes, los dioses, los seres mitológicos que impregnan los relatos se relacionan con los nativos a través de uniones incestuosas; a través de la unión culpable o sustitutiva con el dios o el héroe y su castigo, se funda una nueva ciudad. La repetición del drama de los orígenes rememora el asesinato original y la construcción de una ciudad sagrada, porque el rito de la fundación de una ciudad es, como señala Rykwert, uno de los grandes tópicos de la experiencia religiosa.[17] La mitología surge de un sistema de valores en torno a la Antigüedad, que evoca prestigio y dignidad a la ciudad natal, que, como las personas, pueden mostrar un origen respetable, limpieza de sangre, *pedigree*. Tras ello se encuentran ambiciones de nobleza, patriotismo y fe. La mitología es una fuerza social, política y estética; desde *el comienzo del mundo* la ciudad es también una creación simbólica.

> Al revés que los antiguos, se estima extraña y carente de interés cualquier consideración de la ciudad como un modelo simbólico [...] a lo que más se parecerá una ciudad será a un sueño [...] ha de tenerse en cuenta el modelo, el prototipo conceptual de la ciudad que sus habitantes construyen mentalmente [...] sus orígenes me interesan ante todo porque demuestran que la elaborada estructura geométrica y tipológica de la ciudad romana surge de un sistema de costumbres y creencias, se desarrolla en torno a él y se convierte así en vehículo perfecto de una cultura y de un estilo de vida. (Rykwert 1985, 3-7).

---

la política administrativa provincial. Comienza entonces un periodo de estabilidad y prosperidad que acabará con las primeras invasiones bárbaras en el siglo III d. C.

[16]   Sin embargo, según las campañas arqueológicas realizadas sí parece que, en la actual plaza de Sertorio, pudo estar un palacio, en el mismo terreno del edificio municipal. En ese lugar se han encontrado unas termas romanas y canalizaciones de agua cuyo volumen también podría precisar de un acueducto.

[17]   Como ya había indicado antes Fustel de Coulanges: «No existía ciudad que no pretendiera conocer el nombre de su fundador y la fecha de su fundación [...] los dioses estaban ligados a la ciudad. Toda la ciudad era un santuario [...]. Es necesario pensar en la excesiva dificultad que para las sociedades primitivas implicaba fundar sociedades regulares. No es fácil establecer un lazo social entre seres humanos que son tan diversos, tan libres, tan inconstantes. Para darles reglas comunes, para instituir el mando y hacerles aceptar la obediencia, para subordinar la pasión a la razón y la razón individual a la razón pública seguramente se necesita algo más fuerte que la fuerza material, más respetable que el interés, más seguro que una teoría filosófica, más inmutable que una convención [...]. Este algo es una creencia. Nada hay de más poderío en el alma. Una creencia es la obra de nuestro espíritu [...]. El hombre puede domar a la naturaleza, pero está esclavizado a su pensamiento» ([1864] 1979, 168, 177-178).

CAPÍTULO 5

Los santos de Évora

No hubo ciudad que no hiziesse agosto de Martires
Gil González Dávila

Os gloriosos santos Mâncio, Vicente, Sabina e Cristeta nossos padroei-
ros, com o maravilhoso Blásio nosso advogado, vos tomem pela mão...
André de Resende

O qual primeiro que todos, e ainda que Santiago Maior, veio a
Espanha, a Lusitânia e a Évora
Manuel Fialho

O mito é o nada que é tudo
Fernando Pessoa

Los santos se parecen mucho a quienes los veneran; ofrecen información sobre los valores de una época y son instrumentos evocadores de situaciones y significaciones claves. En este capítulo intentaré mostrar la importancia política de las construcciones mitológicas sobre las ciudades. A través de los santos de Évora se puede apreciar el juego de identidades y símbolos, la circulación europea y peninsular de reliquias y la preocupación portuguesa por mantener la individualidad y diferenciación de sus vecinos españoles entre reinos con una base cultural común.[1]

UN SANTO TRANSFORMADO

El humanista André de Resende en el siglo XVI consideraba que su ciudad natal, Évora, era cabeza de Lusitania en lo político y en lo religioso asegurando que la ciudad «muito mais razão se deve gloriar, que recebeu a fé de nosso senhor Jesus Cristo primeiro que todas as outras cidades de Hispania». Ello se debe a la figura de san Mancio o *são*

---

[1]   Una primera y muy breve versión de estos santos aparece en Cátedra 1999. Otra versión más completa fue dedicada a Joan Prat en un homenaje con motivo de su jubilación (Cátedra 2012). Agradezco a mis colegas Jorge Freitas Branco y a José Rodrigues dos Santos la lectura atenta y generosa de este texto.

Figura 3. São Manços. Maestro de São Bras, siglo XVI. Museo diocesano de la catedral de Évora. Nº Inv. EV.SE. 1013. Autor: Jorge Freitas Blanco.

Manços. Dos trabajos sobre este santo (Baptista 1980; Fernández Catón 1983) han puesto de manifiesto la existencia de varias versiones de su vida, fecha y circunstancias (Figura 3).

La primera versión, la más antigua, recoge la historia de su martirio así: Mancio es romano, siervo o criado de unos propietarios judíos que se trasladan a Évora en Lusitania y se afincan en Miliana, una villa en los suburbios de Évora. Cristiano convencido, sus amos le exigen que judaíce y, ante su negativa, le atormentan mediante azotes, golpes, grilletes y un trabajo agotador. Le desgarran la piel y sus heridas se cubren de gusanos. Pese a su talante alegre, finalmente su vida se consume y su cuerpo es abandonado y sepultado indignamente. Con el tiempo, y con la villa ya en manos de propietarios cristianos, apareció el santo en sueños a un hidalgo padre de familia que llevaba años defendiendo sus bienes en litigio sin mucho resultado. Al pararse a descansar cerca de donde estaba el cuerpo, el santo, además de identificarse, le pronosticó un resultado favorable de su pleito al término de siete días y le pidió que le sepultara decentemente. Se recuperó el cuerpo incorrupto y se construyó un pequeño templo. Comenzaron las peregrinaciones masivas debido a la multitud de milagros acaecidos y votos ofrecidos. Más adelante, se construyeron dos basílicas y un baptisterio octogonal. En ese momento la propietaria de la villa se llamaba Julia y su benefactor era un hombre noble llamado Juliano al que el santo libra de una intriga en la corte.

Posteriormente, la historia es reelaborada de un modo drástico, con interesantes cambios de identidad y cronología. En el siglo XVI, las biografías en portugués medieval[2] divergen. En una de ellas el romano Manços oye hablar de Cristo, va a Palestina y se convierte en uno de los setenta y dos discípulos de Cristo que son enviados a propagar el evangelio en España, viniendo a parar a Meliana, donde convierte a algunos judíos. Sin embargo, estos le quieren obligar a abrazar la fe judía, por lo que le torturan de idéntica manera que en la primera versión, con prácticamente el mismo desenlace. En la segunda versión, Manços es martirizado y muerto en Évora por el gobernador Valídio, pero antes no solo contempla la entrada triunfal del Mesías en

---

[2]   Son *Livro e Legenda* y *Flos Sanctorum*, ambas de 1513 (Baptista 1980, 12).

Jerusalén, sino que es uno de los discípulos a los que Jesús lava los pies,[3] asiste a la crucifixión y recibe al Espíritu Santo. Su cuerpo es sepultado por un buen hombre en un monumento de piedra que luego se convertirá en iglesia.

En la obra de André de Resende se ha convertido al santo en el primer obispo de Évora.[4] San Mancio es romano, discípulo de Cristo, enviado por los apóstoles a predicar y convertir a las gentes de Évora. Hallando allí gente «dócil», predica y convierte gran cantidad de fieles formando una comunidad cristiana. El obispo es martirizado y muerto por Valídio dentro de las persecuciones de Diocleciano y Maximiano. Su alma se eleva en forma de paloma, mientras su cuerpo es arrojado fuera de los muros, a un estercolero, y es cubierto de estiércol para evitar que los cristianos lo roben. Allí estuvo «per muito tempo» hasta que un noble hombre se lo llevó a su heredad, hoy llamada de São Manços, donde lo sepultó honradamente, cuando la ciudad estaba ya en manos cristianas. Con el tiempo, al crecer la fama del lugar, Iulia, la señora de la heredad, y el conde Iuliano edificaron una «solene e sumptuosa basílica» y una torre donde depositaron el cuerpo. Cuando los musulmanes tomaron la ciudad, los cristianos huyeron con el cuerpo santo a Asturias y después lo trasladaron hasta Villa Nova, cerca de Medina de Rioseco, en una abadía de benedictinos, donde lo depositaron.

La historia de este mártir le sugiere a Resende «quão antiga cristandade é a desta cidade». Que el culto de san Mancio no tiene la relevancia que debiera en la ciudad queda expresado en este comentario: «Merecedor era este santo mártir que de nós fosse mais venerado: pois foi o nosso primeiro mestre na fé de Cristo [...] o que devíamos ter em muito» (Resende 1783, cap. IX). Autores posteriores siguen elaborando la historia, basada ya en Resende. Uno de los que más contribuyó a difundir la leyenda es Jorge Cardoso, quien define así al santo:

> Neste dia, em Évora, o vitorioso certame de S. Mâncio, discípulo de Cristo, apóstolo de aquela municipal cidade, e seu primeiro bispo, de cuja sagrada boca percebeu as alegres novas do evangelho, o qual ouvindo em Roma (sua pátria) a fama que corria por toda parte, da pregação, e milagres do Redentor, inspirado pelo céu, partiu para Judeia... (1966, 337).

Cardoso indica que, tras entrar en contacto con Cristo, fue admitido en el Colegio Apostólico y se le encarga ir a la ciudad de Chalons, en Campania, donde realiza varios milagros:

---

[3] Por ello se le representa con una jarra y un cuenco. Véase figura n.° 6.

[4] Biografía que elabora uniendo ambas versiones del siglo XVI más otros datos de su propia cosecha. Incluso en dos de sus escritos (1548 y 1553) hay diferentes datos. De él dice Fernández Catón: «Resende supo aducir lo que favorecía su propósito y supo eliminar o reelaborar lo que pudiera echar por tierra sus teorías. Éste sí que es, a nuestro juicio, el grave error de Resende... la agilidad de su pluma ha hecho de Mancio el prototipo de mártir necesario para aquellas circunstancias en Évora» (1983, 222).

E sabendo Mâncio do pouco fruto que havia feito o apóstolo Santiago, em Espanha, deixou França, e veio correndo a ela, como anjo veloz. E de região em região, de cidade em cidade, chegou à de Évora na Lusitânia, mui nomeada no universo por sua antiguidade, e grandeza ... (1966, 338).

Sigue la conversión y bautismo de los naturales y el prendimiento del santo por Valídio: «Logo o mandou despir, e atar a uma alta coluna (que inda hoje persevera com sinais de sangue na cidade d'*Évora*, e por isso mui venerada da piedade cristã» (Cardoso 1966, 339). Tras múltiples tormentos y trabajos terribles, muere y sale una paloma volando de su cuerpo.

Según Fialho, *são* Manços, uno de los discípulos de Cristo, es incluso anterior a Santiago: «O qual primeiro que todos, e ainda que Santiago Maior, veio a Espanha, a Lusitânia e a Évora», puesto que Santiago llegó a España el año 35, 37 o incluso se dice, según algunos, «que no viniera nunca». Por el contrario, *são* Manços vino un año antes que Santiago, en el año 34, y desembarcó en Cartagena en una expedición de quinientos apóstoles (o de setenta y dos), dirigido por san Pedro para predicar en la Lusitania; en Évora erigió la primera cátedra pontificia que hubo en toda España. (Fialho, en Franco 1945, 33-34).

Mancio encaminó a muchos fieles a la vida ermitaña en la sierra de Ossa, cerca de Évora. Después se fue a Francia y volvió a Évora y a otras ciudades portuguesas. Siguen los mismos datos sobre el aprisionamiento por Valídio, tortura y muerte, pero Iulia y Iuliano desaparecen, al igual que los judíos. En el año 430 el dueño de una heredad cercana a la ciudad, hoy llamada *aldeia de* são Manços, teniendo que hacer unas gestiones en la ciudad, durmió a las puertas de la misma (por estar estas cerradas). En sueños se le apareció el santo, junto a los instrumentos de su martirio, quien le indicó dónde estaba su cuerpo y le pidió que lo trasladase a un lugar decente. Este hombre lo condujo a su propia heredad y le hizo un templo donde el santo hizo muchos milagros. Un pozo milagroso llevaba el nombre del santo.

Uno de los milagros indica alguno de los usos del santo. Un devoto pidió a una vecina un carro y una pareja de bueyes para trasportar piedra con que hacerse una morada junto a la iglesia. La vecina le dio dos bueyes muy bravos que, sin embargo, se domesticaron milagrosamente y acarrearon toda la piedra necesaria. Hoy se ven las señales de un carro y dos bueyes en una piedra. Por este milagro, afirma Fialho, las madres ofrecen a *são* Manços a sus hijos bravos y llorones. La iglesia de *são* Manços es destruida por los moros y reconstruida posteriormente como iglesia de *freguesia*. Con la invasión de los moros se trasladan las reliquias a Asturias. En 1195 van a parar a Vila Nova de San Mancio, en la diócesis de Palencia y, más tarde, al convento de Sahagún. Una de ellas volverá en 1592 a la catedral de Évora. Dentro de la ciudad tiene una pequeña ermita con la columna en que fue azotado: «A cidade o celebra como a seu Patrono» (Fialho, en Franco 1945, 36).

La llegada del cristianismo representa un nuevo tipo de fundación de la ciudad y supone una de las más claves en la cultura ibérica. Los héroes que inician la historia sacra personifican la identidad comunal de la ciudad. Évora está a la búsqueda de un santo que la represente al igual que otras ciudades, por ejemplo, Ávila con san Segundo.[5] Pero solo cuenta con un santo anodino, de baja condición social, *são* Manços. La conversión de *são* Manços desde un posible santo visigodo a discípulo de Cristo supone un traslado ideológico formidable. Se busca un digno primer mártir que represente a una ciudad que ha ido adquiriendo honor y prerrogativas con la dinastía de Avis. Un oscuro santo siervo (o, incluso, esclavo) no es el modelo de primer santo para una ciudad tan importante de Lusitania. Especialmente en un momento (1540) en que Évora se convierte en iglesia metropolitana frente a Braga y Lisboa. Por el contrario, un obispo es un buen candidato en muy diferentes épocas, las Cruzadas, por ejemplo, y también la Reconquista; un modelo de santo por excelencia, mezcla de poder y riqueza en lo terrenal, y predicación y extensión del mensaje cristiano en lo espiritual. Los autores posteriores del XVII y XVIII exaltan la ciudad de una manera extraordinaria, justo cuando ya empieza la decadencia, cuando Évora comienza a vivir de glorias pasadas. Un dato interesante es que, frente a los posteriores intentos de hacerle obispo y ciudadano, en las primeras biografías el propio santo es un campesino que vive y muere en Miliana, a varios kilómetros de la ciudad, o en la *aldeia* de São Manços, el lugar donde todavía tiene el mayor templo a él dedicado.

Según los escritores actuales,[6] la vida del santo proviene de una *passio* que aparece en el *Legendario de Madrid* en el siglo X probablemente escrita entre finales del siglo VII y principios del VIII. Parece ser que el santo pudo morir en la segunda mitad del siglo VI. Su muerte no se produce por una persecución sistemática, sino que probablemente se trata de un hecho aislado, su relación con la familia judía que le martiriza. La *invención* del cuerpo y su traslado pudo tener lugar a comienzos del siglo VII, cuando

---

[5]   San Segundo, uno de los varones apostólicos y primer obispo de Ávila, fue un santo inventado en el siglo XVI, necesitado por distintos colectivos dentro de la ciudad y por la ciudad misma que precisaba de un símbolo que le diera antigüedad y nobleza. Un traslado de su ermita en la periferia a la catedral a finales de siglo convierte a este santo semirrural, propio de una cofradía de artesanos, en un personaje central y jerárquico, paralelo a la creciente importancia del poder real absoluto en la ciudad (Cátedra 1997b).

[6]   Sigo aquí fundamentalmente la monografía de Fernández Catón sobre san Mancio (1983). Baptista señala que el topónimo Somanços o Sam Manços existe al menos desde finales del XIII, como también el del Vale do Rico-Homem a unos kilómetros de Évora, en la *aldeia* de São Manços y también hay culto en la catedral a través de un altar secundario en el XIV, aunque parece ser un añadido posterior (Baptista 1980, 27-40).

empieza a tener culto y se construye una basílica. Sin embargo, en Évora no aparece mención del culto al santo hasta 1509;[7] el primer texto hagiográfico surge en 1528 y la versión del *Breviarium Eborense* de 1548, que será la dominante. Es en la primera mitad del siglo XVI cuando se hace a Mancio romano, discípulo de Cristo, aparece en la última cena, es testigo de la ascensión, el Maestro lava sus pies junto a los discípulos y predica por diversos lugares hasta ser primer obispo de Évora. Claramente se pretende unir la figura de san Mancio a Santiago y a los siete varones apostólicos (uno de ellos es san Segundo de Ávila), ya que incluso la fecha de su festividad se traslada para coincidir con la de estos. Resende tiene bastante que ver en esta conversión del santo.[8] Muy significativamente a san Mancio se le hace romano cuando los eborenses se percatan (vía Resende) del pasado romano de la ciudad.

Los restos del santo van a parar, según la leyenda, a Asturias primero y, después, a un pequeño oratorio en Villanueva de San Mancio, cerca de Rioseco, Palencia (hoy Valladolid), donde está al menos desde 1053.[9] No hay prueba documental de que sus reliquias visitaran tierra asturiana, aunque esta no es la única referencia a la provincia que comienza la Reconquista. Se supone, por ejemplo, que en el año 761 Fruela, un nieto de don Pelayo, recorre victorioso el Alentejo. Y también aparece Asturias como la tierra que acoge a un grupo de eborenses cuando los moros conquistan la ciudad. De un modo similar las referencias a Pelayo y Asturias son también frecuentes en Ávila. Obviamente, Asturias aparece como la tierra mítica que recoge lo más puro, granado y sagrado de los cristianos cuando aparece el islam. Y ello aparte de los contactos que efectivamente pudieron existir, como la fugaz conquista de Évora del 913 en que Ordoño, futuro rey, deja la ciudad llena de cadáveres y hace cautivos a cuatro mil mujeres y niños según una crónica musulmana (Sidarus 1988). Se dice que las reliquias de san Mancio fueron trasladadas en esta época por una familia noble de Tierra de Campos emparentada con la monarquía portuguesa. Las reliquias dan lugar al culto del santo, la creación de un monasterio benedictino y una comunidad que lleva el nombre del santo…, pero en España. En el año 1070 ya se ha construido un

---

[7]   A través de un *missal* de este año, si bien no se le llama obispo hasta 1548, y lo hace concretamente Resende.

[8]   De Gaiffier en 1942 muestra el protagonismo de Resende en esta conversión y le critica como creador de leyendas (De Gaiffier 1942, como citó Fernández Catón 1983, 219). Sin embargo, este último autor lo disculpa, ya que al menos desde 1412 aparece citado como discípulo de Cristo, aunque no como obispo.

[9]   Según Baptista (1980, 25) Resende es responsable de esta identificación del san Mancio de Villanueva con *são* Manços de Évora, aunque, indica, no hay ningún indicio de que ambos santos sean el mismo. No opina lo mismo Fernández Catón, quien considera que la cabeza y el resto del cuerpo quizá fueron trasladados en 913. En 1053 una reliquia de san Mancio, su cabeza, pasó al monasterio de Sahagún, dejando el resto del cuerpo en Villanueva.

monasterio en Villanueva de San Mancio, donde acuden los peregrinos, que depende del de Sahagún; la cabeza de san Mancio la guarda este último monasterio.[10] En Évora solo hay débiles indicios de su recuerdo.[11] Cuando escribe Resende se duele del olvido de los naturales sobre su primer obispo que él mismo se propone corregir. Gracias a sus esfuerzos se construirá en el siglo XVII en Évora la Capela de São Manços en una torre de la *cerca velha* donde se supone que el santo fue encarcelado y con la mismísima columna en que fue azotado (figura n.º 4).

En 1564, al inaugurarse la nueva iglesia de Villanueva, el papa concede un jubileo a ambos monasterios, Villanueva y Sahagún, por guardar el cuerpo de san Mancio —se indica que es el más venerado de los santos de

Figura 4. Capilla de san Manços en la cerca velha (fotografía de la autora).

---

[10]   Según Ambrosio de Morales (1574), aunque el cuerpo estaba en Villanueva y la cabeza en Sahagún, hay reliquias del santo en Matallana, un monasterio del Císter a dos leguas de Villanueva, en el monasterio de la Espina, a cuatro leguas, y el de Moreruela, a siete u ocho leguas. En Villanueva misma, tras una «elevación» dejaron fuera del cuerpo una «canilla entera del brazo y la tienen en riquísima arca de plata» para ser contemplada, especialmente el 21 de mayo, cuando se celebran «solemnes procesiones de toda la comarca» (Morales 1574, 542).

[11]   Según Fernández Catón (1983, 337-338), una inscripción medieval que se conserva en la catedral donde se recuerda la consagración o existencia de un altar dedicado a san Mancio y se menciona además la donación de una denominada «heredad de San Mancio». También indica que, a pesar de la falta de documentación, pudo existir su culto «en la tradición y devoción del pueblo». La catedral celebra su consagración el día 21 de mayo, fecha en que se supone murió el santo. En la propia iglesia parroquial de São Manços, en la cabecera, hay una construcción romana del Alto Imperio. Según García Rodríguez (1966, 280), las probabilidades de que Manços de Évora tuviera culto en época visigoda son casi nulas; hacia el 800 en la ciudad no existía el culto. Los calendarios de Silos sitúan los primeros testimonios en el siglo XI y lejos de Évora, en Villanueva de San Mancio. Tarouca (1946) pone en duda la propia existencia del santo obispo y sugiere que se hagan investigaciones al respecto.

los reinos de España después de Santiago apóstol—. Así pues, el santo está bien considerado y, a finales de siglo, en 1591, su culto ya consolidado. El arzobispo de Évora, don Teotonio de Braganza, sobrino del cardenal don Henrique, realiza un viaje a Madrid para solicitar a Felipe II, en ese momento rey de Portugal, unas reliquias del santo, alegando que la ciudad no cuenta con reliquia alguna de su primer obispo.[12] El rey, que está tratando de ganarse a la nobleza y al alto clero portugués, se percata de la importancia de los santos huesos no solo como vehículo de alianzas con los poderosos, a los que concede títulos y otras mercedes, sino también con el pueblo más humilde. El rey envía cédulas reales al abad general de los benedictinos, al almirante de Castilla y a los abades de Sahagún y Villanueva solicitando las reliquias. Los dos primeros aconsejan a los últimos *condescender* y acceder a las peticiones del rey alegando importantes motivos políticos («su Magestad con pro supuesto de obligar mas los animos de los de aquel Reyno»). También sugieren entregar otra reliquia de san Mancio para el propio rey, por su devoción al santo por haber nacido el mismo día que se conmemora este.

Solemnemente se abre el arca de las reliquias, del que se saca para Évora el mayor hueso («una canilla del muslo o pierna del santo»[13]) y otro para el rey («otro hueso o canilla del braço») junto con algún otro hueso, un pedazo de piel de las carnes de san Mancio y un rosario antiguo que se encontraba en el arca (figura n.º 5). Esta operación se hace, sin embargo, en el mayor silencio y secreto[14] para evitar que el hecho trascienda a la vecindad del monasterio y la población de Villanueva quiera impedir la apropiación y traslado de tales reliquias. No hay que olvidar que tras la identidad de esa comunidad también está el santo. Los huesos santos van bien protegidos y acompañados a El Escorial; don Teotonio y el deán de Évora vendrán a recoger la reliquia que les corresponde para llevarla a Évora. El 16 de octubre de 1591 se realiza el acto de entrega de las reliquias junto con un documento de autenticidad sellado y firmado. Don Teotonio escribe dos cartas de agradecimiento a los abades de Sahagún y Villanueva de San Mancio y envía a este último una lámpara de

---

[12]   Además del interés de don Teotonio por el santo, hay otras aspiraciones, como la elevación de la diócesis de Évora a archidiócesis, que se produce en esta época.

[13]   Hay dudas sobre qué tipo de hueso va a Évora tal como señala Tarouca (1946, 528), quien cita un códice en que se dice: «A reliquia he hum osso inteiro, huns dezião, e sse affirmauão que era de Braço, e os mais que de perna».

[14]   Se dice que la recogida de la reliquia «se haga con silencio por la gente de la tierra… encendidas antorchas y candelas, cerradas las puertas de la yglesia…» (Fernández Catón 1983, 343). Tanto secreto y dificultad hace sospechar a Baptista que el rey quiso cobrarse el favor: «Quem sabe até se as dificuldades encontradas na obtenção foram propositivamente avolumadas com o intuito de fazer sobressair a intervenção do soberano» (1980, 43). En otro momento indica que la reliquia se consiguió «após insistência persistente e com intervenção de influências poderosas» (1980, 42).

Figura 6. Pergamino de autentificación de la reliquia de san Manços (fotografía de la autora).

Figura 5. Relicario de san Manços (fotografía de dominio público).

plata. En Évora se reciben las reliquias con gran alborozo y una solemne procesión por la ciudad; las fiestas duran varios días. Pero ya desde Elvas, en la frontera, hay ambiente de fiesta y varios actos religiosos al paso de la reliquia que veneran los fieles, y también en Vila Viçosa. Un pergamino autentificado en 1596 subrayará un pacto perpetuo de amistad y fraternidad entre el monasterio de San Mancio y la diócesis de Évora[15] (figura n.º 6).

---

[15] Este documento de confirmación de la entrega de las reliquias de san Mancio es un pergamino con diseño policromado de motivos vegetales y tres medallones representando a san Mancio en el centro, san Facundo a la izquierda y, a la derecha, san Primitivo. El documento en latín dirigido a don Teotonio de Bragança tiene fecha de 1596. El abad del monasterio de San Facundo y San Primitivo (Sahagún), en su nombre y el de los monjes y el abad del Monasterio de Villanueva de San Mancio, al que estaba subordinado, propone una alianza de amistad y fraternidad con el arzobispo eborense, el cabildo de la catedral y toda la diócesis, pues tienen en común la devoción a un mismo santo: ellos poseen el cuerpo del mártir. Évora, donde él evangelizó y murió, tiene ahora una preciosa reliquia que esperan sea una eficacísima prenda de este pacto. Desean con la ayuda de Dios que tal alianza sobrepase las adversidades, no caiga en el olvido y pueda permanecer eternamente inviolada. El documento está

Todo este asunto revela la importancia política de los santos y sus huesos para establecer relaciones, preeminencias, alianzas e identidades.[16] El traslado de los huesos por la península nos informa de las aspiraciones de la Iglesia y la sociedad eborense, sus ansias de retribución, porque parece existir la sensación de que los españoles se han apropiado de pertenencias portuguesas. Algo que, evidentemente, la historia no desmiente. Con *são* Manços, uno de los discipulos de Cristo, («o qual primeiro que todos, e ainda que Santiago Maior, veio a Espanha, a Lusitânia e a Évora») se produce simbólicamente esta restitución.

Los santos robados

Gil González Dávila en su obra *Teatro eclesiástico* (1646), refiriéndose a las persecuciones de Daciano, indica: «No hubo ciudad que no hiziesse agosto de Martires», y Évora tiene la gloria de haber tenido como paisanos a tres santos hermanos: Vicente, Sabina y Cristeta[17] (figura n.º 7). Este autor los considera naturales de «la ciudad de Ebora, del reyno de Portugal», si bien este lugar de nacimiento es discutido por algunos autores españoles. André de Resende será uno de los más firmes defensores de Évora como cuna de los santos. La muerte de estos se dice que tiene lugar en Ávila el 27 de octubre del 303, aunque las fechas varían. La historia podría ser resumida así, siguiendo a Fialho (en Franco 1945, 38-40).

En la época de las persecuciones de Daciano, Vicente es prendido por los romanos, quienes le conducen al templo de Júpiter para que adore a este dios. Allí mismo sucede el milagro por el cual sus pisadas quedan impresas en la piedra «a qual ainda hoje se conserva na igreja dos Santos Irmãos», si bien bastante desfiguradas por causa de que los fieles han raspado la piedra como remedio de sus muchos achaques.[18] Se le

---

firmado por el abad del monasterio de Sahagún, por el de San Mancio, por el visitador general de los conventos benedictinos y por otros monjes (Borges 2003, 290-293). La reliquia de san Mancio ya había sido entregada en ceremonia oficial en el monasterio de San Lorenzo del Escorial por Felipe II a don Teotonio en octubre de 1591.

[16]   El paralelismo de san Mancio con san Segundo de Ávila es obvio. El traslado de las reliquias por la geografía de la ciudad y la selección del mayor hueso de muslo para el propio Felipe II —en Castilla no hay necesidad de congraciarse con los súbditos—. La anexión de Portugal a España fue realizada con malestar en diversas capas de población. Por un lado, el alto clero y la nobleza, a los que repartió diversos títulos y prebendas; por otro, al pueblo, que no mostraba mucha simpatía por el nuevo rey. El traslado de las reliquias fue eminentemente un gesto político para «beneficiar y obligar a aquel reino de Portugal».

[17]   Otras fuentes son Fernández de Valencia ([1676] 1992), Repullés y Vargas (1997), Félix de las Heras (1991) y Rodríguez Almeida (1962). Ferrer ha realizado una monografía (2009).

[18]   La piedra sigue existiendo en la Iglesia de San Vicente de Évora y está situada a la izquierda del altar mayor. Hoy esta iglesia está desacralizada y es un local de representaciones teatrales y otras manifestaciones culturales.

Figura 7. Santos Mártires de Évora y San António. Posiblemente
António de Oliveira, Siglo XVI. Museo diocesano de la catedral de
Évora. Nº Inv EV.SE 1013 Autor: Jorge Freitas Blanco.

encierra en la cárcel, donde convierte a muchos a la fe de Cristo. Sus dos hermanas,
Sabina y Cristeta, «temendo seu desamparo e perigo, o persuadem para fugir. Em
cavalos ligeiros vão parar a Ávila, cidade de Castela». Los ministros de Daciano les
persiguen y les apresan en esta ciudad, donde alcanzan el martirio. Mientras los
santos invocan a la Santísima Trinidad, sus verdugos les martirizan, descoyuntan sus
cuerpos, machacan sus cabezas y arrojan los cuerpos al campo para que los devoren
los animales. Una enorme serpiente aparece y se enrosca en el cuerpo de un judío
que presenciaba el martirio de los santos; ante este peligro promete convertirse al
cristianismo y honrar los santos cuerpos. El judío construye un templo dedicado a
los santos que, tras la Reconquista, se reconstruirá en la magnífica basílica actual
de San Vicente de Ávila. Allí mismo tendrá el judío su propia sepultura y los santos
un extraordinario cenotafio con imágenes de su martirio que, sin embargo, ironías
del destino, puede estar vacío. Según parece, las reliquias de los santos en tiempos
de Fernando I se repartieron entre la Cámara Santa de Oviedo, el monasterio benedictino de Arlanza, la catedral de Palencia y la colegiata de San Isidoro de León, que

Figura 8. Iglesia de san Vicente (fotografía de dominio público).

Figura 9. Altar de san Vicente (fotografía de la autora).

Figura 10. Piedra de san Vicente en su iglesia
(fotografía de la autora).

afirmaba poseer el cuerpo de Vicente (Ferrer 2009, 104). En Évora, en la casa donde nacieron, se edificó una ermita que se mejoró gracias a André de Resende[19] y donde se encuentra la piedra con las huellas del santo (figuras n.ºs 8, 9 y 10).

Otro autor anterior a Fialho, Amador Patricio, añade algunas pinceladas al retrato de los santos hermanos en Évora, antes de su huida.[20] Daciano llega a la ciudad desde Zaragoza dejando una estela de martirios a su paso. Allí le hablan de Vicente, un noble mancebo de la ilustre familia de los Cogominhos de «sangue nobilíssima em Évora, e todo o Alentejo». Daciano le da un plazo de tres días para rechazar su fe, lo que aprovecha Vicente para convertir a sus propios guardianes, que le abren las puertas de la cárcel para que huya. El relato sigue en los mismos términos que Fialho, quien continua la historia.

San Vicente convirtió en la cárcel a dieciocho mártires, quince de ellos eborenses y otros tres soldados del emperador. Se supone que los tres hermanos mueren en el 303. Un año después, el 1 de mayo, mueren a dos leguas de la ciudad, en Ourega o Tourega (una villa romana), los llamados Mártires Anónimos. En ese lugar, en 1540, era muy célebre una cueva que se suponía albergaba los cuerpos santos. Por ello, el que pasaba entre las piedras de la cueva quedaba libre de dolores. La cueva fue destruida por el obispo ese mismo año «temendo não houvesse ali nas curas embuste do demónio» y tras encargar a Resende un examen del tema.[21] Estos santos martirizados recuerdan (o reduplican) la historia de Vicente y sus hermanas y la de los Mártires Anónimos, aunque, en este caso, sí hay dos con nombre: *são* Jordâo, segundo obispo de Évora después de *são* Manços, y dos hermanas, una de las cuales se llamaba Comba y la otra se ignora el nombre. Daciano prende a las hermanas; la anónima, asustada, huye de la cárcel y es el propio hermano el que la hace volver. Después de morir Comba degollada, para evitar «ser joguete de homens bárbaros», la anónima pide a su hermano que la mate, el cual manda cortarle la cabeza. En el lugar donde cae su sangre surge una «fonte santa» que sana las inflamaciones de los ojos. En Ourega está la ermita de Santa Comba en donde la santa concede muchas mercedes a los que la visitan, especialmente por dolencias de espalda y riñones. Poco

---

[19]   O lo intentó «por iniciativa minha, a nossa cidade está a construir um templo artisticamente cuidado» (1553), aunque en la segunda edición de su texto (1576) continúa quejándose del estado del templo.

[20]   Aunque el texto del autor se publica en 1739, escribe en 1614 (véase la página 220 y siguientes). Agradezco a Ludovina Grilo este dato.

[21]   Resende en la *Carta a Bartolomeu de Quevedo* (Resende 1567 como se citó en Pereira, 1988, 87-91) relata la historia del obispo *são* Jordão y sus hermanas. Tras el martirio se les entierra a todos en la *cova dos* Mártires. Resende narra como el cura de la localidad le enseña una lápida romana que atribuye a estos santos, traduciendo incorrectamente su contenido y el nombre del santo. Tras comunicar el hecho al cardenal don Afonso, este ordena cerrar la cueva.

después su hermano fue preso y degollado también en la *serra* da Espinheira y se le entierra con sus hermanas.[22]

De Vicente y sus hermanas en realidad se sabe poco, ni siquiera la fecha de su martirio.[23] La narración de su vida proviene de una primera y única fuente de finales del siglo IX cuya historia un autor indica es del todo ficticia. Aunque los documentos hagiográficos y litúrgicos a partir del siglo X se inspiran todos en ella, algunos autores creen que debe admitirse la historicidad de los santos, es decir, su martirio a comienzos del siglo IV.[24] Los santos se mencionan en los anales históricos de la Iglesia en la península y aparece memoria de los mártires en los antiguos calendarios mozárabes. Se considera que el episodio del judío sepultando a los santos es indicio de redacción tardía, posiblemente del siglo VII.

Los hermanos son martirizados en las persecuciones de Daciano, en cuyo mandato se produce una abundante cosecha de parientes mártires (en Gerona san Félix; en Barcelona su hermano Cucufato y Eulalia; en Alcalá Justo y Pastor; Emeterio y Celedonio en Calahorra; Justa y Rufina en Sevilla; Acisclo, Zoylo y Victoria en Córdoba...). En lo que se ha llamado el «ciclo de Daciano» se aprecian interesantes paralelismos y analogías entre diferentes santos. Por ejemplo, el tema de una serpiente que guarda los cuerpos de los tres hermanos es similar al de san Victorio, mártir en Braga, cuyo cuerpo guardan las fieras. Pero, de forma clara, se aprecia similitud en el caso de su homónimo de Valencia, según indica muy pronto un antiguo escritor:[25] «Fue en todo semejante este sagrado martirio de San Vicente de Ávila al del otro San Vicente de Valencia». Este santo, también martirizado por Daciano en Valencia en el año 304, inicia un penoso camino de Zaragoza a Valencia, donde se niega a adorar la estatua de Diocleciano, es torturado, echan su cuerpo a una laguna o cenagal y allí le defiende milagrosamente un cuervo.

Este san Vicente aragonés se ha considerado el más celebre de todos los mártires hispanos antiguos, el único que se ha incorporado por el rito romano a la liturgia de la Iglesia universal, y el que ya, desde los primeros tiempos, era conocido en los

---

[22]   A *são* Jordâo le sigue *são* Brissos, nacido en Mértola, también obispo de Évora, con dos hermanos, Barão y Barbara (Mattoso 1999).

[23]   En la fecha consagrada por la Iglesia se indica que los santos mueren el 27 de octubre del 306, pero otros autores dan diferentes fechas (300, 303, 313...).

[24]   Según la opinión de Ricardo García Villoslada (1979, 80), Tomás Moral (1969) y Aldea Vaquero *et al.* (1972). Los autores modernos apuntan que no existen testimonios antiguos suficientes de la existencia de estos tres hermanos. El himno litúrgico se cree que es anterior a la invasión musulmana, pero según García Rodríguez no hay ningún testimonio epigráfico ni literario visigodo hasta el siglo IX en que se difunde su culto. Carmen García Rodríguez (1966, 257 y ss.) ha estudiado con cierto detalle estos santos y de ella he tomado los datos que siguen.

[25]   Lo indica ya en 1676 Fernández de Valencia (1992, 199).

más diversos puntos de la cuenca mediterránea. La popularidad de esta *passio* fue enorme; en ella se inspirarían numerosas pasiones de santos españoles. A través de su martirio, Daciano se convierte en el prototipo del perseguidor. Los capítulos que relatan el martirio y la protección de los cuerpos por una serpiente dependen de la *passio* de san Vicente, de la que toman frases enteras y la idea de un animal que protege los cuerpos. La homonimia y la popularidad de esta *passio* explica estas dependencias y similitudes. Hay reliquias de san Vicente en Zaragoza y Valencia y, a partir del 711, aparecen en numerosos lugares: Castres en Francia, Lisboa y el sur de Italia pretenden haberlas recibido. Hay basílicas de San Vicente en París, Sevilla, Córdoba, Toledo, en el cabo de San Vicente, varias en la Galia, en Porto y Tívoli, Roma, Bérgamo, Palermo... y a san Vicente mártir le tiene Lisboa por su tutelar. No es el único paralelismo. La *passio* de santa Leocadia coincide casi exactamente con el principio de la de los santos de Évora-Ávila. Diversos autores han indicado que se trata de un prólogo general de un legendario que serviría para muchas historias de mártires o de una *passio de communi* del siglo VI-VII que serviría de fuente a todas las *passio* del ciclo de Daciano, excepto la de san Vicente. Los capítulos sobre la conversión del judío se pueden relacionar con el judío de santa Eulalia de Mérida.[26]

La pertenencia a una familia de santos no es un tema raro entre los primeros mártires y no solo los hermanos, sino los esposos, padres e hijos comparten la santidad, como Pedro y Marcelino, Prudenciana y Práxedes, Sergio y Baco, Cosme y Damián, Julita y Quirico, Gervasio y Protasio y otros (Vila da Vila 1988). Llama la atención, sin embargo, la colección de Mártires Anónimos que se producen en la misma zona y en la misma época y, especialmente, el obispo *são* Jordão y sus dos hermanas, Comba y la anónima. Los tres mueren degollados (a Vicente y sus hermanas les machacan las cabezas) y se les entierra juntos. En este caso, los cuerpos santos permanecen en territorio eborense, no como Vicente y sus hermanas, de los que no hay siquiera una reliquia en Évora.

No obstante, aunque se vayan, los santos dejan su estirpe bendecida por el Cielo. Los Cogominhos, parientes de los tres hermanos santos, vuelven a aparecer en otro contexto clave: la reconquista de la ciudad. Pedro Alvares Cogominho será el emisario entre el libertador de Évora, Giraldo sem Pavor y el rey. Los santos y sus descendientes son, pues, mediadores por excelencia entre mundos opuestos, entre la ciudad, la realeza y la divinidad. Los santos «nados e moradores em esta cidade» dejan sus huellas en este mundo —«em aquela pobre ermida que de seu nome se chama»— tal

---

[26]   Otra santa famosa, santa Eulalia de Mérida, es la única de la Lusitania con culto general en época visigoda; junto a ella hay algunos otros que pudieron tener culto al menos local. Sobre los tres mártires de Lisboa, Verísimo, Máxima y Julia, reina el silencio en las fuentes visigodas. Todos los testimonios parten a lo sumo del siglo IX (García Rodríguez 1966, 279).

como indica Resende. La posesión de los santos, sus reliquias o incluso su recuerdo hace crecer a las ciudades, porque las construye. Bien es verdad que también construye jerarquías en el paisaje urbano. Esta descendencia pone de manifiesto que la elaboración de los orígenes tiene su fundamento en situaciones sociales concretas, intereses dominantes de individuos o de grupos, preeminencias y privilegios. En el otro extremo están los judíos, con un difícil papel, o bien torturadores o conversos.

LA CORTE TERRENAL

Vicente, Sabina y Cristeta no solo van a parar a tierras españolas, sino que incluso el lugar de nacimiento de los santos es disputado por Talavera (Toledo). Resende defiende apasionadamente a Évora como patria de los santos frente a las reclamaciones de Talavera, que los considera suyos, y se enzarza en calurosas apologías y discusiones como la que mantiene con Bartolomé Quevedo sobre esta materia. En la Carta a Bartolomeu de Quevedo, escrita por Resende en 1567 (Pereira 1988) se puede observar cómo se construye una pieza de mitología, pero también cómo, a través de esa misma mitología, se puede seguir lo que está pasando en la península. Los mitos aquí representados están unidos al siglo XVI, muestran la situación de Évora y el contexto más amplio en que se encuadra. Asimismo, ofrecen mensajes sobre lo que podríamos llamar la corte celestial y la corte terrenal.

La carta es una larga respuesta al español Bartolomé de Quevedo, racionero de la Iglesia de Toledo, sobre ciertas cuestiones hagiográficas como el lugar de nacimiento de los santos, su martirio o la localización de diversas reliquias. Quevedo estaba preparando un libro sobre los santos de Hispania e inicia una correspondencia con su colega portugués, que había escrito el *Breviarium Eborense* (1548). No conocemos la carta de Quevedo, pero los temas fundamentales de que trata son evidentes en la respuesta: la localización de las reliquias del san Vicente aragonés y la nacionalidad de los tres mártires, Vicente, Sabina y Cristeta, que ocupa casi toda la carta.[27] En cuanto al primer tema, Quevedo planteó el hecho de que el cuerpo del santo se suponía que estaba al mismo tiempo en la Sé de Lisboa y en Castres, Aquitania. Resende contesta vehementemente, con distintos argumentos, la apropiación de los franceses, a los que considera con cierto desprecio «não ignoramos ate que ponto a nação francesa é virtuosa especialista em invenções do género» (1567, como se citó en Pereira 1988, 91). Pero el tema que más le interesa es la defensa de Évora como lugar de nacimiento de Vicente y sus hermanas, y aquí entra de lleno en alusiones a sus vecinos más

---

[27]   El título de la carta así lo indica: «Pro sanctis Christi martyribus Vicentio, patrono Olisiponensi, Vincentio, Sabina e Christhetide, Eborensibus ciuibus et ad quaedam alia responsio».

cercanos. La defensa incluye aspectos más generales, sobresaliendo la imagen de los españoles y el ambiente en la península antes de la llegada de Felipe II.

Resende comienza por decir: «Alguns de entre vós tentam a todo o custo, contra e mais por inveja do que por meio de argumentos, escamotear a sua terra natal e despossar-nos dela» (1567, como se citó en Pereira 1988, 95). Parece ser que, según diversos autores, los santos nacieron en Élvora y «alguns compatriotas teus de apagada e insignificante existência, com o objectivo de nos expropiarem a terra natal dos santos em causa, põem-se a dizer que Talavera, povoação pertenecente à tua diocese, se chamou outrora Élvora» (1567, como se citó en Pereira 1988, 101). Resende trata por todos los medios de mostrar que esa Élvora es su ciudad. Escribe así sobre el proceso de apropiación de los santos:

> Um natural de Talaveira, desejoso de honrar a sua pátria, lhe deu alguns dez nomes, e entre eles o de Évora, e divulgou que eram dela os santos; a estes seguiram alguns castelhanos; logo lhe apropriaram casas e levantaram pedra com vestígios de S. Vicente. Para tudo lhe ficar com alguma queda corromperam primeiro a alguns autores, levantando-lhe que o tinham expressado. Também lhe deram cadeira episcopal [...] sendo que Talaveira tal dignidade não teve [...]. Todas estas ficções ... (1567, como se citó en Pereira 1988, 101).

Resende afirma con desdén que Talavera, a quien conoció siendo joven, «não há lá quaisquer indícios de antiguidade [es] do tempo dos mouros» (Resende 1567, como se citó en Pereira 1988, 101), mientras que Évora puede mostrar una ascendencia romana, ya que posee una buena colección de antigüedades, inscripciones, estatuas, y murallas, acueducto e incluso un «pórtico de excelentes colunas coríntias». La adjudicación del nombre de Élvora a Talavera es un engaño que hace algún escritor y tipógrafo para que «o livro se venda melhor» (Resende 1567, como se citó en Pereira 1988, 101).

No hay unanimidad entre los autores españoles, si bien la mayoría defienden la candidatura española en base a los «vestigios» esparcidos, como la piedra donde Vicente deja su huella y la casa de los padres del santo que se encuentran en Talavera. Otros como Alfonso de Villegas en su *Flos Sanctorum* sugiere que pudo ser Talavera, por las distancias que los santos recorren y diversos documentos que así lo indican. Fernández de Valencia ([1676] 1992)[28] sugirió las razones por las que los santos aban-

---

[28]   Fernández de Valencia ([1676] 1992), sigue la versión de Resende y se refiere al apresamiento de san Vicente en Évora al que llevan «al lugar del sacrificio, que era un templo dedicado a Júpiter, y estaba en la plaza de la ciudad». Ponen al santo en una piedra al lado del altar que «se ablandó como si fuera de cera y quedó señalado en ella todo el pie...», esta señal persevera hasta hoy día y se muestra en la ciudad de Évora. Aunque, como dice Resendio, «no se ve agora forma entera de pie», ya que los

donaron Évora: «Permitió Dios esta huida de los santos para que fuesen honrados en más lugares y Ávila no careciese de tan ilustres patrones». Este autor, favorable a la versión resendiana, intenta llegar a una solución de compromiso. Para explicar en Évora «un muy antiguo linaje» (los Cogominho) descendiente de los santos señala que, aun siendo naturales de Talavera, «pudieron algunos parientes suyos irse a vivir a Évora de la Lusitania y dejar allí sucesión», lo que explicaría la edificación del templo en aquella ciudad. La piedra con las huellas de Vicente en Évora sería entonces «de haberla copiado y tocado a la original que está en Talavera». Pero además de esas huellas hay otra en Ávila, las *pisadas* a las que se refiere el propio Fernández de Valencia ([1676] 1992). Sin embargo, la Iglesia oficialmente dará la razón a Talavera en la aprobación del Oficio Litúrgico de los Santos. En 1638 la villa de Talavera pidió al monasterio burgalés de San Pedro de Arlanza «que se le concediese alguna parte de tan venerandos recuerdos, a lo cual accedió aquella comunidad» según se detalla en un pergamino guardado en la misma arquita en que las dichas reliquias se custodian en la Colegial de Talavera. Y en fecha tan tardía como 2002, al parecer, vuelven algunas reliquias a Ávila.[29]

Así pues, ambas ciudades, la lusitana y la carpetana, van construyendo hitos de los santos en sus respectivas geografías, vestigios, toponimias y lugares, que prueban el paso de los santos. Resende es más radical y califica de «fraude» esta duplicación, si bien los de Talavera tienen un templo dedicado a los santos, una casa donde vivieron y también una piedra con las huellas del santo como en Évora. Según Resende esto es debido a un fraude en relación al nombre antiguo de ambas ciudades:

> Não me impressiona saber que também lhes foi consagrado um templo [...]. Também não me impressiona que reproduzam o seu domicílio e que exibam numa pedra a marca do pé, tal como entre nós. A quem conseguiu transformar Talavera em Élvora, quanto lhe custava metamorfosear uma só casa e simular uma marca? Uma vez aceite este fraude, foi fácil a uma cidade importante e rica construir, para cidadãos crédulos, um templo (1567, como se citó en Pereira 1988, 119).

---

peregrinos se llevan pedacitos de esta piedra para curar a sus enfermos, poniéndoselos al cuello. «Pero el mismo autor afirma por cosa muy cierta que ahora cuarenta años se veía todo el pie figurado, sin faltarle cosa alguna». Las hermanas de Vicente le persuaden para huir («poniéndole delante que eran güérfanas y que no tenían otro padre sino a él»).

[29]   Unas reliquias muy solicitadas. Según Wikipedia la trayectoria de los cuerpos (Vicente, Sabina y Cristeta de Talavera) es esta: se trasladaron de Ávila al Monasterio de Arlanza en 1063; una parte de los huesos va a parar a Talavera en 1638; tras la desamortización, en 1835, fueron los cuerpos a la Iglesia de San Cosme y San Damián de Covarrubias y a la capilla de los Mártires de la catedral de Burgos. El imponente sepulcro de Ávila estaba vacío a pesar de un intento de 1470 por comprobarlo en que ocurren situaciones sobrenaturales. En 1997 todavía no había reliquias en Ávila (Cátedra 1997b, 87-90).

También Resende plantea dudas sobre el propio destinatario de la carta utilizando argumentos *ad hominem*:

> Esta atitude é típica de quem medita praticar uma injustiça [...] também tu já decidiste pedir auxílio ou a Évora ou a Libora para uma maquinação mal tecida e completamente oca? [...] há gente que se apropria da glória alheia [...] Vá! Inventai outro nome! Agora és tu que arranjas uma escapatória [...]. Não está certo que homens de bem, e letrados, deem guarida a sentimentos deste tipo, vulgares... (1567, como se citó en Pereira 1988, 119).

Incluso emplea términos como «maquinação», «maldosamente» o «má fé» para referirse a su corresponsal.[30] En su lucha por demostrar la nacionalidad de los hermanos plantea serias dudas sobre otros santos, sus hagiógrafos y sobre los procesos seguidos. Resende pone en cuestión la existencia del mártir Eugenio, recientemente trasladado, considerado el primer obispo de Toledo: «Se é que foi mesmo bispo de Toledo. E não penses que a minha dúvida não tem razão de ser» (1567, como se citó en Pereira 1988, 145). No se puede olvidar que Quevedo era racionero de la Iglesia de Toledo, por lo que era una materia que le afectaba directamente. Parece ser que de este santo no hay memoria hasta 1148, año en que el arzobispo de Toledo, don Raimundo, encuentra en el monasterio de San Dinis de París una capilla donde se venera el cuerpo de san Eugenio con la inscripción: «Hic situs est Eugenius, martyr, primus Archiepiscopus Toledanus». Al conocer la noticia en Toledo, comienza el culto de este supuesto primer obispo. La Iglesia de Toledo consiguió la traslación primero de un brazo y después del resto del cuerpo en la época de Felipe II (Florez 1754, como se citó en Pereira 1988, 166). En este caso Resende es demoledor afirmando explícitamente que el santo no existió: «Devo acrescentar que não fiz estas afirmações com o intuito de retirar aos habitantes de Toledo uma parcela que seja da sua antiguidade, mas porque não concordo que se contaminem martírios famosos de santos com a mistura de falsos» (1567, como se citó en Pereira 1988, 153). Resende trata con su actitud de defender el patrimonio religioso portugués («as nossas coisas»). En algún momento se pregunta con ironía cómo es posible que desaparezcan de su tierra reliquias de santos, y entre ellos las del «primer obispo» de Évora:

> Além do mais, importa investigar a fundo como é que desapareceram tantas relíquias de santos de Hispânia, ou para onde é que se retiraram, deixando a sua morada. Para não falar de tantos outros: como é que Mâncio, discípulo de Cristo, apóstolo e mártir da nossa cidade de Évora, foi ter a Vila Nova, nas proximidades de Medina, junto a Rio Seco? (1567, como se citó en Pereira 1988, 85).

---

[30]   Las referencias están en las páginas de Pereira (1988, 121-125).

Pero, muy pronto, estas críticas son directas y generales a los españoles:

> ... comportamento habitual de um povo que se envaidece com tanta fanfarronice e despropósito... Por isso, perdoa-me se retomo o velho queixume do povo do meu país. Vocês têm um império dilatado, de grande extensão... Por isso, não há terra que vocês possam, com justiça, invejar. Apesar de tudo, alguns compatriotas teus, deixando-se arrastar por uma espécie de malignidade, ou antes, por um espírito mal-intencionado, passam o tempo a provocar este nosso cantinho —a que chaman, depreciativamente, Portugalito - e ainda por cima exibem ares de enfado, incapazes que são de se convencer ou de aceitar com serenidade que entre nós haja coisas dignas de admiração (1567, como se citó en Pereira 1988, 125-127).

Entre los agravios, Resende señala el desdén con que los españoles tratan a los portugueses, por ejemplo, haciendo a Viriato natural de Zamora, al pontífice san Dámaso natural de Madrid, al rey Wamba sin tierra natal, al igual que a san Antonio, y no señalando el importante protagonismo de los portugueses en la batalla del Salado o en la expedición de Túnez. Por ello, reivindica el nombre de Lusitânia para el reino de Portugal, aunque los límites no fuesen coincidentes, para intentar probar que desde tiempos antiguos los portugueses se diferenciaban de los restantes pueblos de la península (figura n.º 10).

Resende concluye intentando finalmente conciliar:

> Tão pequeno é o o conceito em que nos tendes! Mas, pela vossa parte, sede afortunados, sede felizes, regozijai-vos com os dons que Deus vos concedeu, dominai em toda a linha! Deixai que gozemos também, pela nossa parte, do pouco que nos pertence! Somos todos hispanos... somos do mesmo sangue (1567, como se citó en Pereira 1988, 131).

La respuesta española no se hizo esperar, si bien no fue realizada por Quevedo (quien murió poco despúes, en 1565, no sin antes manifestar su desagrado por el tono de la carta de Resende), sino por Bartolomeu de Albornoz, aproximadamente en 1571. Albornoz escribió la «Carta del Doctor Frias de Albornoz, natural de Talavera contra el Mro Andrès Resende, Português, natural de Ebora, y contra la carta que el dicho Maestro Resende imprimia, y embió ai Licenciado Bartholomé de Quevedo, Racionero de Toledo». La carta de cincuenta y cuatro folios ha permanecido inédita[31] hasta ser localizada y analizada por Pereira (1991) de quien tomo los siguientes datos. El jurista Albornoz, nacido en Talavera, responde a las afirmaciones e insinuaciones de Resende, poniendo de manifiesto sus errores y en el mismo tono violento e injurioso que este. Su insulto preferido es «portugués», con lo que Resende y el pueblo portugués son tachados de bárbaros, ignorantes, orgullosos, judíos, etc.

---

[31]   MSS. 5556 y 6947 de la Biblioteca Nacional de Madrid.

La carta contenía dos objetivos: «pagar a mi pátria su deudo y a V. M. su merecido» (Albornoz 1571, como se citó en Pereira 1991, 97), lo que supone exaltar su tierra como un deber patriótico y castigar a Resende por su osadía. En primer lugar, defiende en términos filológicos que Elbora fue el antiguo nombre de Talavera y, por tanto, afirma que los santos Vicente, Sabina y Cristeta son castellanos y no portugueses. Para ello emite estos duros comentarios:

> Mas V.md. [...] siendo un simple grammatico ignorante y Portugues, porque lo ha de hazer y meter la mano en corregir a otros en la sciencia de que no tiene principios [...] la formación o derivación de Libora a Elbora es tan clara que ninguno que tenga juycio y aunque no le tenga, aunque fuese un portugués, lo puede negar (Albornoz 1571, como se citó en Pereira 1991, 97).

En cuanto a la primacía de las Españas, es Toledo «de las más insignes ciudades de España, que es la más insigne provincia del mundo» (Albornoz 1571, como se citó en Pereira 1991, 100) y no Braga «en lo más postrero de España y del mundo y con ser Portugal la mas ruin tierra de España y más estéril más despoblada y donde menos contratacion ay de negocios [...] de toda la gente del mundo» (Albornoz 1571, como se citó en Pereira 1991, 103). Albornoz acusa a los portugueses de ser megalómanos[32] e imitadores y les recomienda saber servir al mayor y no aspirar a la igualdad entre los desiguales. Y finalmente considera que Portugal estaba infectado de judíos: «Ruim terra que tais frutos da [...] verdadeiro ninho de judeus [...] *não há santo que lhe valha*» (1571, como se citó en Pereira 1991, 106).

La cuestión de fondo es, pues, la rivalidad entre portugueses y españoles, como ha señalado Virginia Pereira (1986, 1988).[33] En el fondo de esa defensa y ataque está la situación política y el viejo temor (comprensible a la vista de la historia) a ser dominados por el poderoso vecino, las obscuras intenciones de España de anexionar Portugal. La carta de Quevedo (1567) es escrita cuando el Deseado don

---

[32]   Expresada, indica Pereira, en la frase pronunciada por Gil Vicente ante la corte española: «Deus é portugués».

[33]   Pereira proporciona algunos ejemplos de esta rivalidad por parte de los portugueses, como indican estos versos de García de Resende (1986, 156):

> Portugueses, Castelhanos
> Não os quer Deus juntos ver.

«Ou estes outros com esta imagem que proporciona Sá de Miranda a João III» (Pereira 1986, 157):

> Geralmente é presuntuosa.
> Espanha, e disso se preza:
> gente ousada e belicosa;
> culpam-na de cobiçosa,
> tudo sabe Vossa Alteza.

Sebastián todavía no es mayor de edad.[34] Referencias al deseo de los españoles de dominar Portugal en la época están presentes en el propio *Cancioneiro Geral* de Garcia de Resende, en las comedias de Gil Vicente, en Camoês, Jorge Ferreira de Vasconcelos y en otros que dan voz al «ancestral» sentir portugués. Una pertinaz política de matrimonios reales entre las dos monarquías convertía este sentimiento en una amenaza real con la muerte del Deseado y la próxima llegada de Felipe II de España. En su apasionada defensa del lugar de nacimiento de los santos, Resende intenta representarse a sí mismo y a su ciudad. Esta representación tiene trascendencia en la ciudad en términos físicos (iglesias, toponimias, iconografía, huellas) y en términos simbólicos. También indica la importancia de los santos como vehículo de identidades. El propio Resende es a la vez voz y parte de esa mitología. Como se ha podido apreciar *retoca* la vida de los santos.[35] Obviamente, los retoques son mutuos en este conflicto de intereses que señalan una época y una determinada ideología.

Resende señaló el origen romano de diversas *antiguidades* eborenses de la ciudad, familiarizado como estaba con la Antigüedad clásica tras sus estancias en Roma y otras capitales europeas. Este humanista (ca. 1500-1573) nació en Évora y siendo muy joven entró en el convento de Santo Domingo. Estudió en Lisboa, Alcalá de Henares, Salamanca y París. Vivió en la corte de D. João III y en Lovaina entró en contacto con las ideas de Erasmo. Más tarde desde Bruselas siguió a Carlos V junto al embajador portugués por diversas ciudades europeas, volvió a la corte portuguesa como profesor de los hijos del rey y terminó sus días entre Lisboa y Évora. Pese a su erasmismo, su relación con el rey y cierta actitud acomodaticia le impidió caer en manos de la Inquisición.[36] El propio Resende, una figura venerada en la ciudad, no solo inventó santos, sino que fabricó piedras, como he indicado; por ejemplo, el *elegante* letrero en que se dice que Sertorio con su mujer y tres libertos se establecen

---

[34]   D. Sebastião nace poco después de la muerte del príncipe D. João, que representaba la continuidad de la dinastía portuguesa. Desde los Reyes Católicos hubo una serie de matrimonios recíprocos entre las dos coronas: João III casó con Catalina de Austria (hermana de Carlos V) y este a su vez con D.ª Isabel, hermana del primero. D.ª María, hija de João III se casará con el futuro Felipe II y el hijo de João III se casará con D.ª Juana, hija de Carlos V. Hasta la mayoría de edad de D. Sebastião el regente será el cardenal D. Henrique. A la muerte de D. Sebastião en Alcacer-Kivir comienza el mito del sebastianismo al mismo tiempo que llega al poder Felipe II.

[35]   Lo indica García Rodríguez (1966). Resende en algún momento pide pruebas de piedras antiguas cuando se ha demostrado que él mismo fabricaba algunas.

[36]   Eso afirma Tavares (2009) en el prefacio a la obra de Resende, quien además le califica de «algo subserviente» con el poder y que incluso comprometió a uno de sus propios alumnos, Fernão de Oliveira, frente al Santo Oficio en 1547.

en Évora, única prueba de la presencia de Sertorio en la ciudad, que fue *inventada* por él mismo.[37]

La ciudad de Évora en el Renacimiento es un lugar de renovación urbana con intervenciones en vestigios patrimoniales principalmente romanos. Supone una nueva mirada y valoración de la Antigüedad clásica, iniciándose excavaciones para descubrir y recrear ese momento. A Évora llega la moda de embellecer la construcción pública y privada con materiales arqueológicos y epigráficos. De este modo las ciudades también se *leen* en las piedras de sus edificios. Los vestigios son mensajes sobre un tiempo pasado, un discurso legitimador de la nobleza de la ciudad, de la grandeza de la patria.

Resende es uno de los más ilustres iniciadores en Portugal de las corografías del XVI, las llamadas «antigüedades e grandezas» que se producen en toda la península. En estas historias hay una búsqueda activa de orígenes (respetables) de ciudades y aldeas y los protagonistas de esos orígenes. En el caso de Évora el héroe es Sertorio, el general romano disidente, al que se le dedicará la antigua *praça* do Peixe. Las ideas de *antiguidade* y *liberdade* primaban sobre las demás; Resende trataba de mostrar la antigüedad de su ciudad y su país y eso significaba ascendencia romana que debía procurarse por todos los medios, incluyendo la «fabricación» de estos a tan elevado fin. De ahí la atención y manipulación prestada a Mancio y a los tres hermanos santos. Obviamente, las invenciones dicen mucho sobre los inventores y los valores de la época en cuestión. En ese momento en Évora las dos ideas eran claves. Fernandes ha indicado como la atención a Viriato, el héroe nacional en su lucha contra los romanos, y al romano Sertorio, perseguido y defensor de la resistencia contra los romanos, representa una defensa de los intereses lusitanos frente al invasor, que se repite a lo largo de la historia:

> [...] nos fazem refletir no seu valor quase alegórico e atual de defesa dos interesses nacionais da época perante a ameaça estrangeira... o território português sempre esteve sujeito à possibilidade de invasões, o que não é de desligar da realidade histórica de então, em que as ligações a Castela tornavam sempre potencialmente frágil a continuação dinástica em mãos portuguesas (Fernandes 1996, 12).

---

[37] Que el propio Resende *encuentra* en la casa que hizo Sertorio en la ciudad y que traduce así: «Por saúde e estabilidade da casa de Quinto Sertório, Junia Donace, sua doméstica e Quinto Sertório Hermes e Quinto Sertório Cépalo e Quinto Sertório Anteros, seus libertos à honra dos deuses Lares, em o dia da festa chamada Compitália, fizeram jogos públicos e deram convite a todos os vizinhos». Sigo aquí el texto de José D'Encarnação (1991), un documento raro por cuanto toca un tema delicado en la ciudad, que con frecuencia tiende a exculpar a su ilustre vecino Resende.

En otras palabras, los santos son también instrumentos de lucha por la *liberdade*. La respuesta a Bartolomé Quevedo contiene el sentido patriótico de la corografía, como se ha señalado repetidamente. La mitología apunta a distintas representaciones de la ciudad, formas diversas de concebirla, pensarla y vivirla. Esta perspectiva evoca un conjunto de valores y símbolos que envuelven a las ciudades y las convierten en una creación cultural. De ahí su importancia. Además, con la respuesta de Resende a Quevedo se muestra el contexto más amplio en que se inserta la ciudad. Los mitos aquí representados, independientemente de sus referencias, están estrechamente unidos al siglo XVI. Muestran la situación de Évora, pero también lo que está pasando a su alrededor. Reflejan la íntima relación de los pueblos de la península, sus alianzas y desacuerdos, conflictos, intereses comunes y guerras; los agravios y dependencias con el poderoso y agresivo vecino, el anhelo de libertad. Junto a sus aspectos materiales y tangibles, esta dimensión expresiva y evocativa tiene sin duda trascendencia para el estudio de la ciudad.

ECOS DEL PASADO

La mitología no es algo vacío como se ha pensado y, desde luego, no es cosa del pasado. En diferentes épocas se producen nuevos mitos, reaparecen otros viejos ante nuevas situaciones y sucesos cotidianos se cargan de significación. Un ejemplo es la reactivación de las mitologías en la segunda mitad del siglo XIX, a partir de la restauración del Templo de Diana y el cese de su función como *açougue* (carnicería o matadero). Después de una restauración controvertida, los eborenses se percibieron, visual y cognitivamente, del origen romano de la ciudad y del monumento, lo que contribuyó a construir la imagen posterior de *cidade museu*, su incipiente vocación como ciudad turística y finalmente su clasificación como Patrimonio de la Humanidad (Cátedra 2010, 2011), quizá esta otra mitología actual.

Los mitos evocan temores que corresponden a ciertas realidades. Cuando realizaba mi trabajo de campo en Évora alguien me indicó que Francisco Franco hizo un trabajo en la Academia Militar de Zaragoza titulado «Cómo tomar Lisboa en 24 horas». Su lema de España «Una, grande y libre» incluía nuevamente cierto deseo por la siempre sentida unidad de la península, el viejo ideal de los Reyes Católicos. Esta aseveración, que conocí como rumor, ha resultado certera según recoge la prensa, tras un trabajo de Ros Agudo (2008). La noticia, publicada en *El Confidencial*, lleva el título «El día en que España casi invadió Portugal: el plan militar de 99 páginas que Franco ocultó» (Barnés 2019). Se trata de un documento de 1940 del archivo de la Fundación Francisco Franco (n.º 2803 o 2809) enmarcado en la Segunda Guerra Mundial que describe con todo detalle un plan de invasión a Portugal. El documento incluye mapas sobre el camino que debía seguir el ejército de tierra, imitando la *Blitz-krieg* de la *Wehrmacht*, para ocupar «a toda velocidad» el paso hasta Lisboa y la costa portuguesa. La invasión era un movimiento estratégico necesario para anticiparse a la previsible reacción inglesa en caso de invasión de Gibraltar, el primer paso en la entrada en la guerra.

Franco lo rubricaría:

> Ante tal eventualidad, tan dañosa para la seguridad e independencia de nuestra Patria, he decidido: a) Preparar la invasión de Portugal, a fin de ocupar Lisboa, y el resto de la costa portuguesa. b) Llevar a cabo dicho propósito, cuando lo ordene, en virtud de las noticias que suministre el Servicio de Información.

Además, hay un «Proyecto de directiva a los ejércitos de tierra, mar y aire», de cinco páginas, sin fecha determinada y localizado en el Cuartel General del Generalísimo, donde se concentra el plan de ataque que debía ser enviado a los tres ejércitos. «Objetivo: acción sobre Portugal», reza el texto. Para ello se destinarían 250 000 efectivos y una buena tirada de mapas de Portugal, escala 1/200 000, para el ejército de mar y de tierra «en cantidad suficiente para atender a las necesidades logísticas y de mando de los dos ejércitos». El artículo ofrece otras interesantes informaciones, por ejemplo, la frase que el cuñado de Franco, Serrano Suñer, le espetó a su homólogo ministro de Exteriores alemán: «Geográficamente hablando, Portugal no tiene derecho a existir». Y también alude a lo que se cantaba en el frente ruso por parte de los miembros de la División Azul, una evocación de los objetivos del plan militar:

> Y cuando a España volvamos/ de nuevo queremos luchar/
> y al inglés echaremos/ del Peñón de Gibraltar.
> Nuestro grito de victoria/ en el mundo entero oirán/
> cuando recuperemos todo Marruecos y Orán.
> Solo esperamos la orden/ que nos de nuestro general/
> para borrar la frontera de España con Portugal.

Estas ansias imperiales volvieron a manifestarse en 1975, cuando Carlos Arias Navarro, último jefe de Gobierno franquista, se reunió con el vicesecretario de Estado de Estados Unidos para sopesar su posible apoyo en una hipotética invasión española de Portugal «para luchar contra el comunismo» (Delfín 2008).[38] Un amigo portu-

---

[38] «Arias quería ir a la guerra con Portugal. El último jefe del Gobierno de Franco se ofreció a EE. UU. contra el comunismo». El artículo se basa en una serie de cablegramas diplomáticos entre funcionarios de la embajada estadounidense en Madrid y el Departamento de Estado, que se han hecho públicos, de los Archivos Nacionales en Washington. Durante una reunión celebrada en Jerusalén en marzo de 1975, Arias expuso sus inquietudes al entonces vicesecretario de Estado, Robert Ingersoll,

gués me comentó sobre el temor que sintieron los mandos militares portugueses, cuando él hacía el servicio militar en la Escola Prática de Artilharia en Vendas Novas, justo después del 25 de abril, en medio de la reforma agraria, ante unas maniobras militares de los españoles en la frontera extremeña (y con la presencia naval de los norteamericanos en Lisboa). El mando en cuestión repartió las armas para evitar que cayeran en manos enemigas en caso de invasión y recomendó a los soldados no mostrar resistencia en tal situación, dada la disparidad de fuerzas.[39]

---

sobre la rápida evolución de los acontecimientos en el vecino Portugal, debido a lo que el presidente del Gobierno llamó «el último acto insensato de Spinola. Portugal es una seria amenaza contra España, no sólo por el desarrollo que está teniendo la situación, sino por el apoyo exterior que podría obtener y que sería hostil a España». Arias dijo en privado a Estados Unidos en 1975 que España estaba dispuesta a ir a la guerra con Portugal si empezaba a extenderse el comunismo como consecuencia de la formación de un gobierno de izquierdas en la zona (Delfín 2008).

[39]   De la parte portuguesa véase, por ejemplo, el trabajo de Freire (1930) sobre la acción de España antes del dominio filipino que llevaba el significativo título de «Garras de España».

Capítulo 6

Giraldo sem Pavor[1]

> Olha aquele que desce pela lança
> Com as duas cabeças dos vigias
> Onde a cilada esconde, com que alcança
> A cidade por manhas e ousadias:
> Ela por armas toma a semelhança
> Do cavaleiro que as cabeças frias
> Na mão levava; feito nunca feito!
> Geraldo sem pavor é o forte peito
> Camões. *Lusiadas*, canto 8.º, est. 21

La plaza mayor de Évora lleva hoy el nombre del conquistador de la ciudad, Giraldo sem Pavor, aunque no siempre fue así. Es más, se la llamó plaza de Giraldo solo desde 1869, es decir, siete siglos después de que presuntamente la conquistara este mítico personaje. Inmortalizado por Camoens y objeto de leyendas y recreaciones históricas por diferentes autores,[2] aun en la actualidad tiene su vigencia. Una de las representaciones teatrales callejeras favoritas en las fiestas de la ciudad gira sobre este personaje. La figura y las hazañas de Giraldo sem Pavor han tenido una gran vitalidad, pese a su sucesiva y constante consideración, bien como historia o bien como leyenda, una dicotomía bastante problemática. Giraldo, aun con una forma novelada y pintoresca, es un poderoso símbolo dentro y fuera de la ciudad. Veamos algunos de sus significados.

---

[1] Este capítulo fue publicado en 2003 (Branco y Afonso 2003, 56-85) con el título «La violencia de las imágenes. *Giraldo Sem Pavor*». Más tarde se publicó en España con el mismo título en 2006 (Muñoz y López 2006,139-166). Joaquim Duarte ha leído este trabajo y ha corregido algunos aspectos. Agradezco también a José Maria Pinto Barbosa su sensible lectura del manuscrito. Sin embargo, la primera aproximación a la figura de Giraldo fue presentada en el Seminario Sistemas de Interpretação do Patrimonio en Vila Real de Santo António en septiembre de 2001. Agradezco a Cristina García su amable invitación a participar en el mismo.

[2] Por ejemplo, Castilho en el siglo XIX o Gil do Monte (1941).

GIRALDO. LA HISTORIA Y LA LEYENDA

Ciertos historiadores lusos, como Herculano, se refieren a la historia de Giraldo como si fuera una leyenda, un «herói do romance»,[3] fruto da «tradição e sucesso fabuloso». Herculano señala la similitud de las narrativas de la toma de Évora y de Santarém, que tuvo lugar unos años antes.[4] Estas similitudes sugieren la existencia de un modelo ideológico que circula por el área. Según Herculano, el primer documento conocido que trata sobre Giraldo (*A Crónica dos Godos, Chronica Gothorum*) solo indica que este héroe, al mando de sus compañeros salteadores, tomó Évora y se la entregó al rey Afonso Henriques —el primer rey tras la independencia—.[5]

Claro está que este primer documento es también el primero para el mundo occidental, pero no para la historiografía árabe. La consideración de Giraldo como historia real se conoce desde principios del siglo XX —en el año 1911— a través de ciertas fuentes árabes, y concretamente de un anónimo del siglo XII, [6] pero cobra especial interés en 1940, cuando se le llama a Giraldo *o Cid português*.

Los historiadores actuales, aquí sigo a Mattoso (1992, 69-71), resumen la historia de esta manera: Giraldo, junto con un grupo de villanos de Santarém (y de mozárabes de territorios conquistados), todos ellos salteadores y aventureros, conquista en 1165 Évora, Trujillo y Cáceres. Al año siguiente toma los castillos de Montánchez, Serpa y Juromenha. Este último castillo será la sede de Giraldo a partir de 1166. De todas estas plazas la más famosa es la de Évora. A partir de entonces, Afonso Henriques apoyará estas acciones guerreras. Aunque parece una acción individual, caótica y aventurera, en realidad tuvo el objetivo de aislar Badajoz, pieza clave en la defensa de la zona. En 1169 Giraldo entra en esta ciudad, traspasa sus murallas, pero los guerreros almohades se refugian en la *alcáçova*. El rey de Portugal viene en auxilio de su guerrero. Sin embargo, Fernando II de León, para impedir la expansión portuguesa, se alía con los almohades y recupera la ciudad. Giraldo tuvo que devolver las plazas conquistadas (excepto Évora), quedándose en su castillo de Juromenha. Desde ahí vuelve a reanudar sus ataques a Badajoz, consiguen expulsarlo de Juromenha, pero se hace fuerte en Lobón (entre Badajoz y Sevilla). Una tregua

---

[3]   Parte del texto dice así: «A tradição revestiu de circunstâncias poéticas a singela história do capitão de uma destas companhias de salteadores. Se déssemos crédito as lendas escritas em tempos mais recentes, Giraldo, o herói do romance...» (Herculano 1980, 190).

[4]   También se ha señalado con respecto a Burgos, teoría que menciona y rechaza Fonseca (1728, 43), indicando que el autor de esta asociación es *forasteiro* y está mal informado.

[5]   Afonso Henriques, nieto de Alfonso VI, en 1139 se proclama rey de Portugal con el nombre de Alfonso I. Según Resende, Giraldo era uno de los nobles «desmandado com as revoltas das guerras e novidade do reino».

[6]   Que da a conocer David Lopes (1911, 1940).

de cinco años firmada por los almohades con los reyes cristianos en 1173 significa un giro en la vida de Giraldo quien, con 350 hombres, pasa al servicio del califa de Sevilla. Más tarde lo acompañará a Marruecos desde donde despacha, según fuentes árabes, correspondencia con el rey portugués, animándole a pasar el estrecho y tomar aquellas tierras. Al descubrirle se le condena a muerte y se reparte por el territorio a sus hombres. Évora no volverá a caer en manos de los musulmanes y se convertirá en un centro comercial de frontera.

Hasta aquí la historia de este personaje tal como la consideran los historiadores actuales. Sin embargo, la mitología tradicional de Giraldo sem Pavor evoca aspectos interesantes y clave para entender su consideración como símbolo. Vamos a comprobarlo a través de Francisco de Fonseca, y su Évora *Gloriosa* de 1728, y Amador Patricio, en su libro *História das antiguidades de Évora* de 1739. [7] Fonseca da nombre y apellidos a Giraldo (D. Giraldo Pestana) a quien hace *fidalgo principal* y nieto o bisnieto de un ilustre D. João Pestana, que en 1040 ayudó a ganar Coimbra a los moros y al que el rey arma caballero, muy significativamente, junto a Ruy Díaz de Vivar, el Cid. Los distintos autores señalan una desavenencia de Giraldo y el rey Afonso Henriques para explicar su actitud de rebeldía, su asociación con malhechores y su libertad para conquistar ciudades por su cuenta. Fonseca explica la caída en desgracia del ilustre Giraldo por el motivo más conocido —la muerte de un caballero en un duelo—,[8] lo que obliga a Giraldo a huir de la corte y a ponerse bajo la protección del rey moro. Este le recibe con honra por la fama de sus proezas y le da la defensa de Montemuro, donde construye un castillo y donde se le juntan «os seus camaradas [...] todos gente veterana, resoluta e denodada. Con los años, tomou a resolução apesar de todos os impossíveis, de morrer antes às mãos dos mouros com glória, que viver entre eles com infâmia ...»[9] (41). Fonseca da cuenta a continuación de la toma de la ciudad por Giraldo.

---

[7] Aunque se publica en 1739 en realidad fue escrito mucho antes, ya que Patricio (Martim Cardoso de Azevedo) muere en 1614. Debo este dato al Sr. Duarte, de la Cámara Municipal de Évora. Es un dato muy significativo porque su relato tiene una mayor antigüedad de la que se desprende de la fecha de publicación y es anterior al de Fonseca. Manuel Fialho, que muere en 1718, ha inspirado el trabajo de Fonseca y António Franco; ambos autores resumen y reelaboran el ingente trabajo de Fialho.

[8] «Teve este cavaleiro umas razões pesadas com outro igualmente nobre e valeroso... o desafiou para um duelo; aceitou Giraldo o desafio, e teve a fortuna de ver a poucos lances morto a seus pés o seu inimigo. Era naqueles séculos de ouro crime mais que de lesa magestade o homicídio de um cristão poupando acertadamente os reis as vidas e as forças dos vassalos para as empregar na ruina dos Mouros e não havia perdão, nem remédio para um crime da tão enorme qualidade. Este conhecimento e esta desesperação...» (Fonseca 1728, 40-41).

[9] Frei António Brandão ya supone que Giraldo procedía de los Pestanas. En la primera mitad del siglo XVII indica que la sepultura de Giraldo había sido descubierta hacía poco «em o alpendre de S.

Amador Patricio se refiere a la historia de un modo muy sugestivo al menos un siglo antes. Si bien indica «do qual se não acha história cujo filho fosse», alude a una fuente que da cuenta de su linaje.[10] Este proviene de un cristiano de Évora (en época de dominio musulmán) llamado Amador, casado con una hija de Juan de Villalobos «rico e privado» del rey moro de Évora. Su hijo García se casa con una cristiana y tiene una hija llamada Brígida que a su vez se casa con Noutel (¿moro?) y de ellos nace Fernando, que a su vez se casa con María (hija de James Tello). De Fernando y María nace Giraldo. Esta genealogía es interesante porque parece provenir de mozárabes y, además, validos del rey moro de Évora. Al destacar que algunos parientes de Giraldo eran cristianos, se sobreentiende que otros quizá pudieron no serlo.

Giraldo está en el cerco de Lisboa, pero en las guerras para la conquista de Elvas, Moura, Serpa y Alcácer do Sal, Giraldo «cometeu alguns delitos». En Patricio no aparece un lance de honor, sino una violación y un robo. El rey le manda guardar «uma moura donzela, e fermosa, Giraldo lhe quis fazer força. Outros dizem que lhe tomou uns braceletes de ouro, que tinha nos braços, de que el-Rey ficou mui sentido; e pretendendo castigá-lo, se ausentou passando a *Évora*», donde se hizo cabecilla de su grupo. En su relato no se encuentra el edulcorado Giraldo de otros autores; por el contrario, los hombres de Giraldo son ladrones, forajidos y salteadores y se pasan al enemigo:

> Em Montemuro se recolhiam muitos cristãos homiziados, travessos, e inquietos, que fugiam pelas penas, que receavam dos delitos, e desmandos, que em tempo de guerras se costumam fazer... saíam a fazer alguns roubos aos caminhos, e tinham tréguas, e amizade com os mouros (Patricio 1739, 315).

Sin embargo, arrepentido de sus desmanes, para que el rey le perdone, se decide a tomar la ciudad de Évora para entregársela. Todos los autores señalan la táctica de sorpresa de Giraldo en sus correrías y en la toma de la ciudad. Un texto árabe indica el sistema empleado:

> O pensamento constante (de Geraldo) era tomar por surpresa as cidades e os castelos só com a sua gente: ele tinha os muçulmanos da fronteira sob o terror (das suas armas). Avançava sem ser apercebido na noite chuvosa, escura, tenebrosa e, (insensível) ao vento e à neve, ia contra as cidades (inimigas). Para isso levava escadas de madeira de grande comprimento, de modo que com elas subisse acima das muralhas da cidade que ele procurava surpreender; e, quando a vigia muçulmana dormia, encostava as escadas

---

Francisco de Évora». Un dato extraño si efectivamente murió en África...

[10]   «Em Santa Cruz de Coimbra está um livrinho, em que um soldado daquele tempo, que devia ser curioso, por nome Álvaro de Goes, escrivia as cousas...».

à muralha e era o primeiro a subir ao castelo e, empolgando a vigia, dizia-lhe: «Grita, como tens por costume de noite, que não há novidade». E então os seus homens de armas subiam acima dos muros da cidade, davam na sua língua um grito imenso e execrando, penetravam na cidade, matavam quantos moradores encontravam, despojavam-nos e levavam todos os cativos e presas que estavam nela (Lopes 1940, 94).

Según Herculano, el grito de guerra era «¡Santiago!». Es en el contexto de este tipo de actuación donde se ha elaborado más la leyenda y donde tiene lugar el incidente más conocido y popular, si bien no aparece en la documentación histórica. Todas las historias sobre Giraldo se refieren a la cruel muerte de un padre e hija moros a los que Giraldo corta la cabeza en la toma de Évora. He aquí una de las versiones más completas: para averiguar las entradas y salidas de Évora, Giraldo llegó a las puertas de la ciudad con cinco de los suyos y con el propósito de ver al alcaide, quien le recibió amigablemente y a quien propuso juntar fuerzas para derrotar a los cristianos[11]. Durante unos días permaneció dentro de la ciudad observando sus defensas. A la vuelta a su castillo reunió a sus principales, les ordenó prepararse con sus armas y caballos y esperarle en silencio en un cierto lugar. Se fue Giraldo en su caballo, emboscado con profusión de ramos, hasta la torre —todavía hoy visible cercana al convento de San Bento —, donde se encontraba la vigía de la ciudad, un moro de nombre Balahem con su hija Abrina. El moro se había echado a dormir y su hija vigilaba la ventana, pero se adormeció en el alféizar. Giraldo subió trepando a la torre y arrojó a la joven desde lo alto. Cortó la cabeza del padre mientras dormía y la de la hija que yacía en el suelo de la torre. Con ambas cabezas en su mano se reunió con sus compañeros. Envió a unos pocos por delante para que hicieran ruido como si vinieran del campo, por la parte del convento del Espinheiro; los moros salieron tras ellos dejando la ciudad desprotegida. Giraldo y los suyos entonces entraron en la ciudad con poca resistencia, cerraron las puertas y los que habían ido a perseguir a los cristianos, al volver, se encontraron con la ciudad tomada, por lo que huyeron en desbandada.

Se conquista Évora el 1 de diciembre de 1166. «Os despojos, que eram grandes, largou Giraldo aos seus, e depois lhe repartiu os campos, com que todos ficaram ricos» (Franco [1728] 1945, 45). Giraldo mandó un emisario al rey Afonso Henriques con las llaves de la ciudad. Era Pedro Alvares Cogominho, descendiente de la familia de los santos mártires Vicente, Sabina y Cristeta. El rey no solo perdonó a los «criminosos companheiros» de Giraldo, sino que los «apremiou com singulares

---

[11]   Amador Patricio indica que el rey Ismar «nunca cuidou que os cristãos, que a ele estavam acolhidos, lhes poderiam fazer alguma traição, por quanto estavam como naturais e contentes, fazendo de quando em quando roubos em outros cristãos ...» (1739, 319-320).

favores» nombrando al propio Giraldo alcalde mayor de Évora, y mandándole «presidio, para ter a cidade com segurança» y moradores que la habitasen. De esta época son los fueros y medios para la construcción de muros, castillos y fuentes públicas. Se consagra la catedral a la Virgen. Giraldo se apropió del palacio de Sertorio para sí y sus descendientes, los condes de Sortelha.

Desde entonces la ciudad «tomou por armas o mesmo cavaleiro Giraldo, seu libertador com as cabeças dos mouros ...» (Patricio 1739, 320-321). «Este é o verdadeiro sucesso da recuperação de *Évora*, como consta das nossas crónicas, e das suas armas, que são a Atalaia, ou Torre, e Giraldo a cavalo com as cabeças das sentinelas em uma m*ão*, e na outra a espada nua, e ensanguentada ...» (Fonseca 1728, 42-43).

LA GUERRA DEL ESCUDO DE LA CIUDAD

> ... na antiguidade se dava enorme importância ao simbolismo; não se confundia um cavaleiro com um escudeiro, um besteiro do conto com um mesnadeiro; ornatos, atributos, quaisquer incidentes nas esculturas medievais falam, têm significado, simbolizam alguma cousa
>
> Gabriel Pereira

La heráldica municipal ha merecido poca atención como objeto simbólico por parte de los antropólogos. Y, sin embargo, encapsula símbolos de la realidad cultural en que se inserta.[12] Es multifacética: representa personas, grupos, hechos históricos, valores, autonomía de la ciudad, individualidad, afirmación de soberanía. El análisis de los símbolos heráldicos revela motivos de la topografía o paisaje local (río, castillo, muralla, animales, árboles), hitos cristianos y situaciones históricas que denotan el valor y la lealtad de la ciudad o sus héroes. En el caso de Évora, el caballero Giraldo.

Entre las representaciones más antiguas del blasón de la ciudad destacan tres escudos en piedra que paso a describir:[13] el escudo que está en la Sé, de comienzos del siglo XIV, es el más antiguo (figura n.º 11). Muestra un guerrero, galopando a la izquierda, con la espada desnuda y dos cabezas en la parte superior, la de mujer a la izquierda y la de hombre a la derecha. Ambos rostros son serenos y de ningún modo parecen ser cabezas recién cortadas; además, su tocado no tiene nada de oriental. El guerrero no lleva yelmo, armadura o escudo, viste una túnica y un pequeño manto.

---

[12]   Véase Sameiro (1986).

[13]   Según Pereira ([1904] 1947), quien señala las *variantes* que aparecen en los blasones y a quien sigo en esta descripción. Hay un sello de cera anterior en la Torre de Tombo de 1227 muy deteriorado. El caballero está vuelto hacia la derecha.

Figura 11. Escudo de piedra en la Sé, siglo XIV (fotografía de la autora).

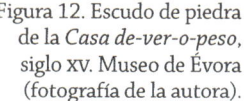

Figura 12. Escudo de piedra de la *Casa de-ver-o-peso*, siglo XV. Museo de Évora (fotografía de la autora).

Según Gabriel Pereira no es un caballero, sino un jefe de bando a caballo. La composición gótica que lo enmarca representa una puerta de torre o fortaleza. Se supone que está colocado en el mismo espacio donde tenían lugar las reuniones del concejo en época medieval.

El escudo de la casa de Ver-o-Peso, piedra de armas del siglo XV (figura n.º 12), muestra la figura de un caballero revestido de armadura, al contrario de lo que sucedía con el anterior, que empuña un escudo con cinco vieiras. Le acompañan cuatro cabezas: dos de ellas en la parte superior, una de hombre y una de mujer, parecidas a las figuras de la Sé; y otras dos abajo, caídas en la tierra, vestidas a la usanza morisca. Tiene un escudo de armas reales probablemente debido al hecho de que ya se celebran las Cortes en Évora. Es muy parecido al anterior en su decoración gótica.

Hay un tercero de principios del siglo XVI que estuvo en los antiguos Paços do Concelho (figura n.º 13) que contiene las esferas armillares de D. Manuel y ofrece varias diferencias con los anteriores. Giraldo galopa a la derecha y hay un gran espacio para las armas reales

Figura 13. Escudo de piedra siglo XVI con la esfera armillar de D. Manuel. Museo de Évora (fotografía de la autora).

con corona real. Bajo las esferas aparecen dos cabezas imberbes. La torre desaparece y también el encuadramiento gótico de los anteriores.

Del siglo XVI también es la bandera filipina que muestra a un caballero armado para la batalla, mirando a la derecha con la espada erguida y una sola cabeza degollada de moro a su espalda en el suelo (figura n.º 14).[14]

El blasón toma diferentes formas a través de las descripciones escritas de distintos autores. Tres autores del mismo siglo dan interpretaciones diferentes: André de Resende (1553) señala en el blasón un caballero armado, a caballo con la espada levantada y dos cabezas cortadas, una de hombre y otra de mujer «moça». Diogo

Figura 14. Estandarte filipino en torno al año 1600, fragmento. Camara Municipal de Évora. Autor: Jorge Freitas Blanco.

---

[14] Un curioso documento recoge un diseño de la segunda mitad del XVI, según la interpretación de Braz Pereira Brandão. Representa a un caballero galopando a la izquierda con la espada envainada, vestido con turbante y con traje árabe, que lleva una cabeza degollada en la mano izquierda. Lo señala el *Boletim de Etnografia* n.º 4 (1929, 41) que indica que la imagen aparece en Brandão (1583) y la reproduce *Ilustração Alentejana* n.º 1, mayo 1925. También aparece en *A Cidade de Évora* (1962, 155).

Figura 15. Figura antigua de Giraldo con dos cabezas
en la mano (fuente: Barbosa 1860).

Mendes de Vasconcelos (1593) se refiere a Geraldo armado y a caballo levantando la espada con una cabeza de moro ensartada y colgando de la mano izquierda la cabeza de la hija. Para Mariz (1594) el caballero lleva una espada desnuda en una mano y en la otra, llevándola por los cabellos, la cabeza de una mora moza (figura n.º 15).

El resto de la documentación[15] muestra similar indefinición. Resumiendo, en el conjunto de las variantes encontramos la existencia o no de una torre; la espada en la mano (envainada o ensangrentada); una cabeza ensartada, otras cabezas en la parte superior y en el suelo; en las manos del caballero, una, dos o cuatro cabezas (cabezas de hombre y mujer, de uno o de dos hombres). Ello motiva que en un informe de 1951 se diga que la «armaria portuguesa enferma, salvo raras exceções, de uma variedade de simbolismos que muito dificulta a sua compreensão».

En 1855, con ocasión de la aclamación de D. Pedro V, se solicita que Évora y otras ciudades expliciten su heráldica.[16] João Rafael de Lemos («o homem mais versado

---

[15] Véase *A Cidade de Évora* (1962).

[16] La primera compilación de heráldica municipal tiene lugar en 1575, a través del armorial de Braz Pereira Brandão.

no estudo, e conhecimento das coisas antigas da cidade») (1855, 157) redacta un informe que al parecer tuvo poca trascendencia. Lo mismo sucede en 1881 cuando se produce la primera tentativa oficial, con poco éxito, para que las Cámaras Municipales registren sus respectivos blasones. En Évora esta petición impulsa una investigación sobre el blasón de la ciudad por parte de Gabriel Pereira en 1882, quien revisa la literatura existente hasta la época.[17] Pese a la exhaustiva documentación que aporta, no se toma una decisión al respecto.

El 14 de abril de 1930 un despacho[18] define en términos claros las normas generales que deben regir los blasones de las ciudades basado en un estudio elaborado por la Associação dos Arqueólogos Portugueses, quienes proponen que se supriman abusos y repeticiones y se registren los hechos de la historia, circunstancias artísticas y razones de riqueza local; en definitiva, se propone una heráldica *verdadeiramente popular*. Para ello los municipios deberían enviar los dibujos y documentos relativos a sus banderas, blasón de armas y sellos a la Direção Geral da Administração Política e Civil, quienes consultarían con la Associação dos Arqueólogos Portugueses y propondrían la reforma indicada. Évora es una de las ciudades, junto con Montemor-o-Novo, que se oponen a la propuesta presentada y bloquea la reforma.

Los eborenses no parecen estar de acuerdo con Afonso Dornellas, autor de la propuesta de blasón que vota la Associação dos Arqueólogos Portugueses. Según se indica, este especialista puso poco cuidado en el diseño de los colores y escaso conocimiento de la tradición.[19] En un documento posterior reconocerá no haber conocido la primera piedra de armas de la ciudad, la de la Sé, ya que su propuesta hubiera ido en este sentido. Dice de ella: «Essa escultura que representa a história do facto que fez entrar definitivamente a cidade de Évora no domínio de Portugal»[20] (1930). Respecto a la disyuntiva de representar a Giraldo o bien con una o las dos cabezas de moros en una mano y la espada en otra, o bien con ambas en el suelo, Dornellas se decide por esta última opción, ya que el caballero tendría que dejar de sujetar el caballo si en una mano llevaba la espada y en otra las cabezas de moros. En definitiva, «a

---

[17]   El presidente de la Cámara Municipal pide asesoramiento a Gabriel Pereira sobre el tema; su respuesta se publica en 1904 y 1947.

[18]   Con ocasión de la construcción en Lisboa de la estación de ferrocarril de Terreiro do Paço, los constructores pretenden plasmar, entre otros, el escudo de la ciudad de Évora en la decoración interior de azulejos. Se pide asesoría a la Associação al respecto.

[19]   Se dice que ni siquiera visitó la ciudad para componer el nuevo escudo. El presidente de la Cámara indica: «E este Senhor [...] em vez de vir a Évora para compor sobre os estudos tradicionais, aqui existentes, o modelo que lhe era pedido, delineou um escudo novo [...] com fantasia. *A Cidade de Évora*» (1962, 152).

[20]   Documento dirigido al presidente de la Cámara Municipal el 8 de septiembre de 1930 y transcrito en *A Ciudade de Évora* (1962).

urgência consistia certamente em entrar na praça. Que importavam as cabeças? [...] A ideia de representar duas cabeças de mouros é evidentemente para demostrar que se travou luta e, principalmente, para indicar que os donos da fortaleza foram vencidos».[21] Las discrepancias, pues, se basaban en el dibujo, pero también en los colores empleados y en otros aspectos del marco del blasón. Durante un tiempo coexistieron varios diseños y la ciudad no contaba con un blasón oficial.

En 1951 la Cámara retomó nuevamente el estudio del blasón bajo la supervisión del historiador Túlio Espanca (un conocido e ilustre personaje de la ciudad, funcionario de la Cámara Municipal) y el diseñador Daniel Sanches. El dibujo propuesto representaba a Giraldo vestido de caballero, con las cabezas de moro y mora en el suelo, en medio de sendos charcos de sangre. Los moros estaban

16. Blasón de 1951 propuesto en el *Estado Novo* (diseño de Daniel Sanches).

perfectamente identificados por el tocado y la composición mostraba una estética familiar al Estado Novo (figura n.º 16). El presidente de la Cámara, tras un repaso a las glorias y hechos históricos de la ciudad sugirió al Gobierno de la nación que recogiese en el blasón de la ciudad la enseña de la Ordem Torre Espada y su divisa de «Valor, lealtade e mérito».[22] La documentación existente del proceso desde 1930 se publicará posteriormente en un número del *Boletim A Cidade de Évora* (1962).

En 1983 el Gobierno de la nación solicitó nuevamente la formalización del escudo de la ciudad pendiente todavía desde 1930. La petición se reitera en 1985, ya que se estaba preparando un libro que recogería los escudos de las ciudades portuguesas.

---

21   *A Cidade de Évora* (1962, 150 y 151).
22   *A Cidade de Évora* (1962, 159).

Figura 17. Blasón oficial de la ciudad 1987.

En 1987 se producirá la aprobación definitiva del blasón de Évora en la ciudad,[23] tras una reunión, unos meses antes de Pedro Sameiro (presidente de la Comisión de Heráldica de la Associação dos Arqueólogos Portugueses) con Túlio Espanca. El escudo aprobado lleva, entre otros cambios de color, la inclusión de la leyenda «Mui nobre e sempre leal cidade de Évora» y la elección de una imagen particularmente violenta: el caballero lleva una espada *ensanguentada* y las cabezas de moro y mora están *caídas e cortadas de sangue* (figura n.º 17). En esta aprobación tuvo sin duda mucho peso la opinión personal, el respeto y prestigio de Túlio Espanca, pero es sorprendente en el contexto en que se dio años después de la Revolución de los Claveles y con un gobierno comunista al frente de la autarquía. Pero hay disparidad de opiniones.

Previamente el gabinete jurídico de la Cámara había encargado a tres funcionarios de esta (Rui Arimateia, António Couvinha y Joaquim Duarte) su parecer sobre la fundamentación de otro posible diseño de blasón.[24] Los tres funcionarios se preguntan de partida qué blasón representa mejor y con mayor autenticidad el «espirito do lugar» de la ciudad y deciden que este es el primitivo blasón de piedra de la Sé (n.º 1) por su simplicidad, belleza, simbolismo y antigüedad. Las cabezas en el blasón han existido siempre, pero no tienen por qué ser necesariamente ni cortadas ni de moros. Hasta el siglo XVI no aparece la iconografía del episodio del *fabuloso e arrependido* Giraldo y el corte de cabezas de moros, justamente al mismo tiempo que llega a Portugal la Inquisición, una ideología que condiciona la cultura del tiempo. La sustitución de las cabezas en la parte superior (que van bajando a los pies del caballero) por el escudo real supone una toma de conciencia nacional. Esta ideología

---

[23]   La publicación definitiva en el *Diário da República* se retrasará unos años más.

[24]   Es un documento interno enviado a la Dra. María Laura del Gabinete Jurídico y lleva fecha 4-12-86. Según Duarte (comunicación personal) es el resultado de conversaciones informales y amigables discusiones sobre el tema que, en algún momento, alguien solicita pongan por escrito.

conservadora en defensa de los valores de la fe y la religión continuará a partir del siglo XVII y resurgirá en época del Estado Novo. Se preguntan entonces los autores:

> Fará sentido insistir na figura de Giraldo e nas trágicas e patéticas cabeças decepadas e ensanguentadas no estandarte oficial de uma cidade cuja Autarquia defende incansavelmente os valores de Paz, Cooperação e Amizade entre os Povos? Nada nos diz que amanhã não apareça um convite de geminação entre Évora e uma cidade árabe... Como já vimos as cabeças decepadas e ensanguentadas fazem parte de toda uma ideologia por demais apegada a valores hipócritas, repressivos e ofensivos [...] Voltemos a colocar as cabeças no seu devido / primitivo lugar, por cima do cavaleiro e deixemos que cada qual as interprete... (Documento interno CME 1987).

Pese a este interesante planteamiento no se toman en cuenta estas opiniones y se aprobará oficialmente el escudo de 1987. No faltan interpretaciones más recientes y positivas con cierto tono exotérico de caballero y cabezas. En la revista *Lua Cheia* aparecía este comentario sobre el primer blasón de la ciudad:

> Proponho-me ver a figura equestre como a representação do homem em busca da Sabedoria / Sageza —sinónimo, em termos de iconografia simbólica, de cavalo branco— e contribuindo deste modo para a Evolução Espiritual e Cultural do género humano, representado aqui pelas cabeças feminina e masculina. Homem este que terá verdadeiramente que se assumir enquanto «guerreiro», pois os perigos que ameaçam a Civilização e a Cultura são inumeráveis (1987).

El último episodio de esta larga historia tiene lugar en el año 2001, en el cual se crea un nuevo logotipo de la ciudad. Frente a la dimensión histórica del blasón, el logotipo se decanta por la representación geográfica: la estructura del perímetro de la ciudad histórica rodeada de una circunvalación de la que salen radios al exterior (figura n.º 18).[25] El logotipo no es meramente informativo, sino que también contiene su dosis de utopía: sugiere

Figura 18. Logotipo de la ciudad 2001.

---

[25] Como la describe Bilou (2001): «Apenas a cidade como uma imagem de si própria, crescendo nas suas voltas concêntricas, ultrapassando os muros da sua supervivencia, disparando ruas ao alcance... do futuro».

la nueva aspiración municipal de unir el Centro Histórico con los barrios de la ciudad. La justificación del cambio producido tras «oito séculos de um cavaleiro vitorioso de espada en punho» se basa en lo siguiente:

> [...] imagem sagrada [...] empedernida de história e tradição, pode muito bem ser uma mistura do real e do fantástico, do histórico e da lenda [...]. Na verdade a lenda do Geraldo estruturou mais a heráldica da cidade que o próprio feito do caudilho (Bilou 2001).

El autor de estas líneas, Bilou, defiende decididamente el nuevo logotipo, con su sugerente forma de «flor» o de «sol». El cambio tiene lugar con cierta violencia, como muestra la enérgica protesta que realiza Joaquim Palminha Silva en el *Diario do Sul* (2001). En un pequeño artículo el autor se lamenta del cambio del blasón por un logotipo que supone un «esvaziamento histórico e cultural por cuanto el logotipo es básicamente o desenho característico de marca comercial ou de um anunciante, usado para identificá-los no mercado em impresos e anuncios de propaganda». La modernización de Évora no puede conseguirse de ese modo. Para el Sr. Silva este es un intento de «refazer e corrigir a história cultural de la ciudad. Não simpatizam com o Geraldo? Eu também não! Mas daí a mudarem o símbolo heráldico da cidade...!».

LOS MOROS, LAS MUJERES

> *Não se prezam os naturais dela menos de belicosos, como se tem visto nas ocasiões das guerras* passadas, e se verá também no discurso desta história.
> Frei António Brandão (1945, 222)

Estoy segura de que alguien se estará preguntando qué interés, más que por mera curiosidad, puede tener este análisis del blasón de la ciudad y del héroe que ahí se representa. Voy a intentar desgranar algunos de los significados que encapsula este símbolo, empezando por la figura de Giraldo, con una pregunta aparentemente inocente: ¿quién es Giraldo sem Pavor?

La pregunta no es gratuita ni retórica. Fijémonos en las siguientes figuras: la de la Iglesia Matriz de Évora de Alcobaça y el blasón de Santiago do Cacém (figura n.º 19); ambas son de Santiago y muy parecidas a la de Giraldo. La primera referencia escrita sobre el blasón, de André de Resende (1553), ya sugiere este parecido («alguns por não saberem a história cuidam que é S. Tiago que está matando mouros»). Otras ciudades en Portugal como Mértola, Ourique y Elvas tienen en sus blasones un caballero, todos ellos relacionados con Santiago. La asociación de Giraldo con Santiago que varios autores han señalado repetidamente no tiene que ver con la faceta de Santiago evangelizador de la península (pese a las tradiciones de fundación de la

Figura 19. Relieve de Santiago do Cacem, siglo XIV, iglesia Matriz

diócesis de Braga), sino con la rotunda figura de Santiago Matamoros, un símbolo poderoso, «verdadeiro princípio unificador», en la Reconquista de la península. No en vano, la batalla de Ourique tiene lugar en el día de Santiago. Las representaciones iconográficas de Santiago Matamoros le muestran «a cavalo, brandindo a espada, com mouros decepados ou vivos ainda derrubados debaixo de si» (Cunha 1996, 81-82). Esta descripción es válida para las iconografías de Giraldo, precisamente un «matamoros». Un detalle importante es que, en muchos casos, a Santiago se le muestra sin armadura por representar a un ser sobrenatural invulnerable. Así aparece, por ejemplo, la imagen de la iglesia de São Tiago en Évora y en la piedra de Santiago do Cacém.[26] Quizá, por ello, el blasón de la Sé del siglo XIV no lleva armadura. La devoción a Santiago es antigua, puesto que fue sustituida por san Jorge en el contexto de la guerra de la independencia de fines del siglo XIV. Algo lógico si se piensa que, en su lucha contra Castilla, ambos ejércitos no podían tener el mismo valedor sobrenatural ni invocarlo en la batalla.

Después de un pasado glorioso romano es significativo el velo de silencio con que se despachan los cuatro siglos de gobierno musulmán. Fialho indica que las noticias sobre el periodo de dominación musulmana son prácticamente inexistentes: «O mais

---

[26] Debo el dato a Joaquím Duarte (comunicación personal).

que houve em Évora nos 451 anos que foi dos Mouros, se não sabe». La historia
retrata a los moros con características negativas y siempre se destaca su derrota,
una actitud común en la península. Y, sin embargo, las historias destacan también
una intensa relación con el enemigo. Amador Patricio, contemporáneo de Resende,
hace a Giraldo descendiente de parientes relacionados con los moros. Y la propia vida
del héroe es en realidad un continuo trasvase de grupos étnicos hasta su muerte.
Se trata, en definitiva, de un mediador entre ambas culturas por su adscripción, su
relación, su continuo cruce de fronteras. El caso de Giraldo es un buen ejemplo de la
manipulación del héroe y del significativo silencio que se imponen a las fuentes árabes en la historiografía peninsular. La leyenda de Giraldo puede que diga algo sobre
este personaje, pero también dice mucho sobre la ciudad de la que es símbolo, con
distintos significados en diferentes épocas, y de la sociedad portuguesa, en suma. Y
también denota la importancia mítica de Afonso Henriques, el primer rey portugués.

De forma obvia, la historia de Giraldo tiene un fuerte componente mítico tanto
para los cristianos como para los musulmanes. Para estos últimos, Giraldo es un «re-
negado e maldito, infiel, inimigo de Deus, o cão de Giraldo, traiçoeiro galego Giraldo».
Las fuentes musulmanas, que parecen mostrar la realidad de la figura de Giraldo,
presentan muchas divergencias en fechas y situaciones.[27] David Lopes, que le convierte en el Cid portugués, acaba su trabajo con este comentario sobre el fin de Giraldo:

> [...] o homem destemido e audacioso —Sem Pavor como o Cid Campeador— que ele
> era, mas sem dúvida colérico e despeitado, quebrou a sua fé e veio acabar a vida de tanto
> relevo que até aí tivera longe da Pátria às mãos de algozes de outra raça e fé (1940, 104).

Estas palabras preconizan la actitud e ideología de la conmemoración que tiene
lugar en Évora en 1965. En este año se celebra el VIII centenario de la toma de la
ciudad, que se inflama de patriotismo. Se erige un monumento,[28] se editan varios

---

[27]   El anónimo, por ejemplo, muestra bastantes incorrecciones y lagunas (Lopes 1940, 101).
Tampoco se ponen de acuerdo los traductores sobre la traducción de algunos pasajes, como el estilo
de Giraldo al tomar la ciudad. David Lopes critica la traducción de Gayangos que sigue Herculano. A
su vez Martim Velho (1966, 37) critica la traducción hecha por Lopes del mismo párrafo. La leyenda
habla de las desavenencias de Giraldo con el rey que le hace tomar Évora, pero tanto una fuente latina
como el anónimo muestran que también hubo desavenencias después. Mientras el anónimo sugiere
que Giraldo fue llevado a Marruecos como cautivo, otro documento le hace señor de un señorío en Suz
(Agadir), si bien ambos documentos coinciden en la traición de Giraldo en Marruecos. Incluso hay dos
versiones sobre la iniciativa del contacto en Marruecos entre Giraldo y Afonso Henriques que conduce
a la muerte del primero. Martim Velho se refiere a ambas versiones de distintos autores árabes (1966,
50); en una Afonso toma la iniciativa en Sevilla y en la otra es Giraldo desde el Magreb.

[28]   Monumento muy interesante por cuanto recoge iconográficamente los aspectos históricos más
relevantes y significativos de Évora según los valores de la época.

sellos conmemorativos con la figura de Giraldo y se suceden las conmemoraciones. Una de ellas, la de Martim Velho, tiene lugar dentro del Simpósio Internacional da Reconquista Cristã da Península Ibérica. En este contexto se reconvierte la figura de Giraldo. Una de las mayores preocupaciones de este autor y de otros que participan en las conmemoraciones[29] es probar el patriotismo de Giraldo y también su nacionalidad portuguesa. Pese a las informaciones que le suponen franco, como denota el propio nombre del héroe, o *galego* (como le denominan las fuentes árabes), los participantes se inclinan por considerarlo o bien de Santarém o vagamente del norte de Évora. Moniz (1966) se refiere a la identidad de Giraldo uniéndola a las circunstancias de su vida. Concluye su artículo con estas palabras: «... sua tão falada conversão à religião maometana não passou dum estratagema, e que portanto, não foi um MUÇULMANO. E tudo conduz a concluir que se manteve fiel ao seu rei, e um PORTUGUES até à última» (1966, 51; las mayúsculas son del original). Se trata de «dignificarle» «para que se acabe, de vez, com a versão de que a cidade de Évora foi conquistada por uma quadrilha de ladrões e que Giraldo Giraldes era um malfeitor, levando uma existência de selvagem entre rapinas e sucessivos crimes» (1966, 146). Considera que esta mala fama proviene de la voz latina *latronibus* que aparece en la famosa *Crónica de los Godos* y que repiten otros autores. Según Moniz esta palabra no debía haber sido traducida por ladrones («ladrões»), sino por «soldado mercenario» o «satélite del rey», es decir, «guarda avançada» o explorador. Así pues, Giraldo sería «um guarda do príncipe», «um archeiro» de D. Afonso Henriques, o mejor, un «capitão» del rey. Concluye sugiriendo que el rey portugués, «político sagaz», pudo escoger al «esforçado capitão» para tomar Évora y no hacerlo personalmente para evitar la ira del rey de León, con quien había firmado el Convenio de Sahagún (por el que no podía conquistar tierras del Algarve y el Alentejo).

Años después, y en esta misma línea, José Pires Gonçalves ratifica esta interpretación en dos artículos de 1979 y 1980.[30] La última traición de Giraldo es vista por este autor con esta benévola luz: «Para poupar a cabeça à inexorável degola... embora fiel a D. Afonso Henriques, tivesse, simuladamente, ido oferecer a Abu Iácuf as suas

---

[29]   Por ejemplo, Soares (1969). El tema está en el ambiente y desde distintos ángulos, como la arqueología. Véase Paço y Ventura (1960).

[30]   Este autor amplía la lista de ciudades conquistadas por Giraldo incluyendo Monsaraz y algunas otras, por ejemplo, Moura y Beja y también incursiones a Guadix, Granada, la serranía de Ronda y Niebla. Afirma que estas informaciones fueron silenciadas por los cronistas árabes debido al odio que le tenían por «suas triunfais algaras em territorio muçulmano» (1979, 81). Para este autor la situación política de la península a raíz del apresamiento de Afonso Henriques por el rey de León hace que el rey portugués delegue en Giraldo el hostigamiento a Badajoz en su peculiar guerra de guerrillas. En el artículo de 1980 intenta mostrar que la supuesta independencia y autonomía de Giraldo ya no era una «manobra de disfarce ao serviço dos interesses de Portugal».

armas contra a própria Cristandade» (1979, 101). En definitiva, fue un «genial con-
dutor de homens e um notável fronteiro… prestou altos e assinaláveis serviços…(a)
Portugal, terra que ele, exemplarmente, nunca renegou como Pátria, mais também,
a toda a Cristandade da Península» (1979, 102). Este tono es mucho más patriótico
en su artículo de 1980, especialmente respecto a su nacionalidad y lealtad a la patria:

> […] nós…não admitimos para Giraldo outra pátria que não seja a portuguesa […]
> não duvido comparar Giraldo com a figura exemplar do Cid castelhano […] o caudilho
> português foi, apenas um cavaleiro da sua época, nunca um bandoleiro ou um reles
> capitão de ladrões… (1980, 6).

Desde luego Giraldo no era un dechado de virtudes y, pese a las encendidas defensas
o a las nuevas interpretaciones, la figura no sale muy bien parada hoy día. Entre sus
hombres, aparte de los supuestos cristianos de Santarém, había también mozárabes
y «berberes renegados e oportunistas… que ele ia recrutado… no setor corrupto da
população de Badajoz».[31] El héroe y el villano están muy cercanos, pero eso es precisamente lo que hace su figura mucho más real e interesante. Estos comentarios
anteriores sugieren aspectos muy significativos. En una fecha tan reciente como 1980,
por reconocidos profesores y en muy dignas publicaciones, la mitificación del héroe
indica que esta figura sigue encapsulando importantes ideas de la nacionalidad portuguesa y también una determinada ideología. Esta necesidad de adscribir al héroe a
la nacionalidad es una constante desde muy temprano. La mitificación del héroe está
unida a la propia nacionalidad portuguesa; se trata de un episodio que tiene que ver
con el primer rey portugués y con la configuración de su territorio. Évora además se
conquista definitivamente a los moros; será un bastión, una isla en medio de un amplio
espacio musulmán. Gil do Monte indica sobre Évora: «De todas as cidades de Portugal,
é a que está mais intimamente ligada à vida da nacionalidade» (1941, 7).

Pero hay otros ángulos que iluminan la figura de Giraldo, y concretamente el tema
de la mujer, la mujer mora. La leyenda muestra una cierta relación de ambigüedad
entre el amor y la muerte. La historia del sem Pavor ha sido publicada con regularidad
en libros de texto, historias infantiles, libros de leyendas y colecciones populares de
divulgación. La última vez, que yo conozca, una reedición (Marques 1999) titulada
Lendas heróicas con el título «Lenda de Sem Pavor» ilumina este aspecto a base de
algunos cambios significativos. En esta historia se afirma que los moros «cobiçaram
Évora e depois de grande luta, apossaram-se dela» (la desearon y de ella se apodera-
ron). Geraldo, en esta historia, se viste de trovador y canta un romance de amor junto
a la torre, delante de la bella mora, hija del vigía, una mora «diferente das outras mu-

---

31   Según ciertas fuentes árabes a las que alude Gonçalves (1979, 82).

lheres... tão forte como un homem e mais bela que todas as mulheres das terras de Mafoma» (Marques 1999, 87). A la noche siguiente al tomar la torre, la joven le descubre y ambos forcejean, él tira a la joven al abismo. «A luta foi feroz», se dice. Los hombres de Giraldo gritan: «Vitória! Portugal e Santiago!». Este dibujo tan romántico puede dar una mejor idea de cuanto digo (figura n.º 20).

La leyenda no está muy alejada de lo que al parecer se comentaba por la ciudad, al menos en 1930, año en que la Associação dos Arqueólogos Portugueses, al emitir su informe sobre el escudo de armas de la ciudad, sugiere: «Diz-se que [Giraldo] se fez amar pela filha do chefe de determinada porta» (Dornellas 1962, 152).[32] El tema de la conquista de la mujer mora aparece en otros contextos de una forma muy similar. En otra leyenda de la misma colección, «Lenda da moura enamorada» (Marques

TOMADA DE ÉVORA
Geraldo-sem-pavor assaltando a torre de Azleya

Figura 20. Dibujo romántico de Giraldo y la mora despeñada. Ilustración de Roque Gameiro (1864-1935).

[1962] 1999b), una mora sueña con un caballero extranjero con el que lucha y con el que «ela sentia uma estranha alegria em deixar-se vencer!». Desde Lisboa va a Évora para solicitar refuerzos y en el camino se encuentra con Christian, el «estrangeiro louro e inimigo» que aparecía en sus sueños; inmediatamente se enamoran y permanecen juntos. El nombre del *estrangeiro* evoca sin duda su religión y, por tanto, su adscripción. Sin embargo, otros guerreros los encuentran y hay una dura lucha en la que mueren los dos amantes. Moribunda, la mora pide al rey Afonso que, al entrar en Lisboa, no deje hacer lo que le han hecho a ella. Se bautiza para ser enterrada con el *estrangeiro* y muere. El rey depondrá las armas y no conquistará Lisboa en esa ocasión.

¿Qué significa esta asociación de la mora, la muerte y el amor? Estas imágenes sugieren que la toma de una ciudad es parecida a la conquista de una mujer. La «Lenda de Sem Pavor» de Marques termina con estas palabras: «A cidade rendia-se, conquis-

---

[32] Sobre la asociación simbólica de la mujer y la puerta he escrito unas líneas (Cátedra 1991).

tada». Resende escribió en términos igualmente sugerentes sobre la toma de Évora: «Foi de noite entrada e virilmente tomada e possuída dos cristãos [...] por Giraldo Sem Pavor e por os ladrões seus companheiros e a entregou a el-Rei Dom Afonso ...».[33]

Resende sugiere que la figura de Giraldo en el escudo de la ciudad representa, además de Santiago, a Évora y Evorinho, pero esto, dice, son *fábulas*.[34] La historia de Évora y Evorinho a la que antes he aludido[35] tiene un extraño parecido con el desenlace de la historia de Giraldo. Tras la muerte de la hermafrodita Elbora, sus hijos Évora y Evorinho se disputaron el señorío de la ciudad, por lo que esta quedó dividida en dos partes; Évora, la mayor, se quedó con la torre que su madre construyera. Aparentemente los dos hermanos parecieron haber dirimido sus diferencias. Un día, sin embargo, Evorinho visita a su hermana y tras un gran convite y una gran fiesta, los dos hermanos suben a la torre; en un momento de descuido Evorinho se abraza a Évora para arrojarla desde lo alto, pero ella se agarra con tal fuerza a su hermano que caen los dos y mueren. Sus cuerpos son enterrados juntos en ese mismo lugar.

Hay bastantes indicios para suponer que Évora y Evorinho son las dos cabezas que aparecen en el primer escudo de piedra de la Sé y las dos cabezas en la parte superior del segundo escudo de la casa de *Ver-o-Peso*. En cuanto al primero, se ha señalado que los dos rostros que aparecen en la parte superior parecen testigos serenos, pero no violentas víctimas como las posteriores representaciones los plasman. Es interesante destacar también dos imágenes muy similares que aparecen en la portada principal de la catedral, realizadas al mismo tiempo que ese primer blasón (figura n.º 21). Si esto es así, muy significativo, en este momento —comienzos del siglo XIV— no parece haber rastro de moro y mora. En cambio, un siglo después, el segundo blasón, con sus cuatro figuras, tiene el interés de recoger ambas leyendas: Évora y Evorinho en la parte superior y la pareja de moros a los pies del caballero. Así lo indicaba Amador Patricio en este párrafo que no se ha tomado demasiado en cuenta: «A cidade, a qual tomou por armas o mesmo cavaleiro Giraldo, seu libertador com as cabeças dos mouros [...] fazendo nas mesmas armas os nomes antigos de Évora e Evorino da maneira que hoje estão» (320-321). En el tercer blasón de los Paços do Concelho desaparecen Évora y Evorinho, en el mismo siglo en que los moriscos son expulsados de la península. El golpe de gracia lo da el comentario de Resende que considera esta historia como una mera fábula, pero en el siglo XVI hay motivos poderosos para iluminar otras *fábulas* —la

---

[33] La ciudad de Moura debe su nombre a una leyenda similar. Una hija del gobernador moro se arrojó de una de las torres del castillo al conocer la muerte de su novio en una emboscada de cristianos, los cuales penetraron en la ciudad disfrazados con la ropa de los vencidos (Almeida 1976). Debo este dato a la gentileza de José Maria Pinto Barbosa.

[34] La frase concreta de André de Resende es la siguiente: «Alguns por não saberem a história cuidam que é Santiago que está matando mouros. Outros fingem não sei que Évora e Evorinho, e outros outras fábulas».

[35] Capítulo 3.

gesta de la Reconquista— y desestimar el componente simbólico de la primitiva historia de Évora y Evorinho.

Nótese la similitud del motivo de la muerte de Évora y Evorinho con la muerte de la otra pareja en la Reconquista. En el primer caso, los dos hermanos se matan entre sí; en el segundo, padre e hija moros son masacrados por un cristiano, Giraldo. En las dos escenas, tanto los hermanos como padre e hija están en lo alto de una torre. Évora muere por el intento de Evorinho de arrojarla desde lo alto de la misma; la mora es efectivamente arrojada por Giraldo. La Reconquista es una nueva *fundación* de la ciudad y supone tanto un nacimiento

Figura 21. Imagen de la portada de la catedral Autor: Jorge Freitas Blanco.

(de la nueva ciudad) como una muerte (de donde uno viene). Esto quizá se expresa con esa sucesión de vida y muerte que aparece en ambas leyendas. Tras la Reconquista se indica que inmediatamente se construyen muros, castillos, fuentes públicas, lo que en definitiva caracteriza una ciudad.

Es significativo que las dos parejas (hermano-hermana, padre-hija) terminen arrojadas de una torre, todos muertos, y que en ambos casos el escudo de la ciudad los recoja indistintamente. Hay una especie de *con-fusión* entre ambas parejas desde el inicio, tal como queda plasmado en el escudo de la ciudad. En la mitología el héroe fundador de una ciudad siempre ha sido representado como un mediador. En Évora esta mediación es doble, primero a través de Elbora, un hermafrodita, un ser mediador entre el hombre y la mujer. Sus hijos, Évora y Evorinho, desdoblan la ambivalencia de su progenitor/a y personifican la dualidad humana en términos sexuales. El relato de Patricio es interesante porque hace a Giraldo descendiente de individuos de los dos grupos, moros y cristianos, por sus estrechas relaciones y alianzas con los musulmanes. En cierto modo Giraldo es un mediador entre ambas culturas. Pero esta mediación se rompe a través de un asesinato.

Sin embargo, hay una diferencia fundamental entre ambas historias, entre la mediación entre moros y cristianos, entre hombres y mujeres. La muerte de Évora y Evorinho supone igualdad de los sexos; la muerte de moro y mora a manos de un cristiano rompe ese equilibrio. La toma de una ciudad supone la violación de un territorio, el hurto de sus riquezas y *despojos*, justo de lo que acusan a Giraldo —la violación de una moza mora y el robo de sus brazaletes de oro—. La imagen del vencedor es la de un guerrero audaz y la del perdedor una moza mora robada y violada. El simbolismo de la torre y la conquista de la mujer son las imágenes a las que quedan reducidas la guerra entre dos culturas. La única venganza es el final de la historia de Giraldo en el Magreb, que muere, por traidor, a manos de los islámicos.[36] De forma muy significativa este final solo aparece en las fuentes musulmanas frente al edulcorado epílogo cristiano que le convierte en noble y alcalde.

El interés por hacerle portugués y por limpiar su nombre, el hecho de ignorar su similitud con Santiago y su conversión en el Cid portugués muestra la defensa de la propia nacionalidad portuguesa y también la influencia e interrelación con la cultura española. Es una ironía que Giraldo sea en su origen la imagen del patrón de España, que la hazaña del héroe nacional se modele tras Rodrigo Díaz de Vivar. Las imágenes traspasan impunes e insidiosamente las fronteras. Tras estas leyendas, unidos a través de la historia de Giraldo, aparece un área cultural común: Portugal, España y Marruecos.

Las dificultades antiguas y modernas para plasmar un blasón sin ambigüedades puede que tenga que ver con esta misma situación, con su carácter mestizo, de encrucijada de culturas. Las imágenes son símbolos que van cambiando de significado de acuerdo con el momento, la ideología o la situación política en que se insertan. En todo el proceso se observa cierta desazón con la figura de Giraldo, esas enigmáticas cabezas, y sus poco perfilados contornos, que van cambiando de posición. En verdad, es un símbolo incómodo en una cultura en que se valora muy positivamente la diplomacia, que ha hecho de la neutralidad su bandera y donde sus ciudadanos se consideran a sí mismos pacíficos (frente a sus más «violentos» vecinos españoles, por ejemplo). El contraste entre esta visión de uno mismo y la imagen de Giraldo que quiere representarlo —guerrero, traidor, embustero y cruel— es muy revelador. De ahí los intentos de transformación a toda costa del ladrón en capitán, de unirlo a la empresa del rey Alfonso, de transformar a un aventurero en un héroe nacional. En este contexto se puede entender también, tras el rechazo de la retórica nacionalista del Estado Novo, la poca simpatía actual por el héroe guerrero en una ciudad que es Patrimonio de la Humanidad desde 1986.

Por ello resulta poco comprensible la elección, en esas mismas fechas, de una de las más sangrientas imágenes de Giraldo en una época en que el gobierno de la ciudad está en manos de un partido de corte universalista y progresista. Es una imagen antigua, incongruente con los nuevos tiempos, anacrónica tras la Revolución de los Claveles. Una imagen que tiene sus días contados. Un logotipo frío y aséptico sustituirá la historia por la geografía, el símbolo de la guerra por la flor.[37]

---

[36]   En realidad, un antecedente de la expedición a Ceuta en 1415, otro importante periodo en el país.

[37]   Cuando terminé de redactar estas líneas en 2003 supe que el nuevo equipo de la Cámara Municipal de Évora, tras las últimas elecciones, decidió volver a utilizar el blasón de la ciudad en vez del esquemático logotipo. El cambio es demasiado reciente como para poder apreciar su significado.

Capítulo 7.
La restauración del Templo de Diana[1]

O templo romano em Évora ostenta hoje na parte mais elevada da cidade, apesar de
mutilado, a donairosa elegância da arte greco-romana, deixando retratar no azul do céu
seus lindos capitéis coríntios, deliciando artistas, inspirando saudades do passado, a
poesia das ruínas em toda a sua majestade, maiormente em noites de luar, quando a lua
em céu nublado, de espaço a espaço se nos mostra a través de suas colunas denegridas.
É esplêndido! É sem dúvida o brasão mais venerado de Évora e de suas antiguidades
António Francisco

La segunda mitad del siglo XIX portugués es una época clave en la configuración de
la fisonomía e imagen de la ciudad de Évora y el valor simbólico que se le atribuye,
un momento fundamental para entender actualmente el significado de la llamada
ciudad museo. Uno de sus hitos principales lo constituye la restauración del templo
romano de Évora en 1870 sobre el que me ocuparé en estas líneas.

Según cuenta Barata, quien presencia el hecho, el 17 de junio de 1870 se arrima-
ron unas escaleras al edificio que albergaba el Templo de Diana de Évora y por ellas
subieron el presidente de la Cámara Municipal, Manuel de Paula da Rocha Viana,
y el arquitecto, artista y escenógrafo italiano Giuseppe Cinatti. El presidente de la
Cámara le dio un martillo de demolición al artista quien, *jubiloso*, inicia el derrumbe
simbólico («sem saudade das artes e de bom gosto») de una almena gótica del edificio,
una especie de viejo torreón «emplasto ridículo e anacrónico que escondia a beleza,
a elegância da mais veneranda relíquia do povo romano não só em Portugal, mas em
toda a península» (Barata 1878, 195). El caserón había dejado de tener la función
tradicional de *açougue* o carnicería desde 1836 y amenazaba ruina en ese momento.

---

[1]   Este capítulo fue inicialmente publicado en el año 2011 con el título «La reconstrucción de una
ciudad: la restauración del templo de Diana». Algunas partes del mismo fueron elaboradas en Cátedra
(2014b).

La decisión de demoler los añadidos medievales, que se venía gestando desde hacía años, era defendida por el director de la Biblioteca Pública, Augusto Filipe Simões, y se toma con una fuerte contestación de sectores de la ciudad y tras consultas a eminentes escritores, artistas, arquitectos y arqueólogos de Portugal (figuras n.ᵒˢ 23 y 24).

La demolición vigilada por Viana, Simões y Barata, bajo la dirección de Cinatti, empieza a ofrecer restos romanos: fustas, inscripciones, restos de capiteles y también monedas de diferentes periodos de la monarquía portuguesa.

Mito e historia

El llamado Templo de Diana se considera hoy día el *exlibris* de la ciudad cuya silueta aparece repetidamente representada en los más variados contextos (figura n.º 22). Se ha considerado un objeto imprescindible para abordar el origen, evolución e historia de la ciudad.

Figura 22. Templo actual (fotografía de dominio público).

Desde el siglo XVI todos los escritores de corografía portuguesa han decidido que el templo lo construye Sertorio, una figura legendaria asociada a Évora. André

Figura 23. Grabado Carlos Alberto da Silva [1843-1924], 1870, Templo de Diana em Évora, Évora, publicado en Joaquim Possidónio Narciso da Silva, *Noções Elementares de Archeologia, obra illustrada com 324 gravuras, introd. I. Vilhena Barbosa*, Lisboa, Lallemand Frères, 1878, p. 59, dominio público, espolio Biblioteca Nacional de Portugal, cota H.G. 6984.

Figura 24. Diseño: João Barbosa de Lima [1839-1867], grabador: João Maria Baptista Coelho Júnior [183?-1900], Templo de Diana em Évora, Évora, xilografía, 20x15 cm, 1865 (Ignacio de Vilhena Barbosa, Archivo Pittoresco, VIII, nº 40, 1865, p. 313), dominio público, espolio Hemeroteca Municipal de Lisboa.

de Resende, a pesar de su interés por los restos romanos, no se refiere al templo concretamente (Abreu, s.f.) más que con la alusión de que el acueducto da Prata termina en «o pórtico em o mais alto da cidade» (Resende [1576] 1783).[2] Posteriormente Gabriel Estaço se refiere al templo indirectamente: «Primeiramente esta cidade é antiga... Desta sua antiguidade dá testemunho um hermoso pórtico de colunas coríntias que nela há»[3] (1625, 164).

Su identificación como templo surge en el XVII con el gran fabulador Manuel Fialho, quien crea la leyenda del Templo de Diana, diosa de la caza. El contexto de tal adscripción es la lucha de Viriato, el héroe lusitano por excelencia, contra los romanos. Tras su muerte le sustituye el romano disidente Sertorio, quien es, en

---

[2] Tampoco se refiere al templo Vasconcelos (1593), obsesionado como Resende por la epigrafía romana, real o imitada, ni Faria que tan solo dice: «E Sertorio edificou os muros, aquedutos e fabricas Corintias dos despojos daquele povo» (en Farinha 1785). Costa (1708) no da noticias del templo romano, aunque se refieren a los muros y al acueducto.

[3] Es posible que ese pórtico no fuera el templo. Según Hauschild, la zona del templo estaba cercada por una plaza con pórtico y anuncia nuevas excavaciones para descubrir los cimientos del mismo (1991, 114).

palabras de Fialho, «outro Viriato ressuscitado» (Fialho, en Franco 1942, 122). Este es un capitán que eligen los lusitanos para que les libre de la opresión, miseria e infamia de los gobernadores romanos, al que envían una embajada secreta desde Évora para que les lidere. Sertorio acepta el ofrecimiento el 80 a. C. y, con 2600 romanos, 700 africanos y 600 eborenses como guardia, toma 20 ciudades o pueblos que se le entregan.[4] Vuelve a Évora y organiza un senado con naturales ilustres de la ciudad y algunos romanos. El nombre de Diana viene provocado por el incidente de la corza o cierva: «Um Lusitano chamado Hispano lhe trouxe e ofereceu uma cerva, ainda pequenina que acaso achara nos matos viva e esperta». Sertorio hace creer a los suyos que la cierva viene del cielo, de la diosa Diana que la envía para revelarle el futuro y ayudarle en el gobierno. La cierva incluso aparecerá en las monedas de la época. Se casa con una señora principal y noble de la ciudad, hija de Firmio Labenio, con lo que se convierte en el más ilustre de sus vecinos «estimando mais que tudo a sua Lusitânia e principalmente a sua Évora que já tinha por pátria sua como própria de sua eleição» (129). Otro autor que resume la obra de Fialho confirma esta vecindad, indicando que Sertorio instituye en Évora un senado «semelhante ao de Roma e levantou um templo a Diana, a quem venerava por especial protetora e finalmente por cativar de todo os corações dos Eborenses fundou palácio em Évora para a sua pessoa e se casou ...» (Fonseca 1728, 21). A la muerte de Sertorio se le entierra, según algunos, en un mausoleo que «estava junto do templo da sua querida Deusa Diana» (Fonseca 1728, 27).

Amador Patricio algo más tarde le da aún una mayor antigüedad al templo. Los griegos llegan en Évora a un campo muy fértil y fresco, donde aparece a la luz de la luna una mujer o ninfa muy hermosa y, pensando que podía ser una diosa, todos se postraron reverenciándola. Era Diana, natural de Évora, muy aficionada a la caza. Los extranjeros, ante el peligro de naufragio, habían hecho votos y promesas de hacer un templo afamado y adorar a la primera cosa que en tierra les diese alivio; como Diana les mandó presentes y refresco, se decidieron a dedicarle el templo. Los eborenses les ayudaron en esta tarea y en poco tiempo terminaron una obra muy suntuosa, el famoso Templo de Diana «onde agora estão os açougues da carne junto á Inquisição» (Patricio 1739, 33).

No hay ninguna prueba de la estancia de Sertorio en Évora y se considera que el acueducto es muy posterior, pero la ironía es que los descubrimientos arqueológicos

---

[4]   Sigo aquí el manuscrito publicado en fascículos por Armando Gusmão a partir de 1942 en *A Cidade de Évora*, año 1.º, n.º 1. Fialho trabajó en el manuscrito unos veinte años hasta su muerte en 1718, y su extensa obra de cuatro volúmenes no fue publicada. Su trabajo se conoció por el resumen y añadidos de sus coetáneos Fonseca (1728) y Franco (1945). En la copia que escribe y amplifica Fonseca hay algunos cambios significativos. Por ejemplo, acompañan a Sertorio cuatro mil portugueses a pie y setecientos a caballo, de los que seiscientos son eborenses y forman su guardia.

han demostrado el origen romano del palacio y del acueducto, además de la llamada *cerca velha* (Silva 1997). La ciudad tuvo su importancia como municipio romano tomando el nombre de Liberalitas Iulia en tiempos del emperador Augusto (entre 27 a. C. y 14 d. C.). El templo ocupa el foro y estuvo dedicado al culto imperial, construido hacia el siglo I o inicios del II d. C. aunque distintos autores dan fechas diferentes.[5] El templo fue en parte destruido en el siglo IV o V y tuvo diversos usos como edificio religioso, torre militar y, a partir del siglo XIV al menos, como *açougue* (matadero o carnicería)[6] hasta 1836. Estos diferentes y continuos usos han permitido la conservación del templo a través de los siglos. En época medieval se construyen unos toscos tapiales entre sus gráciles columnas. En el XVI hay una representación del templo pintado en el Foral Manuelino de Évora (Silva 1997). En varios momentos de su larga historia parte de sus restos se utilizan para construir otros edificios como el castillo de Évora.[7]

SE DESNUDA EL TEMPLO

En 1836, justo cuando deja de tener su función como *açougue,* comienza a ofrecer una nueva lectura. Cunha Rivara, director de la Biblioteca Pública y continuador de la obra del arzobispo Frei Manuel de Cenáculo,[8] en 1840 toma la iniciativa y,

---

[5]   Espanca (1997, 75) lo considera del siglo III d. C. en la época de Trajano o Adriano y en parte destruido en las persecuciones del paganismo decretadas por Honorio en el 395 d. C. En Wikipedia se afirma que el templo fue construido en honor de César Augusto probablemente en el siglo I a. C., modificado en el II y III y destruido en el siglo V. Hauschild (1991) lo considera de inicios del siglo I, algo posterior a los templos de Barcelona y Mérida.

[6]   Como *açougue* ya lo denomina el cronista Fernão Lopes con ocasión de las revueltas por la sucesión del rey D. Fernando entre el Mestre de Avis (futuro rey de Portugal) y la reina D.ª Leonor Teles y el pretendiente castellano en enero de 1384.

[7]   La reutilización de las piedras parece ser muy común. En 1467 Alfonso V da permiso a un hidalgo a retirar dos piedras del *açougue* para ennoblecer las ventanas de su casa (Viterbo 1889, como se citó en Prata 2010, 7), aunque también hay intentos de restitución. Felipe II manda que se restituyan las piedras «de lugares particulares donde estavam encobertas e restituidas à praça publica» (Abreu, s.f.). Victor Bastos ya en el siglo XIX señala que hay dispersas por la ciudad varias de las piedras que pertenecen al templo «uma pedra da arquitrave na parede de uma casa que servia de prisão na praça» (Bastos, s.f., como se citó en Barata 1878, 198).

[8]   La idea de biblioteca pública de uso público se remonta al Siglo de las Luces donde se encuadra la creación de la institución por parte de Frei Manuel de Cenáculo, arzobispo de Évora, en 1805, quien la imagina para la utilización no solo del clero, sino también para los fieles, es decir, se promueve un servicio de lectura pública. Su primer director no religioso, Cunha Rivara, profesor del Liceo, solicita en 1845 fondos para la adquisición de obras modernas de los últimos cincuenta años, y en 1864 Simões, también profesor del Liceo, solicita libros que puedan aprovechar sus alumnos, usuarios de la biblioteca, y periódicos.

junto a João Raphael de Lemos, realiza excavaciones arqueológicas (al demoler el edificio anexo de la Inquisición), lleva a cabo los primeros trabajos de salvación del templo y recoge en el edificio la colección arqueológica de Cenáculo que dará lugar al futuro Museo de Évora. Pero será el sucesor de Rivara como director de la Biblioteca Pública, Simões, el que concretiza el proyecto de restauración a partir de 1863. La labor de Rivara al frente de la biblioteca debió de ser considerable. Barata protesta en una nota por haber encontrado olvidados en un desván los catorce volúmenes de lecturas que Rivara hiciera de los documentos más importantes de la Cámara, encuadernados por encargo del presidente Viana y luego olvidados por la siguiente corporación, «condenados ao acender do fogão da sala das sessões da Câmara!!» (Barata 1878, 193). También Simões se duele en las últimas páginas de su texto porque los vestigios fruto de estas excavaciones de Rivara y Lemos «que deveriam ser tão cuidadosamente conservados como o próprio templo, já os não chegámos nós a ver. Tinham sido destruídos antes de 1863 para embelezar o largo e as ruas próximas» (Simões 1888, 140).[9] Tanto Augusto Filipe Simões (1888) como António Francisco Barata (1878) son protagonistas y testigos de la restauración, y ellos mismos narran la historia del edificio y su participación en el proceso poco después de producirse.[10]

Pero antes me voy a referir a un interesante documento publicado en español cuando todavía el templo es *açougue* (1836) titulado *Ruinas de Portugal*. El autor, antes de comentar sobre el templo, ofrece una breve panorámica de la ciudad y su historia[11] e indica:

---

[9]   Se conservan varios grabados del templo antes de su demolición, desde el clásico de James Murphy de 1789, muy similar al de Carlos Van Zeller de 1835, el que aparece en el Seminario Pintoresco del 8 de abril de 1837, la fotografía de J. Laurent en 1869 y, ya desnudo el templo, en 1871. He seleccionado para el texto alguna de estas imágenes, cf. http://www.monumentos.gov.pt/Site/APP_PagesUser/SIPA. aspx?id=2863

[10]   Las fechas de publicación de ambos trabajos no se corresponden con la fecha en que son escritos. En su texto, Simões indica doliéndose del poco interés suscitado: «Decorreram dois anos depois da concluída a obra da restauração das ruinas. Em Portugal não foi ainda, que nos conste, julgada por algum escritor… Évora, a pesar do caminho de ferro, está tão longe de Lisboa …» (Simões, 1888, 139). Y ya se refiere al artículo de Barata que se publica con anterioridad en el Instituto Vasco da Gama, en 1872 en relación con un añadido de Rivara a dicho artículo.

[11]   «Évora está hermosamente situada en una eminencia casi toda cubierta de naranjos, limones, olivos, viñas y huertos de árboles frutales de varias especies, mientras que la vega al pie de la colina está bien cultivada con sembrados de trigo, cebada y otros granos, y á mayor distancia hay bosques espaciosos de alcornoques. Los pueblos que no son puertos de mar, y en los que no hay cantidad de fábricas, no están casi nunca bien poblados; así pues, no es extraño que Évora, aunque la cabeza de un arzobispado no contenga más de 20,000 habitantes. Évora fue también distinguida con uno de aquellos memorables é indiscretos tribunales de la Santa Inquisición, distinguiéndose también sus inquisidores en el zelo de sacrificar criaturas por la gloria del Criador, y vengar la justicia divina

El primer objeto que atrae la atención del viajero al entrar en Évora, es el antiguo templo, representado en el grabado de arriba, el que según varias inscripciones parece haber sido dedicado a Diana. Esta fábrica es, sin duda, la más hermosa ruina de arquitectura antigua que ha quedado en Portugal, y una de las muestras más bien preservadas que existen en Europa (1836, 169).

Tras la descripción del templo, el autor se refiere a su posible origen manifestando su escepticismo sobre la tesis sertoriana[12] e incluye estos comentarios irónicos sobre su actual función:

Es probable que si Trajano, o Adriano, o cualquiera otro emperador que mandó la erección de esta noble fábrica, hubiesen previsto el destino que le han dado los portugueses modernos se hubieran horrorizado, y si levantado ya, quizás lo hubieran mandado destruir en un arrebato de indignación. No solo es una falta de gusto, más aún parece una deliberada perversidad, el haber convertido uno de los más castizos, nobles y delicados templos del siglo de oro, en un matadero. Tal es el templo de Diana en Évora, en el que los carniceros ahora son los sacerdotes, vacas y puercos la congregación, inmundicias el incienso, y las blasfemias consiguientes los himnos a la diosa virgen [...]. Si hemos dejado a nuestros lectores disgustados con la grosera profanación del templo de Diana... (1836, 170).

---

destruyendo inexorablemente a aquellos que la misericordia de Dios permitía vivir para que tuvieran tiempo de arrepentirse en su vida» (Simões 1888, 169).

12   «El frente de este templo es de aquella especie llamada Hexastila, lo que quiere decir compuesto de seis columnas. Estas columnas tienen vara y cuarta de diámetro, del rico orden Corintio, y han sufrido poco por el estrago del tiempo, y hasta se han librado de la violencia del hombre. El entablamiento está enteramente destruido excepto el arquitrabe. No hay duda en que los Moros respetaron este noble edificio, pues que á pesar de su zelo fanático, lo repararon al estilo oriental, con torrecillas ó más propiamente almenas, dándole la apariencia de una fortificación; porque apasionados los Árabes á su hermoso estilo de arquitectura, lo mezclaban con el estilo griego y romano, sin chocarles tan manifiesta incoherencia. El resto del edificio está casi en su misma condición original, y en tan buen estado de preservación que no deja de ser admirable, si se considera que en toda probabilidad hace más de diez y ocho siglos que fue edificado por los Romanos. Todo el templo está construido con una especie de granito de tanta finura como dureza. Los anticuarios, en sus investigaciones, han suscitado muchas dudas sobre el tiempo de su erección. Algunos lo atribuyen á Quinto Sertorio. Otros, considerando que la arquitectura Romana no estaba tan adelantada en tiempo de este Gobernador, lo atribuyen á tiempos más modernos; pero aá esto responden aquellos, que Sertorio emplearía Griegos en su construcción, lo que no es verosímil en un tiempo en que este caudillo estaba en guerra abierta con Roma. La suposición con más visos de probabilidad es, que el templo fue construido durante el imperio de Trajano ó de Adriano, los que siendo españoles de nacimiento, tendrían más interés en las obras públicas de su país, como el famoso puente de Alcántara, acueducto de Segovia y otras; a lo que se añade que la arquitectura Romana estaba en aquel tiempo en el estado adelantado que representa este templo» (1836, 169-170).

También Barata señala el «baixo e impróprio destino» del templo (Barata 1878, 191) y Simões indica que, en este mismo año de 1836, el gobernador civil de Évora, José de Ávila, hizo «que cessasse aquela ignóbil aplicação de tão venerando monumento» (Simões 1888, 136), por lo que mandó cerrar las puertas y entregar las llaves a la Cámara Municipal a la que pertenecía.

Simões considera que su trabajo sobre el templo es el primer estudio moderno sobre el tema.[13] El artículo comienza con una cita de Platón sobre la educación para apreciar la gracia y la belleza, y se felicita por haber contribuido él mismo a evitar la pérdida del templo «se não residira alguns anos em Évora» (Simões 1888, 119). Afirma en la introducción que no va a repetir lo que dicen otros con poco fundamento e intenta descubrir «a verdade» (Simões 1888, 119). Más adelante señala: «Até aqui a história; agora a lenda». Alude al origen sertoriano de los edificios romanos de la ciudad (muros, acueducto, palacio y templo), pero se muestra escéptico por considerar que en una época tan bélica sería muy difícil que existieran construcciones tan suntuarias, ya que se necesitan largos periodos de paz y prosperidad para hacer tales obras. Pero además la única prueba de la presencia de Sertorio en la ciudad, una lápida con una inscripción que así lo atestigua, está incluida «na classe das espurias», puesto que fue fabricada por el propio Resende. Así pues, las especulaciones se deben a un «exagerado patriotismo» (Simões 1888, 123) y afirma que este tipo de historias suelen resumir en una sola época hechos provenientes de varias. Intenta datar el templo de un modo amplio teniendo en cuenta otros ejemplos europeos, «como os melhores monumentos peninsulares do estilo greco-romano (...) com toda probabilidade edificado no século II da era cristã» (Simões 1888, 130).

En cuanto a la divinidad a la que se consagra el templo, Simões hace un repaso de la historiografía sobre el tema señalando a Fialho como autor de la atribución a Diana. En las excavaciones de 1840 aparecen fragmentos de un altar destruido y un dedo gigante propio de una figura de más de cuatro metros a la que probablemente se dedicó el templo. Pero los aspectos más interesantes de este trabajo tienen que ver con la decisión de restauración del templo y la información sobre el proceso para llevarlo a cabo. En 1863 ya se había desmoronado parte del tejado que cubría el recinto de la torre y las paredes amenazaban ruina con grandes grietas. Allí se guardaban lápidas y otros restos antiguos (algunos de los cuales él mismo había depositado allí, a falta de otro lugar). Simões se plantea dos soluciones: o reparar las paredes o derruirlas, dejando únicamente lo que era obra romana. Lo primero exigiría mayor gasto y «perpetuaria um barbarismo», por lo que, en 1869, Simões

---

[13]   Es probable que se refiera al trabajo realizado para el *relatório* dirigido a la corporación municipal en 1869.

propuso a la Cámara Municipal la segunda posibilidad en un *relatório* de ese mismo año. Sin embargo, hay opiniones adversas entre muchas gentes de Évora:

> Uns sequazes inconscientemente das doutrinas utilitárias entendiam que as ruínas do templo não passavam de una antigualha improdutiva, que se havia de deixar cair ou até de pôr terra para desembaraçar o espaço que ocupa. Outros pelo contrário, filiados, também sem o saberem, na escola tradicional, pretendiam que se conservasse religiosamente não só a parte romana, mas ainda a da Idade Média, que supunham representar da dominação árabe. Era vulgar a ideia de que o templo, por ter ameias, servira de mesquita aos moiros (Simões 1888, 137).[14]

Debido a la polémica, o bien porque el presidente de la Cámara estaba finalizando su cargo, no se realiza ninguna actuación hasta que entra como nuevo presidente por el bienio 1870-1871 Manuel de Paula da Rocha Viana, oficial de la Biblioteca Pública, decidido partidario de la demolición de las paredes medievales.

Simões solicita la opinión al respecto a Giuseppe Cinatti, arquitecto y escenógrafo italiano que ha diseñado, dentro del gusto romántico, las llamadas ruinas góticas fingidas del paseo Público en 1863 y también estaba restaurando el Monasterio de los Jerónimos de Lisboa.[15] El italiano concuerda con la opinión del *relatório*, si bien aporta diversas particularidades técnicas, se ofrece para dirigir la obra y, según Simões, se convierte en un defensor apasionado del proyecto que restituiría la «graça e magestade» del templo, tan familiar para él por su propio origen. Pese a que Cinatti iba con frecuencia a Évora donde tenía mucha autoridad y era muy popular tras su actuación en el paseo Público, «todos viam maravilhados como a fantasia do artista transformara em formosíssimo jardim uns lugares que os muros arruinados, os montes de entulho e as plantas bravias faziam repugnante e desprezível à vista» (Simões 1888, 138), la opinión pública no era favorable al proyecto. Por ello se hace una consulta a las mentes pensantes del momento,[16] que se decantan por la restau-

---

[14] En el *relatório,* Simões indica que pensaba conservar dentro del templo la colección arqueológica allí depositada, unos setenta ejemplares, muchos romanos, pero esta va a parar a la galería del palacio real del paseo Público que, por cierto, también amenaza ruina, por lo que se pide en el escrito su restauración, o alternativamente amenaza con su traslado al Museo do Carmo de Lisboa.

[15] 1808-1879 Cinatti estudia en Milán y desde 1836 vive en Lisboa. Es pintor de interiores, arquitecto y escenógrafo de varios teatros portugueses.

[16] Entre los que responden: el abade de Castro, Francisco de Assis Rodrigues, Ignacio de Vilhena Barbosa, José Maria Eugenio de Almeida, Victor Bastos, visconde de Castilho, y visconde de Juromenha. Alexandre Herculano da su parecer favorable de palabra y sugiere excavaciones arqueológicas que deberían realizarse tras la demolición de los añadidos medievales. Barata también cita a Joaquim Possidónio Narcizo da Silva, João Maria Feijóo y José da Silva Mendes Leal, y escribe algunos extractos de esos informes (1878).

ración. Incluso parece que el propio rey dio su opinión «a conselho do rei artista D. Fernando» (Espanca 1966, 18).[17] Uno de los más ilustres y definitivos pareceres es el de Alexandre Herculano, quien va a Évora a ver el templo y se muestra decididamente a favor de la demolición de las paredes, la cual se realiza en 1871 dirigida por Cinatti. Tras ello, todavía algunos, los que suceden a Viana en la Cámara Municipal, se referirán con desdén a «as obras com que tinham desmantelado o templo de Diana» (Simões 1888, 139).[18] Cuando comienza la obra, Simões cae enfermo y se ausenta de la ciudad, por lo que le sustituye Barata en la supervisión de la obra, cuidando con mimo de que no se perdieran las lápidas que se encontraban en el templo y las que aparecieron al tirar las paredes.

En su texto Barata se muestra, como Simões, escéptico respecto a la atribución a Diana del templo, pero plantea que puede ser debida a la semejanza con la *Maison Carrée* de Nimes, que se pensó dedicada a esta diosa.[19] En su texto, más breve y modesto, sin embargo, resume algunos de los dictámenes recibidos tras la circular dirigida a los eminentes sabios. Casi todas las respuestas incluyen la idea de la demolición de las paredes y varios recogen la opinión de dedicar el recinto a museo arqueológico. Uno de los autores, en su respuesta, agradece a la Cámara «o desagravo da nossa Diana, tantas vezes, há tantos séculos e tão barbaramente profanada... que chegassem ainda a tempo os vingadores...» (Barata 1878, 196). Sin embargo, hay una opinión de peso a la que ambos escritores no se enfrentan directamente. Cunha Rivara, autor de las primeras excavaciones en el templo, «homem a quem Évora muitíssimo deve» (Barata, 1878, 193), junto a Lemos, considera un proyecto diferente que supone otra opción de intervención: la conservación de una parte de las paredes construidas en la Edad Media. Es una postura que incide en la noción de patrimonio, como veremos a continuación.

CONCLUSIÓN: UN VIEJO TEMPLO, UNA NUEVA CIUDAD

La restauración del Templo de Diana ofrece distintos significados para la ciudad y para la nación de la que forma parte. En primer lugar, es una de las primeras intervenciones de defensa de la ciudad llevada a cabo por el empuje y empeño de un

---

[17]   Según Maia (2005), Fernando II restauró como mecenas algunos edificios y recogió piezas procedentes de conventos.

[18]   Sin embargo, dos años después de terminarse las obras, Simões se refiere halagado a los elogios de un extranjero, un español que visita Évora (Simões 1888, 140).

[19]   Me parece interesante que se mencione la denominación del templo de Nimes y no del de la vecina Mérida, que también tiene un templo similar dedicado a Diana.

grupo de individuos cultos y el comienzo de una tradición sólida y bien asentada en la actualidad. Diversos autores señalan como esta cultura de defensa de la ciudad se crea en un siglo atribulado caracterizado por la revolución, el más poderoso agente de la historia portuguesa en el siglo XIX (Bonifacio 2002, 137). Voy a intentar contextualizar este proceso.

A través del templo y su consideración en distintas épocas se puede apreciar el desarrollo de la propia noción de patrimonio, un concepto históricamente construido y cambiante. Hay diferentes valores asociados al patrimonio en diferentes épocas históricas: valor de conmemoración, de antigüedad, valor patrimonial y valor económico. Entre el Renacimiento y el Romanticismo aparecen estos valores que suponen el origen de algunas ambigüedades y paradojas que existen actualmente (Prata 2010).

Aun sin citarlo expresamente, el Templo de Diana se reconoce a través de André de Resende, quien señala el origen romano de varias *antiguidades* eborenses.[20] Ejemplo de escritor renacentista, forma parte de una minoría elitista que domina los códigos estéticos del momento. La ciudad de Évora en el Renacimiento se vive como un lugar de renovación urbana con la identificación e intervenciones en vestigios patrimoniales, principalmente romanos: murallas, acueducto, casa. Supone una nueva mirada sobre la Antigüedad clásica, tanto en su vertiente artística como literaria, en la que se analiza y valoriza el pasado clásico, y se organizan excavaciones para descubrir y recrear ese momento. Los vestigios son monumentos históricos: recuerdos del pasado, historia de grandes hombres o acciones, grandeza de la patria... Pero también enaltecimiento de esos restos del pasado como valor de arte absoluto, como ideal clásico. Según Prata (2010) se verifica la distinción entre monumentos (objetos en su contexto) y antigüedades (fuera de contexto). Los monumentos sirven de modelo de conducta y belleza. Resende es el primero de los defensores de las antigüedades de la ciudad.[21]

A Évora llega la moda de embellecer la construcción pública y privada con materiales arqueológicos y especialmente epigráficos. Así, las ciudades también se *leen* a través de las piedras de sus construcciones. Los monumentos que se señalan lo hacen, aparte de la visión positivista, como saber de un tiempo pasado, un discurso legitimador de la nobleza de la ciudad. Resende es uno de los más ilustres iniciadores en Portugal de las corografías que se producen en toda la península. En ellas hay una búsqueda activa de orígenes (respetables) de ciudades y pueblos y de los protagonistas de esos orígenes; Viriato y Sertorio son los héroes fundadores de la nación, prácticamente intercambiables a pesar de su origen tan diverso, unidos por su lucha

---

[20] Abreu (s.f.), a quien sigo, en relación con este autor, considera que quizá ello se debe a las funciones paganas del templo.

[21] Branco (2007, 118) señala como Resende rescata de los albañiles una lápida romana con una inscripción que en parte ya estaba quebrada y utilizada como material de obra.

contra el poder. La pasión de Resende por coleccionar grandezas y por mostrar la antigüedad de su ciudad le lleva a percatarse de los orígenes romanos y a la imitación o fabricación de lápidas que respaldaban sus teorías. Pero lo más interesante es que las referencias de Resende, como ha indicado Abreu, tienen trascendencia en la imagen de la ciudad:

> Assinalam velhas e novas centralidades urbanas [...] elementos singulares venerá- veis no coletivo social, por concomitância, estruturantes do espaço público [...] como a Praça do Peixe, rebatizada Praça «de Sertório» por altura daqueles obras. Com este gesto destronou-se a prosaica função medieval do primeiro nome para o ancorar no passado lendário da cidade tal como a História de Resende o assenta (s.f., 17).

Un *alvará* de 20 de agosto de 1721, firmado por João V, marca el inicio de la legislación para proteger el patrimonio y evitar su destrucción. El rey pide al di- rector y censores de la Academia Real da Historia Portuguesa[22] que examinen los vestigios de los monumentos de los fenicios, griegos, romanos, godos y árabes para encontrar los restos y antigüedades que, por incuria o ignorancia, se pueden haber destruido, y encarga a las Cámaras Municipales que las guarden y conserven. El *alvará* considera que el «monumento antiguo» es el medio para verificar noticias de «venerável antiguidade» al arrojar verdad y conocimiento de los siglos pasados a mayor gloria de la nación, y prohíbe expresamente destruir un edificio «que mostre ser daqueles tempos, ainda que em parte esteja arruinado». Este *alvará* marca el paso de la *antigüedad* al *monumento* que se consolida plenamente en el siglo XIX, la época que paso a analizar con cierta atención.[23]

Se puede considerar que las dos fechas claves de actuación en el templo, 1840 y 1870, se corresponden con las dos mitades del siglo. Hay dos hechos de importancia en el siglo que comienza con el saqueo y destrucción del ejército napoleónico en 1808 y una guerra civil entre liberales y absolutistas (1832-34), cuyas consecuencias perdurarán durante décadas.[24] El resultado fue la fuga de la corte a Brasil, la ocupa- ción inglesa y una fuerte emigración de muchos intelectuales a Francia e Inglaterra entre 1823 y 1828. El exilio permitió, sin embargo, cierta conciencia patrimonial tras la victoria liberal. Tanto Almeida Garrett como Alexandre Herculano denuncian

---

[22]   En otro documento de 4 de febrero de 1802 la responsabilidad de la gestión y tutela pasará al director de la Biblioteca Pública, lo que explica el papel de Rivara y Simões en la restauración del Templo de Diana.

[23]   Sobre el contexto histórico del siglo he seguido a Bonifacio (2002), Mattoso (dir.) (1994), Marques (1998) y Saraiva (1989). Tengo que referirme a datos básicos y obvios para los portugueses sobre la historia de Portugal al escribir para un lector español, poco familiarizado con ella.

[24]   Para definir el contexto patrimonial en que tiene lugar el siglo sigo estrechamente a Maia (2005).

las alteraciones sufridas en las construcciones medievales y manuelinas, dentro del movimiento romántico.

Sin embargo, aún más importante, en 1834, es la desamortización,[25] el desmantelamiento de las corporaciones y establecimientos religiosos y laicos y la incorporación a la Hacienda nacional de los bienes *de mão morta* o su venta a particulares. Tras la guerra civil y la consecuente pérdida de vidas, hay serios problemas económicos y gastos financieros. La medida intenta resolver la deuda pública e impulsar el desarrollo económico, al mismo tiempo que consolidar el régimen liberal, ya que la Iglesia tradicionalmente había tomado partido por los absolutistas. Afecta especialmente a las órdenes religiosas masculinas y se nacionalizan sus bienes.[26] Se procede al inventario y clasificación de bienes muebles, bibliotecas, obras de arte, objetos de culto de oro y plata, aunque muchos se pierden por el camino. También se nacionalizaron enseres domésticos, animales, frutos, rentas, capitales y rendimientos. En cuanto a los bienes inmuebles, se arriendan, y otros se declaran de utilidad para el servicio público, como monumentos históricos y de arte.

Según Maia (2005), tras la guerra civil, las dos décadas siguientes son clave en el tema del patrimonio. La desamortización ha producido una gran cantidad de bienes nacionales, antes en poder de la Iglesia, muchos en pésimo estado de conservación,

---

[25]   Aunque hay un antecedente en el siglo XVIII con la venta de las propiedades de los jesuitas por el marqués de Pombal, la desamortización se lleva a cabo en tres etapas: 1821-1823, 1832-1843 y 1861-1873. La primera se produce por decreto de 5 de mayo de 1821 en que se nacionalizan los bienes de la Corona que pasan a ser bienes nacionales, pero el proceso se interrumpe por diversas alteraciones políticas. La segunda y más fundamental se debe al decreto de 30 mayo de 1834, en que se extinguen las órdenes religiosas masculinas y se nacionalizan los bienes. Hacia 1843 ya estaban vendidos todos los bienes. Se extinguen 448 casas religiosas, 356 conventos de frailes y doce de monjas, en total 6289 personas. La tercera se produce con la desamortización de los bienes de las monjas e iglesias, parroquias, hermandades, cofradías, hospitales, misericordias, beneficencias. Fenómeno de importancia política, financiera, social y económica en toda Europa (Francia, Italia, España) y en contexto de revolución, se ha considerado una condición histórica inevitable para la superación del viejo orden señorial e implantación capitalista. La venta de bienes se consideró una necesidad, una manera de cambiar el sistema de producción, transformar la estructura social y crear riqueza. Se venden 17 240 propiedades, pero la venta no resuelve de manera significativa el problema financiero. Los beneficiarios son 1876 compradores, provenientes de la nobleza y la clase media, burguesía de negocios y funcionarios públicos. Un ejemplo en Évora es José María Eugenio de Almeida. Sigo aquí a Silva en Mattoso, dir. (1988, 5, 293-305) y para el caso de Évora a Silveira (1991) y Fonseca (1996).

[26]   Se toleraban mejor las femeninas, por ser menos peligrosas, y el clero secular, más controlado políticamente. Los que habían colaborado con el miguelismo se les excluyó de los beneficios que se les proporcionó a los no implicados: subsidios, cargos, prestaciones, pensiones…, pero por los retrasos y reducciones y cierta animosidad social, algunos frailes y monjas vivieron en la miseria. En los inicios de los sesenta se arreglan algo las cosas, aunque los frailes fueron las mayores víctimas del proceso en un difícil tiempo de transición, de conflictos, ganancias, inestabilidad y crisis.

que hay que restaurar. Se inician museos (Oporto, 1833), bibliotecas (Lisboa, 1834), depositorios de obras de arte procedentes de los conventos (Academia de Belas Artes de Lisboa, 1835). Se decreta la creación en todas las capitales de distrito de un gabinete de rarezas, gabinete de pinturas y una biblioteca pública (1836). En el Parlamento se pide un listado de los edificios de valor patrimonial y la prohibición de su venta (1834). Luís Mousinho de Albuquerque, ministro del reino, encarga este inventario a la Academia de las Ciencias (1836). En 1840, él mismo como inspector general de Obras Públicas clasifica los monumentos en tres clases. Solo tres edificios se clasifican en ese tiempo como Monumentos Históricos (Batalha, Alcobaça y Mafra). Se crea en 1840 la Sociedad Conservadora de los Monumentos Nacionales y en 1849 la Sociedad Arqueológica Lusitana.

Este es el periodo *setembrista* (posterior a la revolución de septiembre de 1836), una época de cierto interés por el patrimonio local a través de la prensa, las litografías y sus denuncias de vandalismo, pero son raras las actuaciones efectivas, aunque se suceden las medidas legislativas. Los proyectos de preservación por parte de los exiliados retornados de Francia e Inglaterra empiezan a conocerse. Alexandre Herculano en 1838, con el escrito *Monumentos pátrios,* es el precursor de la salvaguarda de los monumentos nacionales. Documento duro y enérgico para denunciar el estado del patrimonio portugués que utiliza expresiones como «instinto bárbaro», «malevolência selvagem», «a filosofia da brutalidade... agora derribam-se coruchéus», «partem-se colunas, «derrocam-se muralhas», «quebram-se lousas de sepultura, «e vão-se apagando todas as provas da história». Para Herculano el vandalismo está en los mejores salones «é culto, instruído, civil... podemos assegurar que dentro deste século não haverá em Portugal um monumento». Según él los monumentos deben estar en su contexto:

> Não pedimos museus; porque estes não são, digamos assim senão necrópoles, em relação a arquitetura...os fragmentos de um edifício, tirados de seu lugar, sem destino, sem união, são mortos; são cinza e pó de cadáveres...as pedras só pedem repouso (1838, 39).

Para Herculano, el monumento es un escrito en piedra, un documento, un testimonio que nos desvela el pasado, tiene un interés cultural y es una forma de conocimiento. Se trata de la preservación de la propia historia, historia viva inscrita en el presente, de raíz identitaria que desvela los orígenes de una nación, un ideal colectivo capaz de unir a ricos y pobres. El objeto arqueológico surge como marca de una identidad, se trata de fundar en un pasado remoto la unidad etnicocultural del pueblo portugués, un proyecto nacionalista. Sin embargo, al ser el monumento un medio de prueba del discurso historiográfico, una fuente de legitimación, ello implica que tenga que ser mantenido en su estado original; las alteraciones posteriores son falsificaciones, su destrucción, una forma de silenciar las pruebas de la historia (Prata

2010). Aquí aparece, pues, la noción de autenticidad, de veracidad y de pureza inicial que la restauración debe devolver al monumento, retirándole los «vandalismos» que le fueran adosados, aunque esos «vandalismos» llevaran ahí varios siglos. Cabe destacar que las ideas y defensa de Herculano tienen su origen y concreción en su experiencia en el exilio, al igual que Almeida Garrett, en relación al valor patrimonial de los conjuntos urbanos (Maia 2005).

La época de 1868 y 1870, en que se produce la restauración del templo, se encuadra dentro de la Regeneração, un planteamiento de desarrollo del país, pero sin democratizar las instituciones. Sin embargo, es un tiempo de crecimiento de una masa urbana politizada y militante, una fuerza política y social. En 1865 hay una terrible crisis financiera, con déficit, subida de precios, desempleo y aumento de suicidios. En el Alentejo la mendicidad se confundía con el bandidaje. A partir de 1867 un movimiento de protesta arrasó el país; hubo una reforma administrativa y un impuesto al consumo. Justo en 1868 hay revueltas en el norte y un golpe militar en 1870 (la Saldanhada). Desde 1865 se produce la *Questão Coimbrã* o la *Querela do bom senso e bom gosto,* una generación que planteaba una nueva era en la que los intelectuales serían la conciencia crítica del país y la ciencia serviría para regenerar la organización social. Un grupo de estudiantes de Coimbra planteaba restablecer el contacto de Portugal con la Europa *civilizada* y con la modernidad. Para ello se organizan las célebres Conferências Democráticas do Casino en 1871. Se trataba, en palabras de Eça de Queirós, de hacer la revolución en su forma científica, en la región de las ideas y los datos de la ciencia, frente al catolicismo, causa de la decadencia de Portugal y España.[27] Eça perteneció a la llamada generación de 1870, un grupo de jóvenes intelectuales liberales, muy influenciados por los pensadores franceses y la ideología masónica, racionalistas, positivistas y antimonárquicos.

En cuanto al patrimonio, en 1852 su gestión pasa a manos del Ministerio de Obras Públicas, Comercio e Industria liderado por Fontes Pereira de Melo. En esta época se utiliza la designación de Monumento Histórico (1852) y posteriormente Monumento Nacional (1869), separando la intervención por una parte y la gestión y tutela por otra, que ostenta el bibliotecario mayor. Estos años parece haber una mayor sensibilidad hacia el monumento; por ejemplo, el rey Fernando II restaura como mecenas algunos edificios y recoge piezas procedentes de conventos, si bien son iniciativas exclusivas de las clases altas y medios intelectuales. En otras ocasiones se intenta preservar algunos edificios cediéndolos a diversas entidades (el convento de San Francisco y la galería de las Damas del Palacio de D. Manuel se ceden a la

---

[27]   Estas ideas anticlericales, que se harán más virulentas en los siguientes años con la firma del concordato y el tema de las hermanas de la Caridad, son propuestas en las *conferências* por Antero de Quental y Adolfo Coelho tal como indica Bonifacio (2002, 88-9) a quien sigo en estas líneas.

Câmara de Évora). Simões, treinta años después, se une a la crítica de Herculano en su *relatório* de 1869 denunciando el pésimo estado del patrimonio portugués, pero ya se refiere al pasado:

> É tão natural sentimento dos povos cultos a veneração dos monumentos da antiguidade, que ninguém acreditaria, se o não visse bem patente o desprezo com que em Portugal tem sido tratados ...com um furor de destruir, adulterar ou emplastar as relíquias da arquitetura... (Simões 1869, 3).

En 1870 y 1875 hay un esfuerzo serio al nombrar comisiones para el análisis de la situación y un Servicio de Monumentos Históricos y de Arqueología, que son poco operativos. En 1880 la Real Asociación de los Arquitectos Civiles y Arqueólogos Portugueses hace un inventario y clasificación del patrimonio construido, impulsado por Possidónio da Silva que, ya en 1858, había iniciado el primer levantamiento sistemático, creando una red de corresponsales. En 1880 se publica el «Relatório e Mapas acerca dos edifícios que devem ser classificados monumentos nacionais», con seis clases que se concretarán en 1890 en una Comisión de Monumentos Nacionales (Maia 2005). Esas seis categorías incluyen monumentos prehistóricos, anteriores a la monarquía, de arte militar, de conmemoración, monumentos para el estudio de las artes, y en la primera categoría «Monumentos históricos e artísticos e os edifícios que somente se recomendam pela grandeza da sua construção, pela sua magnificência, ou por encerrarem primores de arte», donde están incluidos junto a Batalha, Alcobaça y Jerónimos, el templo romano de Évora (Prata 2010,16).

Bajo la influencia del movimiento regenerador, Évora se moderniza durante la segunda mitad del XIX. Hasta entonces la ciudad que estaba cerrada, sin espacios públicos ajardinados, se abre al exterior con la preocupación por crear una mejor accesibilidad, por lo que las antiguas puertas de la ciudad desaparecen (excepto la puerta de Avis). En 1863 en presencia del *marquês* de Sá da Bandeira, se inaugura el ferrocarril.[28] Para unir la estación y el centro aparece la avenida Barahona, se puebla de árboles el Rossio y la ciudad crece fuera de las murallas. El ferrocarril tuvo sus opositores, ya que se consideraba que la ciudad perdía autonomía frente a Lisboa, encarecía el precio de las mercancías y absorbía los productos alimenticios de la zona (CME 2000).[29]

---

[28] Según Fonseca (1966, 165) entre 1850 y 1910 el Alentejo se integra en la Región Económica del Sur polarizada por Lisboa, que se acelera por la red ferroviaria y una cultura de cereal, pero también la industria y diversificación de su oferta hasta 1880, muy dinámica.

[29] Sobre el contexto eborense me baso en *Riscos de um Século* (CME 2000), una excelente panorámica de finales del XIX y del siglo XX; véase especialmente los textos del arquitecto Pinto Barbosa. También he consultado Fonseca (1996), Bernardo (2001) y el número 26 de *Monumentos*.

Hasta finales del XIX, Évora había mantenido su estructura medieval con calles estrechas, pocas plazas y *largos*. No había construcción en los terrenos de los antiguos conventos, en los fosos o en el exterior de las murallas, y muy poca vegetación en los espacios públicos. La ciudad tenía una arquitectura muy rural, sin agua, empedramiento, sumideros. Los jardines privados y patios conventuales se escondían por altos muros. Hubo iluminación pública desde 1825 con aceite, petróleo en 1867 y más tarde a gas. Sin embargo, en la segunda mitad del siglo se aprecian ciertos cambios en la ciudad. En 1863 se empiedra la *praça* do Giraldo, el centro cívico de la ciudad. En ese mismo año, frente al alzado norte del templo, se crea una plaza, el primer jardín público de la ciudad, que toma el nombre de *passeio* de Diana al concluirse las obras en 1863. En 1876 se construye la carretera de circunvalación. Se hacen cambios en el Palacio de D. Manuel en 1881 y en ese mismo año se inicia la construcción del Teatro García de Resende. Cinatti construye el Palacio Barahona. La forma medieval comienza a ser modificada con más y mejores espacios públicos y nuevas prácticas de sociabilidad. Uno de ellos, el *passeio* Público, es un símbolo de civilidad asociado al naturalismo y a los placeres bucólicos de los burgueses, con sus románticas Ruinas Fingidas. Los conciertos al aire libre y el teatro que se comienza a construir son parte de esas nuevas formas. La sociabilidad eborense cambia profundamente entre 1867 y el final de siglo, desde una vida de *lareira* y de iglesia, centros de la vida social, se pasa a una activa sociabilidad, a través de sociedades recreativas (Bernardo 2001). En definitiva, entre 1836 y 1871, en una época de desastre para el patrimonio cultural portugués, a través de un largo y atribulado proceso llevado a cabo por hombres de cultura en la tradición intelectual y artística de la ciudad, se valorizó el templo. Vamos a ver con algo más de detalle quiénes son esos hombres cultos, los principales protagonistas que impulsan la restauración del templo.

Cunha Rivara (1809-1879) nació en Arraiolos, estudió en Évora y se licenció en Medicina en Coimbra. Fue profesor de Filosofía en el Liceo y entre 1838 y 1853 desempeñó gratuitamente el cargo de bibliotecario en la Biblioteca Pública de Évora,[30] una biblioteca que encontró en un completo abandono. Rivara donó casi doscientos libros antiguos, recogió miles de impresos y manuscritos de los conventos extinguidos en 1834, produjo un *Catálogo dos Manuscritos da Biblioteca Pública Evorense* de cuatro volúmenes y realizó la lectura y resumen de casi diez mil documentos de la Cámara Municipal desde 1167 a 1838.[31] Rivara realiza excavaciones en 1845 en el Templo de Diana, agotando una suscripción voluntaria e incluso aportando sus propios recursos

---

[30] Sobre la vida de Rivara escribió un *Elogio* el propio Simões tal como recoge Branco (2007) de quien tomo estas semblanzas de Rivara y Simões.

[31] Ver *A Cidade de Évora*, 1965, 43-70.

«de que eu na minha pobreza pude dispor...» (Branco 2007, 119).[32] Diputado liberal, tras pasar unos años en Goa, vuelve a Évora en 1877, poco antes de morir.

Su sucesor Filipe Simões (1835-1884) nace en Coimbra donde estudió, como Rivara, Filosofía y Medicina y como él fue profesor del Liceo en 1863 y bibliotecario de la Biblioteca Pública. Escribió el *relatório* de 1869 ya mencionado. Sus años en Évora son los de la *Questão Coimbrã* y el folleto *Bom Senso e Bom Gosto*, años de gobierno de fusión, en que se elige el primer republicano en la Cámara de Diputados, de abolición de la pena de muerte, en que se crea el Código Civil portugués, el impuesto de consumo, cuando se suprimen las primogenituras y se crean los primeros bancos, llega el ferrocarril, se produce un historicismo y nacionalismo militante, y el inicio de las exposiciones universales. Fue catedrático en Coimbra, publicó una obra pionera dedicada a la arquitectura romana, *Relíquias da arquitetura romano-bizantina em Portugal* (1870) y muere trágicamente a los cuarenta y ocho años.

Ambos autores son los primeros bibliotecarios civiles, liberales, ambos de fuera de la ciudad y enamorados de la misma. En los dos casos, a pesar de su formación y profesión, tienen un interés poco común por la arqueología y por el arte romano, el cual practican con pasión. Los afanes de estos defensores motivaron a otros posteriores (Gabriel Pereira, el Grupo Pro-Évora, Túlio Espanca...) creando un ambiente pionero de protección y defensa de la ciudad. Pero hay algo que los distingue en relación con la restauración del templo: mientras Rivara propone mantener parte de las paredes de la Edad Media, al igual que Feliciano de Castilho, otro de los consultados, que propone dejarlo tal como estaba, Simões y Herculano se decantan por la desnudez del templo. Entre la gente de Évora no había tampoco consenso; mientras los utilitaristas opinaban que se debería dejar caer el templo para ganar ese espacio para la ciudad, los tradicionalistas pretendían preservar *religiosamente* el templo y no solo la parte romana, sino el añadido medieval que consideraban era una vieja mezquita de los moros. Herculano indicó que «não devia ficar nada que não fosse primitivo e romano, porque tudo o mais não tinha merecimento algum histórico ou artístico e só poderia servir de arrastar um dia, na sua ruína, o que era precioso» ([1846-1853] 1980, como se citó en Rodrigues y Matos 2007, 138). Esta diversidad de opiniones supone una diferencia de lo que implica el monumento: los primeros destacan su valor artístico e implica que las transformaciones del monumento son parte de su historia; el templo

---

[32]   Rivara, sin embargo, no debía de ser tan pobre, puesto que se le considera «grande propietario» en la Cronología de la Biblioteca de Évora. Fonseca (1996) le incluye entre los mayores contribuyentes en 1852 con casas de residencia, aunque se marchó a Arraiolos. Lemos, su compañero en las excavaciones, también *grande propietário*, y rector del Liceo, le sustituirá como bibliotecario interino en 1855. También Lemos aparece como contribuyente en 1858-60 con varias residencias y *casa nobre*. Véase http://www.evora.net/bpe/cronologia.htm.

es una estructura estratificada donde se pueden identificar diferentes momentos de la historia de la comunidad. Los segundos consideran los cambios, profanaciones y enmascaramientos del auténtico documento histórico; puesto que el concepto de historia está asociado, como vimos, a la idea de autenticidad y de pureza, cualquier cambio es una falsificación de la historia.

Tenemos aquí, pues, el triunfo de la «Inmaculada Concepción del monumento» que se aplicará al Templo de Diana, así como una decidida apuesta por el pasado romano de la ciudad, o la construcción de una genealogía con *pedigree*, donde incluso el romano Sertorio es más relevante que Viriato, el héroe lusitano.[33] El templo se convertirá en el *exlibris* de la ciudad y un monumento imprescindible de su historia. Con ello se subordinan varios siglos de otros pasados y otros ancestros (por ejemplo, la presencia musulmana). No se podía tolerar un lugar tan mestizo donde se mezclaban un templo romano y una mezquita, un castillo y una carnicería. Era necesaria una depuración, el olvido y represión de unas culturas frente a otras. A partir de la restauración del templo, los eborenses se apercibieron visualmente del origen romano de la ciudad, y el monumento, situado en su punto más alto y central, reestructuró la ciudad y sirvió para reconstruir la imagen posterior. El templo se convirtió en un objeto simbólico, una nueva creación, una ruina que exaltaba su nostálgico pasado. La historia de la ciudad y su imagen fue fuertemente dirigida hacia ese específico pasado. En su artículo «Restaurar para renovar na Évora do século XIX» Rodrigues y Matos indican: «Mais do que reconstituído no estilo original, o templo foi recriado enquanto ruína, que na sua semi-existência arquitetónica era o símbolo perfeito de um passado distante e irreversível» (2007, 139).

A través de la política patrimonial de la ciudad, la conservación o destrucción afecta significativamente al paisaje urbano. El destino de unas «ruinas» en la ciudad histórica ilustra sobre el impacto de la política local o nacional en la restauración de ciudades. La acción de los intelectuales marcará la futura configuración de la ciudad, enfatizará sus presentaciones al exterior, definirá sus marcas de identidad.

La propia restauración es también un concepto significativo. Si nos percatamos de ello, la palabra «restauración» alberga dos significados: el sentido más obvio es el de la acción de restaurar algo devolviéndolo a su antiguo estado o posición. Pero existe también un segundo significado, restauración es también la vuelta del rey al trono o al poder. En este caso se trata de un acto contrarrevolucionario porque reinstaura estructuras de poder previas (Follies 2011). Los dos significados son relevantes en el caso del templo de Évora. Expresa cómo la gente concibe la relación entre las cosas que se restauran y el pasado concreto en que fueron construidas. El templo muestra

---

[33]   Véase un artículo de Leal (2001) sobre las tesis lusitanistas antropológicas y su relación con la arqueología.

una relación metonímica: la reconstrucción refuerza la interpretación del pasado nacional, una restauración nostálgica que «propone reconstruir el hogar perdido y llenar los huecos de la memoria» (Boym 2001) invocando el orden anterior por medio de la reconstrucción material. El templo, que se había mantenido por su valor funcional, de uso, como carnicería, adquiere el valor estético, arqueológico, impuesto en detrimento de su valor memorial (la idea de poder, grandeza, belleza...). Supone los dos registros de la memoria: confirmar una historia y hacer revivir un pasado muerto. Como indica Choay, se aplica con nitidez el «fetichismo del patrimonio», una valoración excesiva de los testimonios del pasado de forma nostálgica. No se puede parar el tiempo.

En frente está el «fetichismo de la técnica», que funciona en la decisión destructora. La calificación de «ruina» ayuda a esta destrucción parcial, marca el edificio y lo define. Sin la presencia no hay recuerdo, pero las ausencias vienen a ser tan significativas como las presencias. Como ha indicado José Luis García, el patrimonio cultural es «una metáfora un tanto peculiar de la cultura. Es una representación de la misma manera que lo es el discurso...una forma de expresar algunos aspectos de la realidad, pero obviamente no es esa realidad» (1998, 16).[34]

¿Qué significado tiene la ruina? La ruina entronca en la poética y estética romántica. No olvidemos que el propio Cinatti pobló el paseo Público de Ruinas Fingidas, ruinas controladas, con un carácter escenográfico, una especie de estética de la degradación amansada. El siglo XIX portugués se caracteriza por este tipo de ruinas, góticas y manuelinas, sacadas de su contexto. Garrett valoriza las ruinas como lugar poético de comunión con la naturaleza y también como signos de movimientos revolucionarios portadores de libertad (Rosas 1995).

Zulaika ha planteado una «teoría de las ruinas» (2006, 188-191), en relación con Bilbao, que paso a resumir porque puede ser también aplicada al Templo de Diana. Según Zulaika, las ruinas condensan e identifican el significado de edificios, teorías e historicidades y proporcionan la identidad residual para culturas con ansias de conversión. Sirven como emblemas definitivos sobre el paso del tiempo, desvelan las pretensiones míticas de eternidad de cualquier edificio y reflejan la cualidad efímera de las mercancías expuestas, la verdad definitiva. No hay antídoto mejor para las ambiciosas falacias construidas por el mito, los sueños, los deseos y la fantasmagoría urbana que contemplar sus ruinosos resultados: proporcionan el movimiento de

---

[34]   «El monumento es... una defensa contra los traumatismos de la existencia... asegura, da confianza, tranquiliza al conjurar el ser del tiempo. Garante de los orígenes, el monumento calma la inquietud que genera la incertidumbre de los comienzos. Desafío a la entropía y a la acción disolvente que el tiempo ejerce sobre todas las cosas, naturales y artificiales, el monumento intenta apaciguar la angustia de la muerte y la aniquilación» (Choay 1992, 12-13).

historias y sujetos mediante la visualización de la transitoriedad de cualquier constructo. La ruina es el antídoto de las pretensiones de eternidad de cualquier edificio, pertenece a un pasado muerto que permanece solo como significado; cuanto mayor sea la ruina, más incisivo será su significado. Sin embargo, la ruina es la precondición para el cambio económico y social, anuncia las nuevas fases de regeneración urbana, un proceso continuo de decadencia y renovación. Autoriza y exige nuevos comienzos, legitima la mitología de un comienzo y un progreso futuro. Así, las ruinas llenan el marco de la vida urbana y de la experiencia social. Hacen posible que las sociedades y las gentes visualicen la vulnerabilidad de sus proyectos. Las ruinas pueden llevar a la nostalgia, la melancolía, la desesperación, a la búsqueda de un refugio alegórico en *otro mundo* idealizado, pero también pueden transformarse en esperanza y sueño y construir un nuevo mundo. O al menos una nueva ciudad.

CAPÍTULO 8.
El Grupo Pro-Évora

SE CREA UN GRUPO PARA UNA CIUDAD[1]

El día 16 de noviembre de 1919 un grupo denominado Amigos do Museu d'Évora crea una asociación cultural «cujo fim é o de fomentar o progresso moral e material da mesma cidade». Unos días más tarde, tomará el nombre de Grupo Pro-Évora (en adelante, Grupo). En sus estatutos, que se publican poco después, constan las iniciativas que pretenden realizar: la protección, restauración y conservación de sus monumentos, así como la promoción del turismo y la artesanía popular.[2] Para ello se propone conocer, y dar a conocer, la ciudad a través de monografías, conferencias, excursiones, concursos y diversiones, aparte de recibir y acompañar a los forasteros. Especialmente se resalta el valor de su *museu* y biblioteca para que se cedan fondos, se hagan depósitos de obras y se asista y catalogue los fondos de la biblioteca (1920, 3-4). Firman el documento veintidós hombres y dos mujeres.[3] Una de ellas es la

---

[1] Una versión previa fue presentada en el V Encuentro Ibérico de Antropólogos (La Seu d'Urgell, 1-5 de septiembre de 2009) y publicada inicialmente en 2010 con el título «Imaginar y crear una ciudad: el Grupo Pro-Évora». Posteriormente fue publicada en inglés (2014 a) gracias a la invitación de Paulo Seixas y Paula M. Santos de la Universidad Fernando Pessoa. Durante mis estancias en Évora, Celestino Froes David y Marcial Rodrigues me brindaron generosamente su ayuda y sus publicaciones, que aquí utilizo. Mi agradecimiento les incluye a ellos, al igual que a mi amigo José M. Pinto Barbosa, siempre sensible y sabio.

[2] a) Protegendo pela sua ação... não só os monumentos de Évora, como também a estética cita-
dina...

b) Promovendo a conservação e a restauração dos seus monumentos e curiosidades históricas, de modo a impedir tudo o que possa tirar à cidade o seu aspeto característico.

c)Tornando conhecidas as suas indústrias artísticas populares; e

d) Procurando chamar para Évora o movimento de nacionais e estrangeiros...

[3] Los fundadores del Grupo son: D.ª Leonor Fernandes de Barahona Caldeira, Dr. Celestino David, Manuel do Monte, António y Raul Matroco, José y Carlos Serra, Dr. Vaz Madeira y Dr. Felicio Caeiro.

presidenta del Grupo, D.ª Leonor Fernandes de Barahona Caldeira, una mujer noble de la ciudad, señora del Paço da Quinta, a la que se la califica como *artista de espírito culto* y en cuya casa de Évora (Rua dos Três Senhores e do Vicioso) estará la primera sede del Grupo. No obstante, es el vicepresidente, Dr. Celestino David, quien realmente pondrá en marcha el Grupo. Los socios ordinarios son individuos que «pela sua educação artística e pela sua ilustração comprovada coadjuvem a mesma direção nos seus fins altruístas» (1920, 5).[4] Los estatutos recogen un interesante «requerimento», «e único: Nas reuniões do Grupo é proibida toda e qualquer discussão sobre matéria religiosa ou política» (1920, 4).

La referencia a la política y la religión probablemente se debe a que unos años antes, en 1916, se produce un intento fallido de organizar un grupo similar que fracasa por estas razones. Se trata de la Comisión de la Associação dos Arqueólogos Portugueses que publica el folleto *Defesa de Évora*. Los fines de la Associação eran parecidos a los que propondrá el Grupo, si bien con menos énfasis en el aspecto cultural y turístico y más interés en los aspectos de construcción («conservação do carácter especial da construção civil no que respeita aos materiais, processo de construir, aspeto general externo e interno, decoração, etc.»). Entre estos fines se trata de plasmar en piedra la propia historia (o interpretación de la historia), algo que, al parecer, las nuevas formas de construcción no tienen en cuenta, lo que supone la pérdida del modelo *português antigo*:

> ... esses eborenses antigos tiveram sempre a ventura de recordar nas ruas estreitas e tortuosas, nos monumentos impressionantes, nas arcadas graves, nas enegrecidas muralhas, nos prédios antigos, os momentos de gloria e de heroicidade [...] aos membros da Câmara Municipal de Évora para no permitirem que, a dentro das suas muralhas se modifique o tipo de construção antiga proibindo a demolição de prédios, só permitindo o emprego da telha redonda, e sendo severos na restauração da frontarias que devem obedecer ao lindo e só nosso «*Português antigo*»[...] serem nisto escrupulosos e não permitirem que em Évora se façam mais prédios do género dos que ultimamente têm aparecido... (Cabral 1919, 23 de agosto).

Las murallas representan precisamente uno de esos testigos de «glória e de heroicidade» que, en el mismo momento en que escribe Cabral, están siendo desmantela-

---

La dirección para el primer trienio está compuesta por D.ª Leonor Fernandes de Barahona Caldeira, Dr. Celestino David, Carlos y José Serra, Padre Antonio Augusto de Natividade, Dr. Manuel Lopes Marçal Junior y José Sebastião de Torres Vaz Freire. La Assembleia Geral la componen Antonio Vilas Boas, Domingos Vaz Madeira, Joaquim Antonio Simões y Manuel António do Monte.

[4]   Hay también socios de *honra*, individuos de excepcional ilustración que ayudan al Grupo. Se proponen en esta categoría de honor, el Dr. Alberto Jordão, Marqués da Costa, João Xavier Camarote de Campos (ambos diputados) y Florival Sanches de Miranda, gobernador civil.

das y vendidas en algunos tramos, por lo que se desea sean declaradas Monumento Nacional. El principal defensor de esta iniciativa, José Queiroz, recuerda su intento de organizar este grupo y su posterior fracaso. Rememora una convocatoria en diciembre de 1916 en el teatro de Évora con un variado colectivo y se formó una comisión:[5]

> [...] em que estiveram representadas todas as pessoas cultas, da privilegiada cidade, desde o mais subalterno cidadão à mais elevada das suas personalidades, muitas senhoras e a qual presidiu o Senhor Governador... para tudo estávamos prevenidos menos para que se fizesse politica do caso local, e até , de fora, fosse algum veneno para fazer morrer a defesa da beleza d' Évora... Há gente mesquinha que quando não tem a ideia das coisas ou se não lembra do seu dever, censura e impede por todos os modos que alguém possa trabalhar... (Queiroz 1919, 2).

> [...] que foi obrigada a abandonar o seu intento, pelos variados atritos [...] lamento não tivesse encontrado na Capital Alentejana o auxílio de que necessitava [...] esses amigos da linda Évora histórica não a tenham abandonado... (Cabral 1919, 22 de agosto).

Veamos los primeros años del Grupo Pro-Évora a través de su primer vicepresidente. Al igual que Queiroz, Celestino David no es natural de Évora, pero irá destinado a esta ciudad en 1912 como secretario general del Gobierno Civil; enamorado de la ciudad, dedicará toda la vida a su defensa.[6] En 1944 David escribe una historia del Grupo a raíz del veinticinco aniversario de su fundación, 1919-1944. Según esta crónica, el Grupo ha pasado por tres fases:

> I. 1919-1926. Horas de animação e triunfo a que se sucedem contrariedades.
> II. 1926-1932. A uma grande atividade segue-se uma forçada acalma.
> III.1932-1944. O grupo retoma a sua marcha em caminho mais livre de obstáculos. O futuro será o que os eborenses quiserem... (David 1944, 1)

En la primera etapa, de 1919-1926, el autor habla sobre sí mismo y cómo se acerca a la ciudad («cenário real, documento de arte maravilhoso... de beleza incomparável») que le impulsa a «consagrar à cidade-museu o melhor de seu espírito e do seu coração» (David 1944, 7). Estas palabras, tan apasionadas, no esconden la degradación de la ciudad que era, antes de 1912, «roupa de franceses... o seu património cobiçado e desfalcado... uma espécie de ópio trazia a cidade adormecida e em condenável indi-

---

[5]   La formaban José Pessanha, José Queiroz, Rosendo Carvalheira, Henrique Chaves, Alberto Sousa, Sebastião Pessanha y Nogueira Brito.

[6]   David nace en Covilhã en 1880 y muere en Évora en 1952. Tuvo una gran actividad periodística en periódicos regionales y nacionales sobre Évora y el Alentejo. Uno de sus pseudónimos es Liberalitas Julia, el propio nombre de la ciudad en tiempo romano.

ferença...» (David 1944, 9). En 1914 denuncia, junto a otros, un expolio —la salida para Lisboa de los cuadros de la colección gótica del *museu*— y aplaude el movimiento de defensa de la ciudad de 1916 por parte de la Asociación de Arqueólogos, pero lamenta su fracaso posteriormente. En ese año varios artistas señalan a la ciudad como digna de atención por parte de nacionales y extranjeros. Así en 1918 se reúne una *palestra* de amigos, como se dice a continuación:

> Palestra de amigos, versando sobre coisas de Évora [...] verberados foram, com fulminantes anátemas, os vandalismos cometidos, através dos tempos [...]. Religiosamente se recordaram as belezas desaparecidas [...] Évora é um museu —escreve-se— mas por este caminhar, ¿museu de quê? De horrores como o será a Porta Nova depois de transformados os prédios da C.ª de Moagens... (David 1944,15).

La primera acción de la *palestra* de amigos es sobre la Biblioteca Pública y el Museo Regional. El edificio de la biblioteca está atiborrado y no caben las donaciones, por lo que se pide la creación de un museo. Se crea un grupo de Amigos do Museu, que será el germen del Grupo, se invita a Júlio Dantas, inspector de Bibliotecas (más tarde ministro de Instrução), y se ponen en contacto con el gobernador civil y dos diputados. Dantas viene a ver el Palacio Amaral (Palacio dos Condes de Soure) para instalar la biblioteca y museo. Se publican los estatutos del Grupo Pro-Évora, con mil quinientas firmas, y se pide un préstamo; puesto que el plazo se termina, el propio gobernador civil adelanta el dinero para la compra del palacio en nombre del Grupo.

Estos primeros años son muy activos; entre 1920 y 1921 se clasifican como Monumento Nacional una buena colección de edificios.[7] Ante esta gran actividad aparecen también algunas críticas en la prensa local,[8] manifestando su disconformidad sobre las características del edificio elegido indicando como el palacio era un «belo edifício para Hotel, mas sem condições para Museu» *y señalando que* «sendo o grupo Pro-Évora conservador» debería «conservar» todo en el mismo lugar. El vizconde de Manizola para donar su biblioteca solicita se instale esta en el Convento dos Lóios, algo que aprovechan los críticos para asegurar que el Palacio Amaral no es buen lugar y sembrar dudas sobre la capacidad e intereses del Grupo llamándoles «inúteis e vaidosos» (David 1944, 25). Pero también hay voces de apoyo:

---

[7]   La relación de monumentos es impresionante, solo en 1920 torres da Rua Nova, torre pentagonal da Rua da Selaria e o Arco de D. Isabel (*porta da antiga cerca romana*). En 1921 Conventos de S. Bento de Castris e do Calvário, claustro, casa capitular, *cozinha e refeitório do* Convento dos Loios, Igreja do Convento de Santa Clara, Caixa de Água da Rua Nova, Chafariz da Porta de Moura, Porta de Aviz, Palácio dos Condes de Basto, *torre sineira do* Convento do Salvador, *muralhas e torres existentes na cerca Fernandina*.

[8]   Por ejemplo, *Noticias de Évora* 6004, 9-1-21.

Aparece agora um grupo de pessoas honestas com cultura intelectual e dispondo de influência que, saindo do comodismo habitual se propõem trabalhar para bem de nós todos [...]. O Grupo Pro-Évora, que há de ser, estou convencido disso, de ora avante, a sentinela vigilante das preciosidades eborenses que selvagens da pior espécie tem antipatrioticamente desrespeitado [...]. Arrancar uma povoação à modorrenta, quase parada vida que durante muitos anos se habituou, não é tarefa de poucos dias... a cidade tem de sair do seu esquecimento de sempre [...] não se arranca em poucos dias à sua vida de marasmo uma povoação que durante anos em marasmo se conservou [...] o Grupo Pro-Évora abriu um período de vida nova na apagada existência da mais formosa das cidades do pais (David 1944, 37).

Sin embargo, pronto aparecen algunas diferencias dentro del Grupo, alguno de cuyos miembros proponen medidas que no concuerdan con las ideas de los demás, y también periodos de descanso y desánimo por temas políticos y deserciones. De 1926 a 1930 hay una fuerte oposición contra la instalación del *museu* en el Palacio Amaral encabezada por el propio director del *museu*. Al grupo se le acusa de conservador y de avanzado al mismo tiempo, en medio de una situación política exacerbada (1927) intentando seguir con diferentes estrategias:

Uns acusam-no de nada fazer, e outros acham-no aguerrido de mais. Apelidam-no de vários modos, muito conservador ou muito avançado, mas ele segue, ora atacando, ora contemporizando, ora ruidoso, ora em silêncio, movimentado ou parado conforme as oportunidades –com teu amo não jogues as peras... (David 1944, 39).

En 1927, además de la permanente búsqueda de un hotel, hay un programa completo de turismo, «[...] se Évora quiser manter o seu nome de cidade encantadora, sempre noiva dos artistas [...] para que os turistas venham a Évora [...] insistiria na propaganda [...] estação [...] carruagens confortáveis, organizaríamos casas de informação [...] cicerones e intérpretes» (David 1944, 40). Pero para todas estas iniciativas las autoridades locales no cuentan con el Grupo, como se indica en el interesante artículo «*Évora e o turismo*»,[9] lamentando que se les excluya de la Comisión de Defesa e Propaganda de iniciativa pública. «Nem um professor, nem um académico, nem um operário» (David 1944, 104).

La segunda etapa, de 1926 a 1932, es una de las más críticas, calificándola de *uma forçada acalmia*. David se duele de la deserción de muchos socios (habían llegado a ser un centenar) y relata con tristeza cómo abre o cierra cada día la sede del Grupo sin que nadie aparezca; el propio David tiene que hacer de tesorero o secretario por falta de gente (David 1944, 230). En ese momento ya no estaban en el Grupo, por

---

[9] En la revista *Democracia do Sul* n.º 3094 de 19-2-1928.

muerte o deserción, sus principales apoyos, como Carlos y José Serra o la presidenta Leonor Caldeira, por lo que David se plantea disolverlo.[10] Consultado un pequeño colectivo (Rosado, Cartaxo, Matroco, Gromicho...) se hace una reunión en diciembre de 1932 en la que se insiste en que en el Grupo «cabem todos os homens de boa vontade, sem a ninguém se perguntar pelas suas crenças e ideias [...] como crença, o culto das belezas da cidade». De esta reunión sale una nueva directiva que se propone revitalizar el Grupo y multiplicar los contactos. Esta etapa se caracteriza por una mayor dedicación al arte (publicación de *plaquettes* de varios monumentos, propuesta de monumento a la poetisa Florbela Espanca, conferencias, creación del Orfeón Eborense, Museu de Arte Rústica...). Bartolomeu Gromicho (vocal de la Cámara Municipal y rector del Liceo) encabeza la nueva directiva en la que también están algunos clérigos y militares.[11]

La tercera etapa cubre de 1932 a 1944, año en que David escribe su crónica. Se caracteriza por un mayor sosiego y tranquilidad y, al parecer, con una mejor relación con los poderes públicos. En 1939 se organiza un Curso de Cicerones sobre los monumentos de Évora; el mejor alumno del primer curso es Túlio Espanca, quien se convertirá en el más reconocido estudioso de la ciudad y funcionario de la Cámara Municipal. En 1941 el Grupo contribuye para el Primeiro Congresso Eucarístico, es consultado sobre los azulejos que adornarán la estación ferroviaria y se crea una sección etnográfica del *museu*. La Comisión de Turismo está en este momento unida al Grupo y dirigida por algunos de sus socios que son, según David, gente de todo tipo:

> O Grupo Pro-Évora, fundado e formado por pessoas modestas, veio a receber depois a simpatia de muitas personalidades de relevo... os seus sócios encontram-se hoje por todos os sectores da vida citadina. Desde a primeira autoridade do distrito, seu sócio de honra, aos diretores do Museu e da Biblioteca[...] (1944, 246).

Finalmente David recuerda a los vivos y los muertos: «Os fantasiosos que [...] idealizaram uma Évora progressiva, mas que não perdesse os seus valores artísticos e monumentais [...]». El texto, completado en 1944, tardará unos años en ser publicado, como indica en un *post scriptum* de 1947. El Grupo sale de la Comisión de Turismo y a finales de 1944 y comienzos de 1945 una nueva «borrasca» se avecina, aunque David no indica por qué.

Marcial Rodrigues (1999) continuará la historia con ocasión del ochenta aniversario del Grupo siguiendo el mismo esquema y proporcionando algunas claves sobre los problemas que menciona David y que tienen que ver con la posición política

---

[10] En la revista *Democracia de Sul*, n.º 4510 de 22-11-33.

[11] Cínegos Guerreiro y Mendeiros y *capitão* Matias, coronel Rosado, *tenente* Mariano, además de *câmara* Manuel, Matroco y el Dr. Gusmão.

del presidente Gromicho (diputado de la Asamblea Nacional) y sus desencuentros internos con otros miembros. En 1958 el Grupo organiza una Missão Internacional de Arte con veinticuatro artistas de once países que pintan diversos paisajes de Évora (en estas iniciativas destaca el arquitecto Raul David, miembro de la dirección del Grupo). Los Cursos de Cicerones vuelven a organizarse en 1942, 1947, 1952 y 1957, y también cursos de iniciación a la arqueología y a la música contemporánea. El Grupo se encarga de la edición del *Boletim A Cidade de Évora* desde 1942. En 1960 los estatutos del Grupo son remodelados; en ellos se especifican las labores de las distintas comisiones (actividades literarias, musicales, fotográficas, plásticas, de *cine-clube*). Frente a la defensa directa que proponían los estatutos de 1920, en 1960 se plantea meramente la colaboración, «dentro das suas possibilidades e do seu âmbito» con otras entidades oficiales o particulares.[12] El Grupo efectivamente intenta tener presencia en las decisiones de la ciudad, al menos en el campo de las artes y la educación artística. Tras un periodo de poca actividad a finales de la década de los setenta, se retoma esta y se incorpora de un modo participativo y crítico a los Consejos correspondientes de la Cámara Municipal. Muchos de los valores del Grupo se han asumido ya por el poder y hay un cambio generacional. Asi lo indica el presidente actual:[13]

> Nós tentamos. Embora tenhamos consciência também da.... daquilo que podemos fazer e daquilo que nos ultrapassa por vezes, também, não é? O que nos vale ainda é que nós temos... nós fazemos parte do Conselho Municipal de Arte, Arqueologia e Defesa do Património, que é um conselho municipal — portanto, da Câmara — onde são analisadas todas as modificações que se fazem na cidade. E, portanto, nós somos conselheiros da Câmara em relação a tudo isso. A pessoa quer mudar uma porta, ou quer fazer obras na casa, transformar para isto, para aquilo ou para aquel outro (...) Esses projetos vão lá, a Câmara dá um parecer e depois nós analisamos e, ou concordamos com aquilo que a Câmara aceita, com o que quer fazer, ou não. E normalmente a Câmara... escuta. Não é só o Pró-Évora que faz parte deste conselho, é também... há representantes da igreja, da arquidiocese, o diretor do museu, o diretor do IPPAR, o diretor dos monumentos nacionais, todas as instituições ...

---

[12] 1.º Promover por todos os meios ao seu alcance a defesa e divulgação do Património Histórico e Cultural de Évora e sua periferia, realizando para isso, na sua sede, palestras, exposições e concertos.

2.º Dar colaboração, dentro das suas possibilidades e do seu âmbito, a todas as entidades quer oficiais quer particulares.

3.º Editar, sempre que possível, publicações literárias e artísticas dizendo respeito ao Património Cultural de Évora ou do seu termo.

[13] Las citas que aparecen sin referencia provienen de entrevistas grabadas en soporte digital y trascritas literalmente.

En 1986 se produce la declaración de Patrimonio Mundial de la Unesco del Centro Histórico, lo que supone un mayor control del urbanismo de la ciudad. Por ello el Grupo se dedica con más intensidad a otras materias: desde 1979 ha habido cuarenta exposiciones de artes plásticas[14] de artistas relacionados con el Alentejo o la ciudad y otras tantas conferencias y congresos.

LA CONSTRUCCIÓN DE ÉVORA

En 1924 João Rosa escribe un pequeño texto titulado Évora. Pro-Patria.[15] El texto es interesante por dos motivos; en primer lugar, porque, dada la fecha de publicación, se aprecia el contexto del comienzo del Grupo y su necesidad. Pero también este texto contribuye a la creación literaria de la ciudad a través de la compilación de sus imágenes. Sobre el primer aspecto, Rosa relata un ejemplo de la situación del patrimonio en la época. La tumba de García de Resende,[16] situada en la capilla de este nombre en el Convento do Espinheiro, tenía un «buraco que alguém aí mandou fazer, com deterioração do brasão na pedra tumular...». Pero, es más...

> A pedra da campa de Garcia de Resende, sepultado na encantadora ermida que ele mesmo delineou e mandou construir na cerca do Convento de Nossa Senhora do Espinheiro, foi arrancada da sepultura do nosso cronista e serve presentemente de banca de cozinha em casa de um cavalheiro de Évora« (Ramalho Ortigão en Rosa 1924, 10, nota 1).

El autor publica la noticia en Semana de Évora y gracias a ello y la intervención del propietario del Espinheiro, la piedra vuelve a su lugar, si bien conservando la huella del pie en que asentaba en la cocina del palacete de los Vimiosos. Rosa irónicamente

---

[14]   Una de las más frecuentes actividades del Grupo ha sido la exposición de artes plásticas que «sempre foi tida como uma estratégia assumida de sensibilização estética que tinha e tem um sentido mais alargado de alertar para valores culturais e identitários, promotores da cidadania e da valorização do património da cidade» (David 1999, 3). Esta dedicación al arte se aprecia en la colección de obras en la sede del Grupo, que en el año 2000 contenía catálogos, fotografías, seiscientos grabados, manuscritos y obras de arte. El catálogo pictórico muestra cerca de ochenta piezas, de ellas sesenta y cinco pinturas y dibujos, frente a una más pequeña muestra de veintitrés obras en 1980.

[15]   Rosa escribe varios artículos sobre la ciudad en Diário de Noticias en 1923 y 1924. Pero antes lo había hecho celebrando el nacimiento del Grupo (Diário de Noticias 9-9-1921) «Évora Monumental –A patriótica obra de um grupo de amigos –A porta Romana– As torres de Sisebuto». El Grupo le agradece formalmente su artículo.

[16]   Évora 1470-1536. Uno de sus más ilustres personajes, renacentista multifacético, secretario particular de João II, natural y cronista de Évora. Fue poeta, escritor, historiador, arquitecto, músico y diplomático.

se refiere a las destrucciones sufridas por la ciudad: «Todas as afrontas que tem sofrido se praticaram por bem, nesse incompreensível amor que tanta vezes leva ao crime passional» (1924, 12), enumerando los «crímenes» cometidos, desapariciones y cambios drásticos en edificios emblemáticos. Y al mismo tiempo celebra la creación del Grupo Pro-Évora y su labor:

> E não me resta dúvida de que, mercê da generosa e profícua ação do Grupo Pro-Évora, o culto pela arte, na histórica capital do Sul, se tem acentuado profundamente na última meia dúzia de anos [...]. Agora mesmo está esse prestimoso grupo desenvolvendo a patriótica propaganda de Évora Monumental [...] pelo seu grande amor, tanto aos grandes como aos pequenos monumentos da cidade porque não só aqueles precisam de ser acautelados do camartelo destruidor. Não podem, pois, nem o comércio nem a indústria regatear aos amigos da cidade o apoio moral e material que evidentemente precisam para a tornar, repetimos, a bela capital de turismo que tem direito a ser... (Rosa 1924, 13-15).

En cuanto a la compilación de imágenes, en el comienzo del texto se reproduce un cartel de Alberto Sousa (que será enviado a la Exposición Universal de Sevilla) y la leyenda «*Évora, a mais linda* e monumental cidade portuguesa, terra onde se evoca toda a história de Portugal». Rosa se propone «organizar dentro da minha alma uma espécie de livro de visitantes no qual eu de há muito tempo venho registando quantas cousas bonitas dela tenho lido e ouvido» (Rosa 1924, 9), comenzando con el propio título de uno de sus artículos: «Évora, a cidade branca cheia de luz e beleza, sempre noiva dos artistas». En el livro de visitantes se duele de lo poco conocida que es la ciudad por los viajeros portugueses, que debería ser «verdadeira capital do turismo». La ciudad es «sua dama, veneranda Matrona romana, a nova Ala dos Namorados». He aquí una muestra de las *cousas bonitas* que recoge:

> Évora, sempre noiva dos poetas e dos artistas(Manuel de Sousa Pinto)
> Évora encantadora (Celestino David)
> Terra mãe das liberdades (Paulo Freire)
> Repertório inesgotável de nossos melhores poemas de granito e de mármore... segredam a história dos tempos... (Nogueira de Brito)
> De norte a sul do país não há terra como esta, em que se encontre tanto passado e em que êste seja tão presente (Sousa Costa)
> Cidade das sombras, das fontes e das ruínas, Museu de Portugal (Julião Quintinha)
> Évora «um museu riquíssimo em que o passado se nos apresenta em todo o vigor das suas várias civilizações» (Armando Boaventura)
> Ela é a cidade mais interessante de todo o país, podendo rivalizar, em pitoresco e riqueza de sugestões históricas, com as mais curiosas das velhas cidades de Castela (Raul Proença)

É a historia portuguesa escrita em obras de arte (Fialho de Almeida)

O maior foro artístico de Portugal (António Sérgio)

A Catedral do silêncio, cheia de misteriosa comoção, a cidade mais bela para os olhos que se extasiam no passado (Teixeira de Pascoaes)

As maravilhas da sua beleza irmanam-se às das mais belas cidades monumentais da Europa (Câmara Reis)

Florença portuguesa (Alberto Sousa)

Meca dos portugueses.

Rosa se refiere a la ciudad como su madre adoptiva. Este mismo título le adjudica José Queiroz, que también proviene de otro lugar, que la imagina como una madre que educa los sentidos de sus hijos:

Se me ocorreu propor [...] a defesa da encantadora e instrutiva cidade de Évora foi, não só para que se pusesse cobro aos vandalismos [...] mais para agradecer trinta anos de educação artística e de bom acolhimento, que lhe devo. Recebi de Évora favores [...] e como bom filho adotivo, propus-me defender a mãe educadora dos meus sentidos. Sim, Évora, que me educou, como educou tantos outros portugueses, não pode ser destruída, há-de, pelo contrário, ser respeitada, para poder continuar a sua missão [...]. Mas não é só por essa face educativa, que a cidade presenceadora de tantos acontecimentos e civilizações deve conservar-se - até pelo lado económico convém poupa-la para que ela com os seus atrativos, possa chamar a si a visita daqueles que prezam e procuram o que tem carácter histórico e beleza nativa (Queiroz 1919, 2).

UNA NUEVA POLÉMICA DE UN VIEJO TEMA

El Grupo ha tenido continuidad bajo la dirección de la saga familiar que lo impulsó. El presidente actual es Celestino Froes David, nieto de su fundador, profesor del Liceo. Froes David no ha sido el único de la familia en seguir aportando al Grupo (por ejemplo, los diseños del texto del abuelo fueron realizados por el arquitecto Raul David), ya que sigue el trabajo de sus tíos tal como aquí se indica:

Sim, sim. E depois também porque me ligam à própria cidade tradições de família, não é? Esta história do Grupo Pró-Évora, o facto do meu avô ter sido o fundador do Grupo, dos meus tios também terem continuado na direcção do Grupo, e, portanto, há uma espécie de ... de memória, de tradição, de continuidade... E eu resolví também...

Pero, además, con el mismo motivo que su abuelo al comienzo de su labor, desde 1992 se ha producido un contencioso alrededor de la Biblioteca Pública de Évora. Uno de los escritos de Froes David (David y Rodrigues 2001) versa sobre este tema, recogiendo informaciones aparecidas en periódicos y revistas que paso a resumir brevemente. En 1992 el Ministerio de Cultura portugués pretendió dividir la Biblioteca Pública de Évora (BPE), una institución que fundó Frei Manuel de Cenáculo en 1805. En marzo de 1992, Santana Lopes, secretario de Estado de Cultura, firmó un protocolo de intenciones con la Universidad de Évora para trasferir la biblioteca y el depósito legal a la Universidad; el fondo antiguo formaría «o núcleo de uma biblioteca erudita universitária» que se llamaría Frei Manuel de Cenáculo y los archivos irían al Arquivo Distrital de Évora. Lo restante sería administrado por la Universidad de Évora como biblioteca de red de lectura pública. En 1995 el Grupo realiza un ciclo de conferencias sobre el tema y un debate (aunque a la propia directora de la biblioteca se le prohíbe asistir), y organiza una campaña de defensa de la unidad de la institución, en la que se denuncia la pretensión de convertir una biblioteca pública en una erudita. En febrero de 1998 se publica un manifiesto que firman setenta personalidades eborenses de diferentes ámbitos. Además, hay reuniones con el ministro de Cultura, responsables del Arquivo Nacional da Torre do Tombo, Instituto Português do Livro e das Bibliotecas, Cámara y Asamblea Municipal, gobernador civil del distrito y partidos políticos. En 1998 la Cámara Municipal, y algo después la Asamblea y el gobernador, se decantan por la defensa de la integridad de la biblioteca. En febrero del 2000 el entonces ministro de Cultura reconoció la necesidad de aumentar el personal de la biblioteca e impulsar una nueva construcción que recoja la BPE y una biblioteca municipal. La Cámara propone que el nuevo edificio lo construya el arquitecto Siza Vieira en el Rossio de S. Brás. Pero estos planes quedan en suspenso con la dimisión del ministro. Así explica un miembro del Grupo su posición:

> Nós somos uns elementos um bocado incómodos para os poderes, não é? E a história da biblioteca tem feito com que as pessoas que estão mais ligadas a estas instituições que dependem do Partido Socialista, ultimamente têm-nos feito um bocado de guerra...que já vem de trás, nem sequer é só deste governo: a guerra com esta história da biblioteca começa... com o ministro... quis meter a biblioteca na universidade ... E tivemos... Fizemos subscrições públicas também, fui várias vezes falar com ministros, mas eles iam sempre protelando até que este último ministro que saiu é que teve essa ideia da biblioteca no rossio... Nós temos algumas reservas em relação ao problema do rossio, porque o rossio... nós queríamos que ele ficasse rossio, não é? e a Câmara agora aproveita-se da história da biblioteca e já quer encher o rossio de construções, o que é uma barbaridade. Nós aí vamos ter que lutar outra vez, e estamos nessa luta outra vez, para não deixar que eles exagerem nas construções que vão fazer no rossio. Que façam a biblioteca, um auditório e o arquivo distrital, tudo bem. Agora, encherem aquilo tudo de habitações, como eles querem, não podemos deixar. E depois chamam o Siza Vieira, não é? [...]. O Siza Vieira pode fazer o que quer neste país porque é o Siza Vieira. E quem é que vai agora ...? Eu já

tive várias reuniões com ele e discuto com ele e digo-lhe o que é que tenho a dizer e faço barulho [...]. Se não se fizer barulho, isto às tantas vai tudo por água abaixo.

La idea de biblioteca pública que supone su uso público y democrático se remonta al Siglo de las Luces, donde se encuadra la creación de la institución de Frei Manuel, arzobispo de Évora, quien la imagina (Estatutos da Biblioteca, 1811) para la utilización no solo del clero, sino de los fieles, es decir, se promueve un servicio de lectura pública. Su primer director no religioso, Cunha Rivara, profesor del Liceo, solicita en 1845 fondos para la adquisición de obras modernas de los últimos cincuenta años y en 1864 Augusto F. Simões, también profesor del Liceo, requiere libros que puedan aprovechar sus alumnos, usuarios de la biblioteca, y periódicos.[17] Rodrigues considera que ha habido una política intencional de abandono y degradación desde finales de los años ochenta para privatizarla. El problema se encuadra dentro del tema del patrimonio, ya que se trata de una biblioteca histórica en una ciudad donde la cultura es un valor importante. La biblioteca «poderá prestar valiosos préstimos a uma cidade e a uma região depauperadas, que têm na cultura um dos seus poucos recursos» (David y Rodrigues 2001, 21).

Otra importante polémica que ha llevado el Grupo en 2008 ha sido la oposición al «Estudo Estratégico para o Centro Histórico» encargado por la Cámara Municipal y calificado como «desastroso» para la ciudad.[18] «O que é proposto pelo estudo vem alterar toda a espacialidade da cidade, quer pelo que vai ser construído, quer pelo que vai ser destruído», alteraciones que desvirtúan el Centro Histórico (nuevas vías, demoliciones para la creación de varios circuitos y la construcción de diez parques de estacionamento subterráneos). Según el presidente, el plan está dirigido para quien visita la ciudad, y no para quien la vive: «Há uma tentativa de criar um espaço cénico para o turista». En esta polémica la utilización de Internet ha proporcionado una mayor dinamicidad de la información, como por ejemplo estos comentarios de un blog al respecto:

---

[17]   La de Évora es la tercera biblioteca en crearse en 1805 detrás de la de Coimbra (1537) y la Nacional (1796). La de Oporto (1833) y Braga (1840) son posteriores. En 1931 un decreto gubernamental declara públicas todas las bibliotecas del Estado, pero hay cuatro categorías: generales, de enseñanza, especiales y municipales; la de Évora es, junto con otras diez, una biblioteca general. En la BPE hay (datos de 1980) 500 000 impresos, 120 000 manuscritos, 20 000 periódicos y separatas. De ellos hay 765 incunables del XV (la segunda del país) y 6500 impresos del XVI, todas las publicaciones nacionales desde 1931... Se dice que es una casa que corona el Patrimonio de la Humanidad que representa Évora. Parece que el proceso de desmantelamiento de la biblioteca es similar al de Braga.

[18]   En varias páginas de Internet, entre otras, «Pro-Évora critica estudo estratégico do centro histórico» (http://cpidt100.cpidt.pt). «Um dia destes o Templo de Diana vem abaixo» (http://viajar. clix). «Posição do Grupo Pro-Évora sobre o 'Estudo de enquadramento estratégico para a área do Centro Histórico de Évora' elaborado pela empresa Parque Expo» (http://www.evora.net/proevora/002.htm).

Este Grupo Pro-Évora fala quando não é preciso, e quando é preciso não fala.

Se preferem deixar Évora agonizar conforme está, então ok, são contra todo o estudo.

Évora precisa de um abanão de tal forma grande que provoque uma rutura com atual estado de coisas.

Se isso implica construir e desconstruir, pois que se faça.

Moribunda como está é que não pode continuar.

O que disse o Pro-Évora sobre o edifício de S. Domingos?... o largo dos Penedos?...a construção do novo hotel da Melka?...o atual Rossio...a degradação do centro? NADA!!!!

Portanto, CALEM-SE!!!!!! (8 de outubro de 2008).

Desconfio sempre destes grupos pro ou anti qualquer coisa (12 de outubro de 2008).

Pro-Évora isso é o ké. Tem sede na Rua de Aviz? Porra que esses gajos são contra tudo!!! (Kruzes Kanhoto, 11 outubro 2008).

Pero no faltan defensores. Otro anónimo califica el estudio de «aberração» y apoya al Grupo: «Por "pouco" que possa ser, abriu as "hostilidades" o que permitiu algum debate / reflexão sobre esta temática».[19]

CONSTRUYENDO UN PAÍS, CONSTRUYENDO UNA CIUDAD

Como se ha indicado, Évora mantuvo, hasta mediados del siglo XIX, su traza medieval, pero sufrió una transformación considerable hacia finales del siglo y comienzos del XX. La desamortización y la consiguiente expropiación y venta de los conventos y edificios religiosos produjo una variedad de espacios verdes y monumentales dentro de la ciudad. Unos cambiaron de uso, como cuarteles, hospitales o escuelas, otros los adquirieron las clases privilegiadas, y otros, en estado de ruina, fueron demolidos posibilitando la creación de plazas, jardines y avenidas. Las ruinas y falsas ruinas se pusieron de moda y se construyó la idea de la ciudad museo. El ferrocarril, si bien no tuvo una gran incidencia en el urbanismo de la ciudad, sí posibilitó las comunicaciones con el exterior y su incipiente vocación turística (Barbosa como se citó en Almeida 2001). En este tiempo se produjeron las primeras experiencias de restauración por parte de algunos grandes propietarios, como la familia Barahona, que había construido un palacio que lleva su nombre. Pero además hubo muchas casas nobles compradas y recuperadas como símbolo de estatus y exteriorización de riqueza (Fonseca 1996, 201-226), edificios eclécticos que utilizaron elementos de viejos edificios y falsas ruinas. La construcción de estas mansiones en los lugares de privilegio provocó una cascada de demoliciones para construir posteriormente. En

---

[19] www.evora.net/proevora/001.htm

este contexto se produce, en 1910, la declaración de los primeros once Monumentos Nacionales de la ciudad.[20]. Sin embargo, los monumentos no clasificados, como las propias murallas o sus puertas, se venden en algunos tramos o son demolidos para aprovechar sus materiales. Con la llegada de la república, los grandes propietarios partidarios de la monarquía dejan de patrocinar las restauraciones a favor del Estado y también aparecen las primeras críticas sobre la restauración. Es en este contexto cuando surge el Grupo Pro-Évora. En la época del Estado Novo hay directrices más precisas sobre qué tipo de monumentos conservar y cómo presentarlos (Fernandes 1997). Gromicho, presidente del Grupo Pro-Évora, en 1937 impulsa un Regulamento Geral de Construção Urbana, con reglas estéticas precisas y el patrocinio del estilo «português suave». Nace la idea de la «casa portuguesa»: listones y alféizar de granito, alizares en colores suaves y tejados de teja redonda, por lo que se sacrifican fachadas que no cumplen con ese modelo. Después del 25 de abril se produce un proyecto de recuperación del Centro Histórico por iniciativa municipal que antecede a la clasificación como Patrimonio de la Humanidad en 1986.

El antecedente de 1916, la creación del Grupo en 1919 y sus primeras andaduras tienen lugar en la época de la República (1910-1926), un periodo muy turbulento y de gran inestabilidad política, ya que, en unos escasos dieciséis años se producen cuarenta y cinco gobiernos y veintinueve intentos revolucionarios (Rosas 2004, 51). Una república que triunfa gracias a la unión de una élite urbana pequeñoburguesa (profesiones liberales, de los pequeños negocios, funcionarios y gente de cultura que puede votar) y la clase obrera urbana. Entre 1910 y 1917 especialmente Portugal sufre un periodo de inestabilidad complicado con los efectos de la guerra mundial. En estos convulsos años se producen fuertes divisiones, cambios de gobierno, manifestaciones sindicalistas y revueltas de abastecimientos por falta de trigo. A esto responden los republicanos con distintas medidas de fuerza para evitar la insubordinación (prisiones, deportaciones, ajustes de cuentas, cargas policiales, etc.) empeñados en la republicanización del Estado y de la sociedad (Ramos 2001, 458).

Entre 1909-1910, los sindicalistas de Lisboa enviaron misiones de propaganda al Alentejo, donde la mayoría de los hombres eran asalariados y jornaleros, e incluso vagabundos en busca de trabajo; vivían en las villas y ciudades pequeñas y no frecuentaban la iglesia. Por ello los revolucionarios no tuvieron mucha dificultad en encontrar apoyos y crear mucho entusiasmo. A partir de enero de 1911 los jornaleros

---

[20]   La Sé, el Palacio de D. Manuel —lo que quedaba del Paço Real—, S. Francisco, el templo y arco romanos, el chafariz de la *praça do* Giraldo, la fachada de Graça, S. Brás, casa de García de Resende, el acueducto y la Iglesia dos Lóios (Fernandes 1997). Entre 1907-1910 se clasifican los primeros monumentos portugueses como la Torre de Belem o el Palacio de Sintra al igual que el Templo de Diana (aunque ya estaba incluido en la Comisión de Monumentos Nacionales desde 1890) (Maia 205-206).

se unen para solicitar mejores salarios y comienzan las huelgas que culminan un año después con discusiones con las autoridades, enfrentamientos con la policía y el apoyo de Lisboa y otras ciudades. Évora, que era un centro importante de reivindicación, es la sede en agosto de 1912 del primer Congreso da Federação dos Trabalhadores Rurais, reuniendo treinta y nueve sindicatos que representan 12 525 trabajadores. Los propietarios se sienten cercados y asustados, achacando los desórdenes a la ignorancia de los jornaleros y a la falta de escrúpulos de los sindicalistas (Ramos 2001, 421). En 1916 surge la Unión Obrera Nacional en un paréntesis de relativa tranquilidad (1914-1916). Queiroz, en su rememoración de 1916 cuando intenta organizar un grupo en «que estiveram representadas todas as pessoas cultas, da privilegiada cidade, desde o mais subalterno cidadão a mais elevada das suas personalidades, muitas senhoras...», está expresando el intento democratizador y moralizante republicano y la participación colectiva. Pero entre mayo y septiembre de 1917 hay un convulso proceso de revueltas y huelgas con prisiones y encierros que impone el republicanismo liberal, con mucha represión e insensibilidad a la cuestión social, que tendrá su desenlace en la dictadura sidonista (Gobierno de Sidónio Pais) de diciembre de 1917, un experimento de régimen autoritario de derechas que fracasa pronto (diciembre 1918). A partir de 1919 los republicanos de izquierda toman el poder, si bien con poca representación parlamentaria. Durante un par de años hay un corto periodo de prosperidad de los negocios, la industria, el comercio y la banca, y Évora crecerá con el flujo campesino. El comienzo del Grupo se produce en este contexto y es muy significativo que David se refiera al periodo de 1919-1926 como «horas de animação e triunfo» justo en los años finales de la República. En cambio, tras el golpe de Estado, la dictadura militar y la liquidación de más de un siglo de experiencia liberal, al periodo 1926-1932 se le señala como «a uma grande atividade segue-se uma forçada acalmia». Esta es, según el autor, una de las más difíciles etapas del Grupo, que casi se disuelve, y en la que se les excluye de la Comisión de Defesa y Propaganda en 1928 («Nem um professor, nem um académico, nem um operário»). Una época donde los fascistas del Movimiento Nacional Sindicalista protagonizan desmanes y desórdenes en Évora y en otros lugares, (tiros, peleas, manifestaciones) antes de ser absorbidos por Salazar y su União Nacional en 1934. Es también la época de luchas intestinas de la dictadura militar y una inestabilidad larvada con cinco tentativas revolucionarias para derribar la dictadura entre 1927-1933. En 1932, con la presidencia de Gromicho, diputado en la Asamblea Nacional, se alcanza la mayor ligazón con el poder político, lo que produce críticas y enfrentamientos internos (Rodrigues 1999, 10), si bien una mayor integración en las comisiones del gobierno de la ciudad. Salazar y su ideología de conservación, orden y permanencia está en el ambiente, aunque 1933 es el momento más crítico en la lucha contra la dictadura y, cuando se liquida, viene la contestación republicana por exilio o deportación. Justo después de la memoria de David, en 1945 se produce otra de las etapas de agitación política electoral. La respuesta frente a la dictadura es un vuelco hacia el arte, el turismo y una afirmación de valores nacionalistas.

El movimiento regionalista se había producido antes, a partir de 1917, tras lo que se ha llamado «la traición de los intelectuales» (Ramos 2001, 517). En el tránsito del siglo XIX al XX es donde se produce una coordinación de elementos para formar, según Rui Ramos,[21] una cultura utópica. Paradójicamente, la modernidad es vivida como una nostalgia del pasado, como la lucha por la integración en un conjunto coherente. Se pasa en otras palabras de una comunidad política a otra cultural: la cultura de las tradiciones, costumbres y obras de arte locales, un proceso político de construcción de la nación. En 1920 había una industria nacionalista que afectó profundamente la vida de las clases medias portuguesas (por ejemplo, la lectura de Gil Vicente, el estilo manuelino, novelas regionalistas, casas portuguesas con alpendres y azulejos de Raúl Lino, o alfombras de Arraiolos). El impacto de ciertas obras artísticas, como las de José Malhoa —O Fado—, Silva Porto y sus pinturas costumbristas, el acuarelista Alberto Sousa (Casa do Mocho, la primera obra que alberga el Grupo), y otros pintores, produce el descubrimiento de la ciudad a primeros del siglo XX, permite crear una «realidad», prueba de la existencia de un universo, una forma de patriotismo en un momento en que se «inventa» Portugal en palabras de Rui Ramos (2001, 495 y ss.). El opúsculo de Rosa en 1924 y su significativo subtítulo Pro-Patria, Propaganda e Defesa Regional colabora en esta creación: la ciudad es una bella novia, dama, madre que hay que proteger y trasmitir a través del arte y el turismo. Un turismo que descubre Portugal (y el sur, no solo el norte), ya que entre 1920-1921 la red de caminos para automóviles y autobuses aumenta en dos mil kilómetros, organizada por la Direção Geral de Estradas e Turismo. La Guía de Portugal de Raul Proença en 1924 tiene una extensa descripción de Évora y una bibliografía que ya recoge publicaciones del Grupo. La ciudad adquirió un valor simbólico, profundidad histórica y emotiva, una cualidad portuguesa, antiga e suave. Esto no fue una mera cuestión de escritores y turistas, fue un proceso político que tiene que ver con la ruptura de la revolución republicana: la nación comenzó a ser movilizada. La dimensión regionalista, el patriotismo local, cobró una súbita y clave dimensión política. En abril de 1923 hay en Évora unas conferencias regionalistas organizadas por el Grupo Pro-Pátria donde António Sérgio incita a la élite alentejana, los lavradores, a iniciar un «movimiento regionalista reformador».

---

[21]   Sobre el contexto histórico me he basado fundamentalmente en la obra de Rui Ramos (1999) y Fernando Rosas (2004), si bien he consultado a Bernardo (2001), Guimarães (2006), Fonseca (1996) y Baiôa (2004).

Lavradores que sin duda forman una buena parte de los firmantes del Grupo en 1919. Aparte de los socios de honra (dos diputados y un marqués, abogado y propietario), la presidenta del Grupo proviene de una familia terrateniente que cuenta a finales de siglo con 144 propiedades rurales y urbanas y constituye la mayor contribuyente de los cincuenta y tres que aparecen en la ciudad (Guimarães 2006, 86). Les siguen muchos de los apellidos ilustres en la ciudad: Torres Vaz Freire, Marçal, Pessanha, Vilas Boas, Sousa...[22] Si tenemos en cuenta la elevada endogamia del grupo de poder que —se ha señalado— se concentra en apenas quince grupos familiares de nobleza y grandes propietarios (Guimarães 2006, 87), parecería que se trata de un colectivo eminentemente elitista. Sin embargo, otros de los nombres, y quizá los más activos, no aparecen entre estas aristocráticas y poderosas familias, más bien pertenecen a la pequeña burguesía que apoya y proporciona la base de la república, profesores de liceo y artistas, funcionarios y pequeños comerciantes cultos y profesiones liberales. El Grupo, en su esfuerzo de publicidad en periódicos nacionales y regionales, conferencias sobre temas del patrimonio eborense y exposiciones artísticas, ha tratado de educar estéticamente la formación cívica y la sensibilidad hacia la ciudad. Una labor notable, puesto que en su momento Évora y el Alentejo probablemente ofrecían pocas posibilidades de contacto con los movimientos artísticos y estéticos globales. Consiguieron recrear la ciudad, con un difícil equilibrio en tiempos revueltos y complicados en términos políticos y estratégicos.

> Algumas pessoas, logo do princípio do Grupo Pró-Évora, têm de facto... estão bem situadas em relação à política da altura, alguns até eram grandes lavradores alentejanos daqui, de Évora, e que dão um apoio muito importante ao Grupo. Mas os executivos, as pessoas que trabalham no Grupo, que desenvolvem uma série de ações nos jornais, que lutam pela... pela cidade e que, portanto, vão ter mais... vão ser mais intervenientes, não são esses propriamente, não é? Só que eles sabem-se rodear das pessoas certas, das

---

[22]   Entre los nombres de 1916, 1919 y 1932 hay una buena colección de propietarios como José Pessanha que cuenta con 691 propiedades y pertenece a una de las viejas familias del Alentejo. Los Vilas Boas en 1900 son *lavradores*, con un mayorazgo de 335 ha. La familia de Manuel Augusto Rosado de Mira tiene dos propiedades de 1050 ha en 1900 y es presidente del Círculo. José Rosado Perdigão es propietario en 1896 con una renta de 600 000 reales. Joaquim Antonio Simões es *lavrador* y cuenta con 129 ha. Otros combinan la industria, la banca y la tierra como los Caeiro. Sebastián Torres Vaz Freire en 1921 es el director de los Servicios Industriales y Comerciales del Banco Nacional Agrícola. Los Lopes Marçal dirigen durante tres generaciones el Banco do Alentejo y forman una familia de propietarios de tradición aristocrática y nobleza de sangre. El padre António Augusto de Natividade es secretario de la Câmara Eclesiástica en 1904. Gromicho tiene negocios de automóviles y Antonio Rosado una fábrica de mosaicos y azulejos fundada en 1923. Véase Fonseca (1996) y Guimarães (2006) para una mayor información de estas familias y Augustins (2006) para una visión general de las marcas de prestigio en la ciudad.

pessoas que os podem apoiar, que podem fazer com que mesmo as suas reivindicações tenham efeitos ao nível dos poderes centrais. Isso acontece no princípio do Grupo Pró-Évora e acontece depois, já numa segunda fase...

Nós sempre tivemos uma atuação discreta. Desde o princípio o Grupo Pró-Évora ... e talvez essa questão que tinha posto há bocado sobre não serem políticos ou não terem políticos dentro do grupo... porque uma das regras dos estatutos do Grupo Pró-Évora, logo dos primeiros estatutos, é que não se deve falar nem de religião nem de política no Grupo Pró-Évora. Para quê? Para evitar conflitos, como é evidente [...]. Para que as pessoas não se dispersassem, para mostrar que no fundo o essencial era a cidade e que eram mais importantes as causas de defesa da cidade do que as pessoas...

En estas líneas he tratado de destacar el empeño de un pequeño grupo de ciudadanos en defensa de una ciudad, mostrando la interrelación entre cambios en la estructura política y el papel de los sujetos dentro de ella, una tarea esencial en todo proceso de patrimonialización. La producción de la cultura incluye a fuerzas sociales diacrónicas, agentes coetáneos y la integración en dinámicas históricas más amplias (Smith 1999, 81). Por supuesto, los defensores de Évora no inventan ni adoptan las prácticas de conservación por sí mismos. El marco ideológico influye profundamente en los discursos de conservación y protección del patrimonio. La retórica de la conservación, que designa lo que merece ser conservado, implica la relación con el pasado, influenciada por el presente y por los conceptos de tiempo y espacio. El pasado es utilizado como un objeto a partir del cual se desarrolla un nuevo proceso de significación y, así el patrimonio, como evocación material del pasado, establece la continuidad con el presente y su legitimidad. Se produce, pues, una interpretación del pasado que lo identifica con una comunidad solidaria, con valores comunes y base de la identidad social. Pero también se abren nuevas vías de interpretación del pasado y se conforman como escenarios de confrontación en los que se crean nuevos significados y relaciones de poder. Así lo que merece ser conservado, esas nostalgias imaginadas, construyen una nueva ciudad y suponen una interrelación entre una realidad local y el contexto nacional e internacional más amplio, clave para la producción de localidad (Appadurai 1996).

Los discursos de conservación y recuperación a nivel global tienen su origen en una serie de transformaciones políticas y económicas de los siglos XIX y XX. En esta época se crean los grandes museos europeos y coincide con el auge del nacionalismo, que precisa de símbolos para la construcción de una historia nacional compartida, y el impacto de la industrialización que hace volver la vista hacia la «tradición». Francia e Inglaterra lideran estos movimientos con diferentes énfasis en el Estado o en las asociaciones privadas respectivamente, e inauguran una nueva sensibilidad estética donde el pasado se convierte en algo idealizado y se ubica más allá del tiempo, una metáfora de lo original y lo auténtico, el paraíso perdido. La asociación entre ideas de conservación del patrimonio y el auge del nacionalismo se aprecia en Europa, de forma evidente después de la Primera Guerra Mundial. El Grupo Pro-Évora representa un esfuerzo pionero y notable, si tenemos en cuenta que la primera iniciativa importante de legislación y cooperación internacional se produce en 1931 por el Consejo Internacional de Monumentos y Sitios (ICOMOS), con la Carta de Atenas para la Restauración de Monumentos Históricos, un documento que resume las tendencias de restauración (que tendrá relevancia especial después de la Segunda Guerra Mundial, con las destrucciones bélicas de ciudades y monumentos). En este contexto se produce el comienzo de legislaciones nacionales e internacionales sobre patrimonio y conservación. Pero el ejemplo de Évora, un cuarto de siglo antes, sugiere que estas legislaciones no se aplican de un modo mecánico, sino que las esferas de lo local y lo global en cada contexto tienen maneras particulares y creativas, dando lugar a realidades nuevas, procesos de negociación entre los agentes individuales y campos de posibilidad definidos globalmente.

CAPÍTULO 9

La imagen de Évora

Una ciudad no solo se construye piedra a piedra, sino también palabra a palabra. La piedra conforma su fisonomía, es la materia de sus edificaciones, la crea físicamente. La palabra la construye en su sentido moral, le proporciona su identidad e ideología y su lugar en el mundo. La construcción simbólica de la ciudad se realiza por diferentes vías; la construye su mitología, se elabora en base a su historia, la forjan sus habitantes y también sus visitantes. Se trata de una construcción intangible, inmaterial, que tiene trascendencia en su presente y en su futuro, ya que resume aspiraciones, define estrategias e impulsa a la acción.

En estas líneas me propongo explorar las imágenes y asociaciones que diversos escritores (poetas, novelistas, ensayistas, viajeros…) han dedicado a la ciudad de Évora.[1] Se trata, pues, de una construcción intelectual de la ciudad. Para ello me he servido de la compilación titulada Évora na Literatura realizada por Ludovina Grilo y Antonieta Félix (2013). La mayor parte de los autores y referencias proceden de esta compilación.[2] Aparte he consultado otros textos, como la obra poética de Florbela Espanca y fundamentalmente la novela de Vergílio Ferreira Aparição que, se podría decir, tiene como protagonista a la propia ciudad. He tomado además algunas referencias de la antología en español de Moura Fernandes (1999) sobre el Alentejo.

Uno de los primeros autores que dedica de forma explícita una referencia a Évora es Luís de Camões, quien escribe un poema, en Os Lusíadas, que contiene el nombre

---

[1]   Una primera versión de este capítulo ha sido publicada con el título «Lo inmaterial de la ciudad histórica: la imagen de Évora» (2016b). Este ejercicio lo he realizado anteriormente en Ávila sobre las murallas de la ciudad (Cátedra 1997a y 2007). Dado que he tratado de comparar Ávila y Évora a diferentes niveles (mitología, religión, etc.), pienso que puede ser interesante analizar las imágenes de ambas ciudades y comprobar similitudes y diferencias.

[2]   Se trata de un documento accesible en Internet. Todos los autores pertenecen a esta antología y aparecen en el texto tan solo con su apellido. Cuando la cita proviene de otras fuentes señalo la referencia de manera estándar. (http://www.cmÉvora.pt/pt/siteviver/culturaepatrimonio/cultura/equipamentos-culturaismunicipio1/nucleo-de-documentacao/documents/Évoranaliteraturajul2014.pdf).

de la ciudad. Pero no es el único, ya que abundan los autores que dedican a la ciudad sus poemas o escritos (entre otros, Florbela Espanca, Celestino David, Vitorino Nemésio, Miguel Torga, Joaquim Azinhal Abelho, Felícia Festas Hortinhas, Francisco José Viegas, José Luís Peixoto, Gustavo Matos Sequeira, Margarida Morgado). Con alguna excepción (Luís de Camões) todos los autores a los que me voy a referir pertenecen a los siglos XIX y XX.

La primera aproximación a la ciudad proviene de sus aspectos físicos. Muy significativamente en una ciudad tan histórica, los aspectos ecológicos parecen ser a primera vista más preeminentes que los históricos o arquitectónicos.

CIDADE CLARA

Quizá la imagen más repetida es la de una ciudad luminosa y con un sol radiante. Se la ha llamado *cidade clara* (Gil 1997) y aparecen muchas referencias a su luz, sol y a su cielo intensamente azul:

> **O sol** glorioso [...]
> Que a **luz do sol** patina e tinge em rosas [...]
> A par do **sol doirado** [...]
> E a **luz** que as ilumina (David 1943).

> O zimbório da Sé brilha, **dourado ao sol** matinal [...] (Ferreira 2000, 24).

> É assim a **luz**, encantamento e euforia (Viegas 2002).

> Évora enigma de ruínas
> sob o **céu azul**
> intensamente **azul** (Morgado 2004).

Sin embargo, el fuerte sol de la *terra quente*, como se ha denominado al Alentejo, tiene sus riesgos y algún autor convierte a la ciudad en erma o incluso abrasada:

> Évora! **Ruas ermas** sob os céus cor de violetas rosas... (Espanca, s.f.).

> Tão **erma ao Sol**, como resistes? (Nemésio 1946).

> Minha terra de tardes sem um asa,
> Sem um bater de folha...a dormitar... [...]
> Minha terra moirisca a **arder em brasa**!
> (Espanca, s.f).

CIDADE BRANCA

La luminosidad incluye también el color asociado al revoque de cal de muchas de sus casas. La ciudad *branca* destaca en los comentarios de bastantes autores:

> ... à luz das **casas branquinhas** (Melo 1998).

> Évora está toda **em cal** (Abelho 1984-1985).

> Évora [...]. Tão sossegada na **cal branca** (Nemésio 1965).

> Irei a Évora descobrir **o branco**... (Alegre, em Fernandes 1999).

> Toda a **brancura** do mundo revoava e brilhava no adro quando os príncipes entraram na Sé...a luz tornava-se amor, luz que escorria pelos telhados... (Rodrigues 2003).

> Na **branca** e azul luz de Évora (Viegas 2002).

> Évora é uma **cidade branca** como una ermida (Ferreira1958).

> **Cidade branca** [...] a branca aparição desta cidade-ermida [...] cruzam-se diante de mim as fachadas dos prédios numa alucinação de luz, uma vaga de aridez [...]. Sobre o **casario branco** (Ferreira 2000, 14).

> A cidade resplandecia a um sol familiar, **branca** [...] (Ferreira 2000, 23).

> Vagueei longo tempo através das ruas facetadas de **branco** [...] (Ferreira 2000, 113).

> Amanhecia em Évora. O sol saíra da planície e espreitava entre os muros caiados da cidade. Passou pelas ruínas romanas do Templo de Diana, as suas colunas de granito cinzento suavizadas pela luz da manhã nascente. Vinha aí um belo dia de sol e frio... veio sentar-se cá fora, escutando os ruídos da cidade que acordava [...]. A cidade **branca** acordava. (Rodrigues 1998).

CIDADE EM LUA

Pese a su luminosidad la ciudad aparece también en sombras, siendo todavía «mais Évora» en la noche, tal como indica Freyre, abierta a la luna o toda en luna:

> ...a cidade estava escura: era quase noite e Évora à noite é ainda **mais Évora do noite** que durante o dia (Freyre, s.f.).

> Évora aberta **a lua plana** [...] (Nemésio 1965).

E pela calada da noite…

[…] Évora está **toda em lua** (Abelho 1984-1985).

… Só nessa noite o vi bem, nessa noite de setembro, lavado de um **grande lua** (Ferreira 2000, 26).

… verificava-se o apagar das luzes de iluminação pública à **meia-noite** mergulhando a cidade no mais profundo silêncio envolta nas **brumas da noite**. Era belo no entanto, ver-se a cidade quando **havia luar**, a majestade dos edifícios, as suas ruelas estreitas, o casario branco […]. O Templo Romano…parecia que desabava sobre nós o seu alteamento e tudo isto aliado ao silêncio e ao frio que nos enregelava, da madrugada que rompia e nos trazia embevecidos e deslumbrados perante tanta beleza e assim mesmo, em carências! … (Cutileiro 1990).

SOMBRA E LUZ

Sin embargo, es el contraste entre sombra y luz lo que se aprecia en muy distintos autores y también la síntesis entre contrarios:

… Uma cidade fantástica erguia-se imaginada, numa geometria árida de superfícies lisas, com faixas de **sombra e luz** (Ferreira 2000, 113).

o olhar perde-se nas esquinas
embate em **sombras**
liberta-se em **luz** (Morgado 2007).

pedras enraivecidas pela sua triste condição,
chapadas de cal, **sol** e de **luar**, (Espanca, s.f, como se citó en Abelho y Amaro, s.f., 191).

Ilumina-a o **luar** com seu clarão […]
Meu rude coração de alentejana
Me palpitasse ao **luar** nesse balcão […]
Vi passar o cortejo ao **sol doirado**… (Espanca, s.f., como se citó en Abelho y Amaro, s.f., 1-2).

O minha terra na planície rasa,
Branca de **sol** e cal e de **luar** (Espanca, s.f., como se citó en Abelho y Amaro, s.f., 193).

PLANICIE

Aparte de la luz, el sol, las sombras y la noche, otra característica aparece con frecuencia entre los diversos autores: la *planície* que rodea la ciudad, situada en una insólita colina. La planicie es la principal característica del Alentejo y supone un intenso horizonte de *infinitude*.

> Évora foi sempre a urbe maior das terras alentejanas.... Ergue–se num ponto alto dominando a **planura** várias léguas em redor (Henriques 1991).

> ... e na mais rasa das **planícies**, ergueu essa flor de pedra e de luz que é Évora! (Torga 1950).

> Recorta-se já na linha do **horizonte** o perfil de Évora... (Campos 1986).

> ... com o mesmo olhar intenso que os seus **horizontes** requerem (Saramago 1997).

Especialmente frecuente es la planicie en la obra de Ferreira, *Aparição*. La ciudad «aparece» en la inmensidad de la llanura.

> Évora [...]. Convergem para ela os caminhos da **planície** como o rasto da esperança dos homens [...] o que a habita é o silêncio dos séculos, do descampado em redor. [...]. E quando se sai da cidade, a **planície** prolonga, ate a um limite irreal, esta voz de infinitude. (Ferreira 1958).

> Atrás ficava a cidade [...]. As casas brancas apinhavam-se, umas contra as outras, à ameaça do deserto e da desolação. E ali parado, em face da cidade perdida na **planície** [...] (Ferreira 2000, 57).

> [...] um eco surdo alongava-se pela rua até ao vazio da **planície** adivinhada ao longe, como um cerco infinito à cidade irreal [...] (Ferreira 2000, 113).

> [...] cidade milenária dormindo o sonho da **planície** [...] (Ferreira 2000, 175).

> É uma noite sem lua, mas com um céu vivo de estrelas. Mas a minha atenção prede-se à cidade, à **planície** [...] (Ferreira 2000, 268).

TERRA DE PÃO E VINHO

En los textos aparecen pocas referencias al modo de vida o a su agricultura, algunas de las cuales se refieren a productos que en su entorno se producen, como el trigo, el pan o el vino y los productos que traen a la ciudad los vendedores ambulantes, lo que constituye según Ferreira «os ruídos da cidade». Y también las industrias locales y su gastronomía en tiempos de Ramalho Ortigão.

> Claro **celeiro de pão** (Gil 1997).

> Do trigo seco nas almiaras
> Onde tenho o **meu pão** e a minha casa [...]
> (Espanca, s.f).

> Tenho montes,
> **Vinho** maduro e granito (Torga 1950).

> Pela manhã, os ruídos da cidade [...]. Estrépito de carroças, batendo a ferragem nas calçadas, a corneta do **azeiteiro**, toque de ferrinhos de **caldeireiro** ambulante, pregões de vendedor de **queijo** meia-cura, queijo, do vendedor de **mel**, água mel e **louça**- ó cidade estranha, cidade velha, portas entreabertas para pátios seculares (Ferreira 2000, 175).

> O que em Évora nos embeleza e nos encanta [...] *são os restos das suas indústrias locais, a* **olaria**, a **tapeçaria**, a **caldeiraria**, a **selaria**, a **carpintaria de móveis**, e talvez ainda a sua tradicional **cozinha**, a doçaria famosa dos seus conventos, a sua honrada açorda de coentros, o seu bolo podre, de farinha de milho, azeite e mel, como o que se comeria talvez, entre os hebreus da Bíblia, à mesa de Abraão (Ramalho Ortigão 1941).

Los aspectos ecológicos se resumen con una pequeña alusión a las aguas de la ciudad, que se da entre las primeras referencias, como el propio Camões, que señala las «águas nítidas de argento» que han permitido la vida, o también, según Torga, «a brancura redonda da água das tuas fontes». También hay una noticia sobre el exceso de agua —poco frecuente— en un anónimo del siglo XVIII, que refiere como en enero de 1751 hubo tan gran lluvia durante quince días en Évora que provocó el ahogamiento de mucha gente, aparte de un buey y un macho (Fonseca 2001). Tal vez se señala porque tal tempestad no es nada frecuente en el clima eborense, lleno de luz y de sol.

A CIDADE MONUMENTAL

La arquitectura de la ciudad rodeada de una imponente planicie aparece en Torga como un milagro, una «flor de pedra e luz»:

...o alentejano faz milagres. A própria paisagem sem relevo o estimula. Faltava ali o desenho e a arquitetura [...]. E na mais rasa das planícies, ergueu **essa flor de pedra e de luz** que é Évora! (Torga 1950).

Entre los edificios y monumentos de la ciudad destacan los monasterios. Júlio Dantas llama a Évora «a cidade dos mosteiros» (el título de su texto) y también se refiere a la ciudad como un «convento colossal»:

A noite caíra pesadamente sobre a mole enorme de granito do **convento** de S. Francisco de Évora [...] Os sinos da oração tinham batido em todos os **mosteiros** da cidade – além, nos **jerónimos** do Espinheiro; mais perto, nos **cartuxos** de Aracoeli; agora em timbres agudas e longínquos de sineta, logo em sons cavos de prato de cobre sacudido no ar; aqui, ali, picando Évora inteira, em todos os **campanários**, em todas as **torres**, nas **bernardas** de S. Bento, nas **claristas** do Calvário, nas **carmelitas** de Santa Teresa, nos **dominicanos** do Paraíso -, como se a cidade toda fosse um **convento** colossal sobre cujos telhados se debruçasse velho gigante romântico coberto da poeira de oiro dos séculos, a torre octogonal da **Sé** (Dantas 1914).

Hay escritos dedicados a diferentes lugares, por ejemplo, el Jardim Público, la actual universidad, la *praça* de Giraldo y especialmente la catedral. Así se refiere Ferreira a la *geometría* de la ciudad y Saramago a la Sé:

Uma cidade fantástica erguia-se imaginada, numa geometria árida de superfícies lisas, com faixas de sombra e luz estiradas dos candeeiros às esquinas, com filas de janelas altas e cerradas, túneis de arcadas desertas, flechas de torres, de chaminés à altura dos astros, ângulos negros de ruas —**imóvel espectro** de uma civilização perdida... (Ferreira 2000, 24).

Em Évora [...] o viajante... entra na **Sé**. Há templos mais amplos, mais altos, mais sumptuosos. Poucos têm esta **gravidade recolhida** (Saramago 1997).

Vista da minha janela
A Sé Catedral é bela
Bela como outra não vi [...]
Transcendente...divinal (Sant'Anna 1984).

El edificio principal de Évora y el más citado entre los escritores es, sin duda, el templo romano, por ejemplo, esta poesía de Celestino David en que asocia el templo al sol y a la eternidad:

Erguendo o vulto, o Templo **augusto** - o **mutilado**
Templo romano [...] saúda agora o sol e o canto da manhã [...]
Que vibra, em duro bronze, a doce voz dos sinos

Na velha catedral...
O sol glorioso, estranha o ar **do grande monumento**
Que a luz do sol patina e tinge em rosas
O **velho** templo e o rubro sol desfiam —**Eternos** ambos!
A sua **eterna e singular beleza**

A par do sol doirado
O Templo abençoado a cerca da cidade,
Na luz moldado
Ostenta e vive a **sua eternidade**!

Os raros **capiteis** revestem-se de luz...

E a luz que as ilumina
O **Templo do Passado!**
O **Templo da Saudade!**
Augusto e grave Templo arruinado
Mas **sempre belo em arte e majestade**! (David 1943).

Muitos passam nem reparam
No nosso **Templo Romano** (Hortinhas 1998).

Não tenho nas minhas veias
Nem **o templo de Diana**
Nem a praça de Giraldo
Nem a brancura redonda
Da água das tuas fontes... (Torga, s.f.).

Passou pelas ruínas romanas do **Templo de Diana**, as suas **colunas** de granito cinzento suavizadas pela luz da manhã nascente (Rodrigues 1988).

O **Templo Romano**...parecia que desabava sobre nós o seu alteamento... (Cutileiro 1990).

O **templo de Diana** parece uma gargalhada sinistra encarnando uma caveira que é o próprio tempo... (Abelho y Amaro, s.f., 162).

Las calles también son señaladas por sus silencios, arcadas, laberintos, encrucijadas, ruinas. Hay incluso un poema dedicado a las *ruas*:

«**Salmo de Tristeza às ruas** de Évora»
... Nestas **ruas de silêncios mornos**...

E pela calada da noite...
Num passear trágico...
Ruínas e ossos partidos... (Abelho 1984-1985).

Évora dos súbitos **labirintos**
que perdidos percorremos
sem bem saber como entrámos
nas **falsas encruzilhadas**
com segredos e enredos
de moiras emparedadas (Morgado 2004).

Se é castigo
ver o também passar
levando consigo as razões de ficar
preso às **arcadas**,
às **ruas estreitinhas**,
às **janelas gradeadas**,
à luz das **casas branquinhas** (Melo 1998).

Évora! **Ruas ermas** sob os céus
Cor de violetas roxas... **Ruas frades** (Espanca, s.f.).

No obstante, es significativa la escasa referencia a sus muros en una ciudad perfectamente amurallada. Se citan en algunos pocos casos, aunque no tienen el impacto que tiene en ciudades semejantes,[3] Évora es una barca entre sus muros y no solo la ciudad tiene murallas...

É assim a luz, encantamento e euforia.
Nele estou intenso e exausto, ela me **acolhe**
Entre muros (Viegas 2002).

O sol saíra da planície e espreitava entre os **muros caiados da cidade** (Tavares 2013).

E vai, **vogada nos muros**
Como uma **barca contra o vento** (Nemésio 1946).

Criar relações em Évora era um milagre. **Tudo ali tinha muralhas: a sociabilidade,**
os jardins e, enfim, a própria cidade (Ferreira 2000, 43).

---

[3] Por ejemplo, en Ávila donde realicé similar análisis al que aquí propongo, pero dedicado principalmente a las murallas. Véase Cátedra (1997a) y Cátedra y Tapia (2007).

CIDADE HISTÓRICA

Abundan las referencias a la larga historia de la ciudad y a la cualidad de su tiempo hecho piedra, sus mayores influencias históricas y su toponimia. Una de las más frecuentes referencias tiene que ver con el pasado moro o, más propiamente, con la influencia mora o morisca y la época medieval. Para Saramago, Évora es un «estado de espírito» que defiende el pasado sin negar el presente. Ferreira por el contrario la considera un «cofre do tempo»:

> Em Évora há, sim, uma atmosfera que não se encontra em outro qualquer lugar; Évora tem, sim, uma presença constante de **História** nas suas ruas e praças, em cada pedra ou sombra... (Saramago 1997).

> Dela acolho o tempo, a finíssima alegria
> Do **tempo**. [...] (Viegas 2002).

> ... a **história** autêntica da colina de Évora [...] ilegível, inscrita na superfície do **tempo**, é o alicerce mais profundo sobre o qual se edificou, destruiu e tornou a edificar a cidade. Até hoje. O próprio topónimo, Évora, quando o pronunciamos, quando nos detemos a escutá-lo, ressoa na nossa boca e nos nossos ouvidos como a **memória** de uma **voz arcaica** (Saramago 1997).

> Conheço, dos seus espectros, a **vertigem das eras**, a noite **medieva mora** ainda nas ruas que se escondem pelos cantos, nas pedras cor do tempo ouço um atropelo de vozes seculares. Vozes de populaça, gritos de condenados, eco de reis, senhores, estrépito de guerras, ódios e sonhos, sob a imobilidade dos mesmos astros. Como um **cofre do tempo**, a cidade ignora a exatidão do presente, conhece apenas o alarme da **memória** (Ferreira 2000).

> Vários núcleos de tecido urbano onde persistem [...] **ancestralidade mediévica, mourisca o judaica** [...] a toponímia do burgo primitivo deixou arcaísmos... (Espanca 1997).

> [...] como entrámos
> nas **falsas encruzilhadas**
> **com segredos e enredos**
> **de moiras emparedadas** (Morgado 2004).

> O peso da **Idade Media** enegrecia ainda as almas, e os **mouros** também (Ferreira 2000, 42-43).

Una frecuente aproximación a la historia de la ciudad es a través de sus héroes mitológicos: Sertorio y Giraldo sem Pavor. Hay un poema dedicado a Giraldo (Antunes da Silva) que le resucita, otro autor se refiere a la presencia de ambos héroes en la ciudad y entre la gente.

Quem vem aí [...]
É **Giraldo**, o cavaleiro,
Que ledo ressuscitou
Vem saber da desgraça
Em que a nação se atolou (Silva, s.f.).

Eis a nobre cidade, certo assento
Do rebelde **Sertório** antiguamente [...]
Obedeceu, por meio e ousadia
De **Giraldo**, que medos não teria... (Camões, siglo XVI).

Sertório e Geraldo-Sem pavor. Estes dois nomes, simples e sonoros, quási legendários, cantam nos ouvidos eborenses como notas claras dum hino triunfal. Não há, intramuros de Évora, alguém que os desconheça, voz de mansidão ou de rudeza, que os não tenha pronunciado. Servem, desde longe, no batismo das ruas e das praças; distinguem, no deslizar dos anos, fidalgos e plebeus que com tais nomes se crismaram; e, como se um e outro fossem apanágio de uma grande família —a senhora e possuidora de Évora-gloriosa—,não há, agora mesmo, moço que não ostente, velho que os não escreva a preceder o seu apelido, num orgulho de quem descendesse do velho lugar-tenente de Sila ou do aventuroso fronteiro de Afonso Henriques (David 1923).

Évora cidade antiga
Património mundial [...]
Das otras foi escolhida
E representa Portugal
foi conquistada
Por **Geraldo O sem Pavor** (Hortinhas 1998).

La ciudad de **Diana y de Sertorio**, adormecida por el narcótico musulmán durante casi toda la Edad Media, recupera en el Renacimiento su lugar de destaque (Nemesio 1946, como se citó en Fernandes 1999).

LA VIDA SOCIAL

Hay pocas referencias a la cualidad de la vida social de la ciudad. En tiempo de Eça de Queirós se la supone de una «monotonia insuportável». La popular Feira de S. Brás y el más elitista Jardim Público eran momentos puntuales. Ferreira pone en boca de un personaje de Aparição este duro comentario en el que Évora es un «mosteiro en Quaresma»:

> Évora era uma cidade «absurda, reacionária» empanturrada de ignorância e de so-
> berba. Em Évora —tinham-lhe dito um dia— «não se podia ter mais do que a 4ª
> classe nem menos que 300 porcos». —Qualquer iniciativa cultural é logo abafada de
> desprezo e de banha. O peso da Idade Media enegrecia ainda as almas, e os mouros
> também [...]. Criar relações em Évora era um milagre. Tudo ali tinha muralhas: a
> sociabilidade, os jardins e, enfim, a própria cidade. Mas de vez em quando aquela
> gente ia a Lisboa [...]. Depois recolhiam ao **mosteiro** [...]. Évora era a Quaresma e
> Lisboa o Carnaval (Ferreira 2000, 42-43).

> **Feira de S. Brás** [...] a festa popular [...] uma das mais queridas diversões da **mono-
> tonia insuportável** que pesa constantemente sobre o mundo eborense (Queirós, s.f.).

> **O Jardim Público** [...] era, nesse tempo o principal **centro de convívio** aberto aos
> habitantes do centro urbano da cidade. Havia música aos domingos e às quintas-
> -feiras ao serão...
> Este ano teve ela (**Feira de S. Brás**) um terrível rival no **passeio público**; roubou-
> -lhe muitos atrativos, muitos encantos [...]. O passeio apresentou nesses dois dias
> lindíssimos um carácter quase exclusivo... (Queirós, s.f.).

La ciudad por su situación elevada es un símbolo de poder y no solo a nivel social, sino espiritual, pero también es una «casa abrigada» frente a la tempestad de la vida:

> Évora foi sempre a urbe maior das terras alentejanas.... Ergue-se num ponto alto,
> dominando a planura várias léguas em redor, posição a revelar a sagacidade daqueles
> que a fundaram: não a fizeram por isso inexpugnável, mas transformaram-na num
> **símbolo de poder** que não pode deixar de impressionar quem quer que seja. E, dentro
> da cidade, **a catedral** é o seu ponto mais **elevado** — outra prova de perspicácia dos
> antepassados - sede do verdadeiro **poder** que sobrevive, intacto e intocável, a tudo
> o que é transitório na existência... (Henriques 1991).

> Na branca e azul luz de Évora, no Sul
> Onde aparece a alegria,
> Uma **casa abrigada**
> Da tempestade (Viegas 2002).

Como se ha podido apreciar una metáfora muy frecuente ha girado en torno a la asociación con edificios e instituciones religiosas: un convento, un monasterio (Dantas) o una ermita (Ferreira). Muy significativamente no aparecen entre los autores uno de los más populares lemas de Évora —la Ciudad de las Iglesias—, quizá porque la iglesia es un lugar público frente a los significados de convento, monasterio o ermita que sugieren recogimiento, espiritualidad y ensimismamiento o incluso una «casa abrigada»; la ciudad está despoblada y dormida.

> Évora é uma cidade branca como uma **ermida**. Convergem para ela os caminhos da planície como o rasto da esperança dos homens. E como a uma **ermida**, o que a habita é o **silêncio dos séculos**, do descampado em redor (Ferreira 1958).

> Depois recolhiam ao **mosteiro** [...] (Ferreira 2000, 43).

> [...] quem acordou a alma da cidade e da província, **adormecida**... (Nemésio1946).

> Não era ainda muito tarde, mas a cidade apareceu-me **despovoada**. Solitário, sentia-a assim. [...] Cidade **deserta**, agora realmente **deserta**... (Ferreira 2000, 112-113).

LA CIUDAD, ELLA

Una de las imágenes más repetidas es la que convierte a la ciudad en una mujer. Tavares indica «Eva. Ev... ora» y Cutileiro sugiere «Évora, a bela dormia!». La figura femenina toma diferentes formas y varía entre una «senhora», «una moça», «una menina», «una freira sem véus», «moura cativa e rainha o berbere». Matos Sequeira considera que el conocimiento de la ciudad ofrece el mismo paralelismo que el conocimiento de la mujer amada. De igual modo, Florbela Espanca habla de la ciudad en términos sensuales:

> Évora **íntima** [...] a Évora paraíso de contemplativos [...] **beleza** evocadora [...] há que repousar-se lá mais tempo, espreitar pelas portas, enviesar os olhos pelos quintais, sentar-se a gente nos poiais, e nos degraus dos pátios, **viver com ela, adivinhá-la, senti-la**. Como certas **mulheres**, Évora, para amar-se exige-se que a conheçamos nos seus **pormenores**, nas suas **atitudes íntimas** ... meditá-la numa **oblação de namorado** (Sequeira y Souza, s.f.).

> Évora!... O teu **olhar**... o teu **perfil**...
> Tua **boca sinuosa**, um mês de abril,
> Que o coração no peito me alvoroça! (Espanca, s.f.).

Las asociaciones con la mora o bereber tienen que ver con su rasgo primordial, la conquista de la ciudad por Giraldo sem Pavor, como se aprecia en estas estrofas. La ciudad es una mujer mora «conquistada» por el héroe de guerra:

> [Évora] Pálida **moça, tão berbere**
> Nas horas duras do rescaldo!

Há sempre um jovem que a prefere
Com ousadias de Geraldo [...]
Évora, **freira sem véus** (Nemésio 1946).

Évora que não és minha
E o que eu gostava de ter:
Moira cativa e rainha,
Que não pude converter! (Torga, s.f.).

Es también señora o «milenar menina» que crece en el espacio y el tiempo...

Évora **milenar menina**
crescida em ermos de solidão
espreitando pelas esquinas (Morgado 2007).

Évora ja foi **pequenina**
E agora está expandida
Já deixou de ser **menina**
Esta cidade divina
Passou a ser mais crescida (Hortinhas 2005).

[...] a **senhora** e **possuidora de Évora-gloriosa** (David 1923).

E sente-se passar **menina e moça** (Espanca, s.f.).

CIDADE MORTA

La mora muere. Y la mayor parte de las asociaciones tienen que ver con la imagen de la ciudad dormida o muerta, desierta, llena de espectros. La cualidad de su color, la ciudad *branca*, acentúa esta sensación y también su infinitud. Más que ciudad, es necrópolis.

Mas o que eu sobretudo gostava de olhar era a cidade [...] e eu a revejo agora do meio da minha noite, plácida e **branca**, cercada de infinitude. Instala-se na colina, cisma para a lonjura, onde me abismo também, veste de **branco** a acumulação dos séculos como de um **luar de morte**. (Ferreira 1958).

A cidade [...] **branca**, enredada de ruas como de velhas cidades, semeada de **ruínas**, de arcos partidos, **nichos** de santos das orações de outras eras, janelas góticas, como olhares embiocados. **Évora mortuária**, encruzilhada de raças, **ossuário dos séculos e dos sonhos** dos homens [...]. Subo a rua que leva à Sé, viro ao largo do Templo de Diana. E nas colunas solitárias ouço como o murmúrio antigo de uma floresta **imóvel** (Ferreira 2000, 23-24).

Mas de vez em quando aquela gente ia a Lisboa [...]. Depois recolhiam ao **mosteiro** [...] **Évora era a Quaresma e Lisboa o Carnaval** [...]. Vagueámos pela **cidade morta**, de arcadas **desertas** (Ferreira 2000, 42).

Cidade **deserta**, agora realmente **deserta**. Mas a minha exaltação figurava-a **morta** desde há seculos [...]. Vozes **mortas** erguem-se com as fachadas, embatem no silêncio das galerias [...] (Ferreira 2000, 113).

Inscrições, túmulos, azulejos, **ruinarias** escoradas no ar por um prodígio de ceno-grafia trágica, **lúgubres** palácios d'átrios silenciosos, cubelos e muralhas de guerra... A cidade se me afigura, neste me vaguear à luz morrente, uma **necrópole** museu de grande povo... (Almeida 1941).

Évora silenciosa, entardecida em **sonhos**, continua com as suas «ruas frades», com as janelas cheias de segredos indecifráveis. O templo de Diana parece uma **garga-lhada sinistra encarnando uma caveira** que é o próprio tempo. Beirais taciturnos, pedras enraivecidas pela sua triste condição, chapadas de cal, sol e de luar, desejos frustrados, interrogações, tudo vem e tudo sai daquele **burgo esmaecido**, que é Évora-Cidade. (Abelho y Amaro, s.f., 162).

LA MUERTE Y LA VIDA

Pero quizá, detrás de la muerte está la vida, junto al fuego, la eternidad, la ciudad es *absoluta*:

> É uma noite sem lua, mas com um céu vivo de estrelas. Mas a minha atenção prede-se à cidade, à planície [...] um **incêndio** lavra [...] para a **renovação** da terra [...] é como se uma cidade **ardesse**, una cidade fantástica, aberta de quarteirões, de praças, de sonhos [...]. A noite avança, **a minha cidade arde sempre** (Ferreira 2000, 269).

> Porque Évora é principalmente um **estado de espírito**, aquele estado de espirito que, ao longo da sua história, a fez defender quase sempre o lugar do passado sem negar ao presente o espaço que lhe é próprio [...] só existe um modo de **perenidade** capaz de **sobreviver** à precariedade das existências humanas e das suas obras [...] segurar o fio da história e com ele bem agarrado **avançar** para o futuro. **Évora está viva** porque estão vivas as suas raízes (Saramago 1997).

> Ao mesmo tempo, **a cidade é o passado, o presente e o futuro**. Enquanto estamos aqui, a cidade está aquí e está também em séculos antes de nós, nas vidas dos pais

infinitos dos nossos pais. Enquanto estamos aqui, a cidade está aqui e está também em séculos depois de nós, nas vidas dos filhos infinitos dos nossos filhos. A cidade é a forma como a vimos em cada uma de nossas idades: quando éramos crianças e corríamos pelas ruas, quando acreditámos que nos apaixonávamos para sempre, quando éramos velhos e nos sentíamos a envelhecer ainda mais. A cidade é ontem indistinta de hoje indistinto de amanhã e, no entanto, é cada um desses dias únicos. **A cidade é absoluta**. (Peixoto 2007).

CONCLUSIÓN

En estas líneas he tratado de ofrecer ciertas palabras de cierto grupo, se trata una lectura intelectual de la ciudad, una representación de esta, desde dentro y desde fuera, desde la sorpresa y las sensaciones, desde la intimidad y la reflexión. Este es el discurso de una parte de la población, de sus visitantes y de algunos de sus habitantes; es obviamente un discurso parcial. Hay otros discursos desde distintas perspectivas, políticos e institucionales, populares y jerárquicos que hay que analizar. El propio discurso antropológico, con su atención a ciertos aspectos, revela preocupaciones y enfoques de la disciplina, una visión de la ciudad desde cierto ángulo. Es lo que he intentado hacer aplicando la lupa antropológica al colectivo de escritores frente a otros tipos de análisis.

Veamos el grupo en cuestión. La mayor parte de autores son de los siglos XIX y XX (a excepción de Camões en el XVI) con contextos temporales y vitales muy diferentes. Sin embargo, hay algo común en muchos de ellos. En una revisión rápida, de los treinta y cinco autores utilizados, [4] no llegan a media docena los que nacen y mueren en Évora (entre ellos, Antunes da Silva o Galopim de Carvalho). Algunos nacen en otros lugares, pero viven y mueren en Évora (por ejemplo, Celestino David o Túlio Espanca). Así pues, se trata fundamentalmente de un punto de vista desde fuera, quizá porque la sorpresa y el impulso de escribir proviene del visitante, y también una visión de conjunto que el de dentro no tiene porque ha vivido siempre en la ciudad y está acostumbrado a ella. Muy significativamente se repiten las asociaciones; poetas y escritores utilizan un pequeño número de imágenes que he tratado de ilustrar. La imagen, pues, no es algo inherente a las ciudades, se construye con un conjunto de ítems que destacan aspectos significativos de la ciudad, su entorno, su historia, sus símbolos. Como ha indicado Lynch:

---

[4]   No he utilizado todos los autores de la antología de Grilo y Felix bien porque se referían a aspectos muy concretos, bien porque no aportaban visiones de la ciudad en conjunto. Aparte de Camões, todos ellos escriben entre finales del siglo XIX y 2013, la última entrada de la antología.

> La ciudad no es sólo un objeto que perciben (y quizás gozan) millones de personas, de clases y caracteres sumamente diferentes, sino que es también el producto de muchos constructores que constantemente modifican su estructura porque tienen sus motivos para ello [...] cada individuo crea su propia imagen, pero parece existir una coincidencia fundamental en los miembros de un mismo grupo. ([1960]1984, 10-16).

Quisiera destacar que el posible interés de esta exploración literaria se centra en el contraste, similitud y diferencias que pueda ofrecer frente a otros discursos y frente a otras ciudades. Mi interés por los constructores intelectuales de la ciudad no es ajeno a mi previo trabajo en Ávila, y similar ejercicio con los intelectuales que han significado su ciudad (Cátedra 1997, 2007). Entre otros contrastes, Évora destaca por la escasa atención dedicada a sus murallas y a la ciudad amurallada, que es el rasgo principal que se destaca en la ciudad castellana. Obviamente, las murallas eborenses actuales no tienen la antigüedad y monumentalidad de las de Ávila, pero en cambio esta última no tiene las ruinas romanas de Évora y especialmente su Templo de Diana, que es lo más destacado de la ciudad. Veamos similitudes y diferencias.

Los comentarios sobre la muralla en Ávila se pueden agrupar en torno a tres aspectos: el espacio, el tiempo y la religión. En primer lugar, los abulenses sitúan la ciudad en su entorno, marcando el contraste interior/exterior y dentro/fuera, aludiendo a la severidad interior y a la más amable lontananza del valle en que se asienta. Pero además el interior de la muralla «ahoga, oprime o cierra», es «piedra, coraza, diamante, prisión o sepultura», «suprime el horizonte, esconde odios, envidia, impostura», es «austeridad, tristeza, mezquindad, aburrimiento o pasión». La muralla «está cerrada al mundo como una casa o un convento» (de clausura). La excepción es la muralla como «cumbre de una montaña», como «muro abierto».

En cuanto al tiempo, el obvio carácter de fortificación se diluye en favor de la idea del *castillo*. Un castillo que evoca los hitos históricos de la ciudad, «sus nidos de historia» (la Edad Media, el siglo XVI), que se asocia con la «patria y el nacimiento de la patria», con «Castilla y España», la «guerra», la «cuna» y el pasado heroico, los antiguos «guerreros», la «sangre» y la «tumba» de los héroes, las gestas que hace a esta ciudad caballeresca, «la ciudad de los caballeros». El negativo de este escenario guerrero, de antiguas glorias, es el «olvido» y la «pobreza», los restos de la antigua grandeza, los «mendigos», la «despoblación», las «casuchas miserables». El tiempo metafórico es de lo más elaborado: la muralla llega a ser la «muralla del tiempo» o, por el contrario, el medio de «olvidar el tiempo, matarlo», imponer distancias a su avance, «fuera del tiempo»; es tanto el símbolo de la «tradición», de la «personalidad de los pueblos», como de la «revolución».

Del tiempo a la *eternidad*. Los escritores y poetas nos informan de la atmósfera de sueño y ensueño que circunda la ciudad —como otra muralla— la aleja fuera del mundo, «dormida, rodeada de misterio y de secreto, de libre aventura del espíritu, de abstracción del mundo, de quietud, silencio, recogimiento, de reposo y de muerte». La muralla nos enfrenta a la eternidad, hecha «un erguido pensamiento, una atalaya silenciosa, una puerta del espíritu, hacedora y forjadora de almas», alada ella misma, hecha «alma». Y también representa a la experiencia religiosa. La entera provincia está «amurallada en la fe», la muralla es el «anillo de Dios», la «mística hecha piedra», los «castillos interiores», un «rosario», un «tahalí, un «conjunto de salmos», la «ciudad de los santos» y la «ciudad sacerdotal, austera y viril», pero también un «cubil». Y por último las imágenes que informan sobre la unión de opuestos, la dualidad de la «guerra y la mística», su naturaleza «caballeresca y monacal», el «convento en el castillo, el castillo interior y místico, exterior y belicoso». O, finalmente, la muralla como una «inmensa catedral».

Comparando este sumario de las imágenes abulenses en torno a la muralla, que define la propia ciudad, en Évora se destaca la atención a ciertos aspectos ecológicos que no incluyen apenas su cualidad de ciudad amurallada (*cidade clara, do sol doirado, intensamente azul, erma ao sol, cidade branca, toda em cal*). Estas características tienen que ver con la identidad que se atribuye a Évora (y al Alentejo) dentro de los contrastes del país, dentro de la diversidad ecológica de la nación. Aparentemente imágenes de la *terra quente* por su clima, sus características físicas y objetivas, si bien de forma imperceptible aparecen otras imágenes, como *cidade en lua, toda en lua*, que evocan otras sombras y opuestos (*branca de sol, de cal e de luar*). La diferencia con Ávila es que esta no es blanca ni nadie la llamaría «tierra caliente», sino justo su opuesto. El contexto de Évora situada en una pequeña colina, dentro de una inmensa llanura, despliega las metáforas del infinito y el horizonte (*planura, horizonte de infinitude, sonho de planura, caminos da planicie como o rasto da esperanza dos homens…*). Su contexto incluye además su modo de vida (*terra de pão e vino, azeite, queijo e mel*) y sus industrias locales (*a olaria, a tapeçaria, a caldeiraria, a selaria, a carpintaria de móveis…*).

La dimensión histórica, de indudable peso en la ciudad eborense, es una de las facetas más destacadas, aunque de ciertos pasados y no otros, [5] ciertos edificios y no otros, que aluden en sus significados al contexto de la nación. La ciudad monumental y conventual (esa *flor de pedra e luz*) es muy parecida a Ávila, también llena de conventos, pero sus edificios emblemáticos son diferentes —las murallas en un caso y el Templo de Diana en otro—.[6] Lo que se celebra en Ávila es la Edad Media

---

[5]   Adormecida por el narcótico musulmán durante casi toda la Edad Media, recupera en el Renacimiento su lugar de destaque (Nemesio 1946, como se citó en Fernandes 1999).

[6]   Ambos monumentos han seguido trayectorias similares. Las murallas de Ávila fueron declaradas Monumento Nacional en 1884 y Patrimonio Mundial en 1985; el Templo de Évora en 1890 y 1986 respectivamente.

(finales del siglo XI-XII de cuando datan las murallas) y el Renacimiento (su época de mayor esplendor), que conforma su estructura monumental. Aunque hay algunos restos romanos en Ávila, por ejemplo, en ciertos sillares de las murallas actuales originarios de una antigua muralla romana, este pasado es muy poco reconocido. Por el contrario, el edificio emblemático de Évora ha sido el Templo de Diana, aunque se trate también de una ciudad amurallada.[7] Los comentarios sobre el templo en los distintos autores se refieren a su belleza, pero también es un monumento frágil, mutilado, eterno (*grande monumento, augusto, mutilado, eterna e singular beleza, sua eternidade, capiteis revestem-se de luz, o templo do passado, o templo da saudade, augusto e grave templo arruinado, sempre belo em arte e majestade*). Sin embargo, el templo puede ser también «uma gargalhada sinistra encarnando uma caveira que é o própio tempo...». Sertorio es el personaje contrapunto de la diosa Diana. El pasado romano de la ciudad ha sido su más importante referencia, ya desde el siglo XVI y más recientemente desde mediados del XIX.

Las *ruas* de Évora sugieren en varias de sus evocaciones (*salmo de tristeza às ruas, de silêncios mornos, de labirintos, falsas encruzilhadas com segredos e enredos de moiras emparedadas, arcadas, ruas estreitinhas, janelas gradeadas, casas branquinhas, ruas ermas, ruas frades*) un escenario oriental y más concretamente viejos lugares de moros y moras. No en vano, el Alentejo y el sur se consideran las zonas donde más tiempo permaneció la cultura musulmana en Portugal. Varios autores se refieren a estas memorias («*tecido urbano onde persistem ancestralidade mediévica, mourisca o judaica; a noite medieva mora ainda nas ruas; o peso da Idade Média enegrecia ainda as almas, e os mouros também*») que, sin duda, tienen que ver con la gesta de Giraldo. Este héroe mitológico representa la época medieval, así como su catedral, de las más bellas de la península, situada en el punto más alto de la ciudad.

Al igual que en Ávila, aparecen muchas imágenes sobre la ciudad *despovoada, adormecida, deserta,* con escasa vida social, que la convierte en una ermita, convento, monasterio o casa. *Évora es una cidade morta (luar de morte, semeada de ruínas, nichos de santos, mortuária, ossuário dos séculos e dos sonhos, morta desde há séculos, vozes mortas, de arcadas desertas, no silêncio das galerias, lúgubres palácios, burgo esmaecido, necrópole--museu...).* En Ávila ello se considera que es debido a la escasa población de la ciudad en relación con el conjunto castellano, a su frío invierno, su carácter provinciano, semirrural, y al hecho de ser una pequeña ciudad periférica dentro de la nación. Sin

---

[7]   Los muros en Évora han sido construidos en diferentes épocas, si bien no cuentan con la monumentalidad de las murallas abulenses. Las primeras, del siglo III, son las murallas romanas; en el siglo XIV las de Alfonso IV, y la llamada *cerca nova* en los siglos XVI y XVII.

embargo, Évora, con similar número de habitantes,[8] es la ciudad central del Alentejo y fue en el pasado una de las tres mayores ciudades de Portugal, lo que no explica que se la califique de igual modo. Quizá ello se deba a que la ciudad se ha diseminado en los *bairros* de alrededor[9] mientras su pequeño centro histórico, muy delimitado, que es lo que el visitante frecuenta, permanece más o menos estable y diferenciado. Este núcleo histórico ha ido perdiendo población desde los 18 000 habitantes de 1940 a los 4700 de 2011; es también el centro administrativo y universitario y se vacía en la noche y los fines de semana. Ávila ofrece una estructura más compacta como ciudad, y su centro histórico está más integrado e indiferenciado en el casco urbano.

Pese a que Évora ha sido llamada *a cidade das igrejas* la religión no ha sido un rasgo muy característico de la ciudad ni del Alentejo en general. El lema se refiere a sus muchas iglesias como construcciones arquitectónicas e históricas. No es el caso de Ávila, que se asocia una y otra vez a las murallas, y la ciudad misma con la experiencia religiosa y la mística. Expresiones como puerta del espíritu, ciudad hecha alma, muralla en la fe, anillo de Dios, rosario, conjunto de salmos, castillo interior y místico aluden a esta especialización en la ciudad de los santos, pero inmediatamente se relaciona con la guerra: tahalí, ciudad caballeresca y monacal, castillo interior y místico, exterior belicoso y, en definitiva, ciudad sacerdotal, austera y viril… En Ávila se celebra fundamentalmente la guerra, el nacimiento de la patria, las glorias en la batalla, Castilla y España. La muralla es el símbolo perfecto de ese pasado guerrero, la gesta de la Reconquista frente a los moros, por parte de sus viriles guerreros. No extraña, pues, que otro de los lemas más conocidos de la ciudad sea «la ciudad de los caballeros».

He aquí el contraste mayor con Évora, donde la ciudad, *ella*, es una mujer, una mujer mora conquistada. La asociación de la ciudad con una *senhora*, una *moça*, una *menina*, una *freira sem véus*, *mora cativa e rainha* o *bereber, beleza evocadora*… es justo el opuesto de ese ideal guerrero. El hecho de que su monumento principal, el templo romano, se haya adjudicado a Diana, diosa de la luna, la caza y la castidad, cuando en realidad estuvo dedicado al emperador Augusto, acentúa esta especialización femenina. Un templo frágil, bello, mutilado, muerto, eterno… sugiere la asociación de la ciudad con la mujer y la necrópolis, la vida y la muerte. Par absoluto que evoca la ciudad como un burgo *esmaecido*, la doncella bereber frente al héroe guerrero, el *aven-*

---

[8]   En torno a los 60 000 habitantes en la actualidad. Ávila, que en el siglo XVI llegó a los 13 000 habitantes, en el año 1800 tenía unos 4000, en 1900 tenía unos 11 500 y en 1960 unos 25 000. El contraste con Évora es significativo; en 1800 contaba con 18 600 habitantes, 25 000 en 1900 y 50 000 en 1960. Los datos indican que la ciudad portuguesa se mantuvo estable en el tiempo, mientras Ávila sufrió grandes cambios de población.

[9]   Ello ha sucedido en dos períodos: mediados de los años cuarenta, una emigración más rural y agrícola, y otra más urbana en los setenta del siglo XX, en los llamados *bairros clandestinos*.

turoso fronteiro que, no olvidemos, la conquista y la mata. En cierta forma la ciudad muere, pero también renace de sus cenizas, de sus ruinas. Todas las ciudades lo hacen.

¿Qué significa este recorrido por las imágenes metafóricas y simbólicas? Son parte de la propia cultura de la ciudad.[10] Nacemos con la capacidad de simbolizar la ciudad, como simbolizamos con nuestro propio cuerpo, y aplicamos esa capacidad a los lugares aprendiendo, y creando, de manera imperceptible sobre lo que nos rodea, traficando con significados en la vida social. Si hay imágenes contrapuestas y contradictorias es porque así somos los humanos y los grupos sociales. Estas líneas son parte de un discurso que probablemente ha influido más de lo que pensamos en la visión de conjunto de la ciudad, en su imagen y estereotipos. La metáfora, como indicaba Rimbaud, puede cambiar el mundo o al menos nuestro sentido del lugar y la situación.

> É um lugar-comum identificar Évora com o próprio conceito de Património. Talvez por ser o único centro histórico, de dimensão considerável e tão habitado, que recebeu a classificação da Unesco, instituição que traz o prestígio que outras instituições têm de ocupar-se em gerir e cuidar. E Património é também, em meu entender, o somatório precisamente destes três conceitos: identidade, memória, futuro. Este Lugar cruza-se então com o Tempo para se definir e dar a viver. Vivenciar Évora é testemunhar, de forma mais ou menos distraída, a sua identidade, a sua memória e fazer parte de uma marca que a perpetue assim no futuro (Pereira 2013).

Estas imágenes son representaciones, expresiones y formas de conocimiento que cumplen con los requisitos y definiciones del Patrimonio Cultural Inmaterial (PCI) de la Humanidad (Convención para la Salvaguarda del PCI 2003, artículo 2.2). El PCI es la última versión de patrimonio que tradicionalmente se ha asociado al objeto y al profesional del patrimonio. Sin embargo, frente a los protagonistas del Patrimonio Cultural tradicional en que los agentes sociales han sido meros *informantes* de los expertos profesionales o especialistas del patrimonio, la convención de 2003 proporciona un papel más activo a las comunidades, grupos e individuos.[11] Aquí se

---

[10]   Un trabajo bien interesante sobre el imaginario de un barrio de Lisboa, la Mouraria, es el de Menezes (2004). En los capítulos 4 y 5 analiza la construcción de imágenes del barrio desde dentro y desde fuera.

[11]   La Convención para la Salvaguarda del PCI (2003) en su artículo 2.2 incluye dentro de esa categoría tradiciones y expresiones orales, incluido el idioma como vehículo del PCI, artes del espectáculo, usos sociales, rituales y actos festivos, conocimientos y usos relacionados con la naturaleza y el universo, técnicas artesanales tradicionales. Pero los usos, representaciones, expresiones, conocimientos y técnicas junto a los instrumentos (objetos, artefactos y espacios culturales) tienen que ser: 1) reconocidos como parte del patrimonio cultural de comunidades, grupos o individuos, 2) trasmitidos de generación en generación, 3) recreados por las comunidades y grupos, en función de su entorno, su interacción con la naturaleza y su historia, 4) infundidos de un sentimiento de identidad y continuidad, y 5) compatibles

sugiere un nuevo papel para un grupo concreto de agentes sociales, que aportan una perspectiva distinta sobre la ciudad, una lectura diferente. La construcción literaria —en definitiva, las palabras— también es objeto de patrimonialización y tiene su impacto en la comunidad. Lo pude apreciar en mi propio trabajo de campo en el que algunos de mis informantes aludían con frecuencia a ciertas citas literarias, imágenes de ciertos autores, definiciones poéticas, para explicarme su ciudad. Al mismo tiempo, en el campo también se aprecian versiones patrimoniales de las prácticas culturales, la invención de las categorías y su construcción política e institucional. Si pensamos en Évora, Patrimonio *Mundial*, un icono cultural convertido en marca, una inclusión que apenas tiene treinta años, comprenderemos el cambio profundo positivo y negativo experimentado tras esa categoría en la ciudad. Las listas en que se incluyen estas ciudades son escaparates al exterior, posibilidades de desarrollo económico y turístico, pero también clasificaciones y taxonomías selectivas que extienden el museo al espacio social de la vida, y en cierta forma impulsan la cosificación patrimonial, la museificación y la burocratización.

La producción del patrimonio no es solo una producción de conocimiento, sino expresión del poder (Santamarina 2013). Al seleccionar ciertos elementos y no otros a trasmitir, las actuaciones patrimoniales no son solo técnicas, sino que condicionan las representaciones de identidad de los grupos sociales y revelan su dimensión social y política. La patrimonialización produce nuevos objetos sociales, nuevos vínculos comunitarios, nuevos grupos y comunidades. Pero las comunidades nunca son grupos homogéneos, sino sistemas sociales complejos y conflictivos. La definición insiste en el papel de los agentes sociales (comunidades, grupos, individuos) y en su evolución en manos de esos grupos. Comencemos a identificarlos.

---

con los derechos humanos[...] (Bortolotto 2014, 6). Véase la excelente crítica de Beatriz Santamarina (2013) al concepto de patrimonio inmaterial y su «éxito (exótico)» pero asimétrico y excluyente.

Parte III
Évora Patrimonio Mundial

El 25 de noviembre de 1986 el Centro Histórico de Évora es clasificado Patrimonio Mundial por la Unesco, un hito en la ciudad que impulsa su apertura al exterior y una nueva estructuración de esta. En estas líneas trataré de analizar sus antecedentes, el proceso seguido tras la declaración y el impacto en la ciudad, que se produce en el ya largo cuarto de siglo que lleva así clasificada. Cualquier clasificación siempre conlleva una elección y esta supone, por definición, que algo se pierde, además de lo que se gana.

ANTECEDENTES

El *dossier* de la candidatura había sido elaborado en noviembre de 1984 por Túlio Espanca, funcionario de la Cámara Municipal y cronista de la ciudad que había realizado una ingente labor en el Inventario Artístico del Concelho de Évora (Espanca 1966). Évora fue la segunda ciudad portuguesa, tras Angra do Heroísmo (Azores), en ser declarada Patrimonio Mundial, antes incluso que Oporto y Guimarães. En el *dossier* se destacó la coherencia del conjunto compuesto por grandes monumentos religiosos, militares o civiles,[2] pero también por modestas casas populares. El área protegida

---

[1]   Una primera versión de este capítulo fue publicada con el título: «Impactos. Évora Patrimonio Mundial» (2016a) y estuvo dedicada a mi colega y amigo Joan Frigolé.

[2]   En ese momento la ciudad tenía treinta y seis monumentos clasificados y cuarenta y uno a proponer de interés local, de un total de 387 edificios inventariados, entre ellos monumentos romanos, medievales y especialmente construcciones del siglo XVI. Aparte de algunos pocos vestigios visigodos y árabes y del templo romano de Diana, el arco de S. Isabel y la muralla romana, aparece la catedral (1204), el convento de San Francisco, San Bento de Castris (XIII) y Santo Domingo (XIV). Al final del siglo XIII se trazan las nuevas murallas que cierran el tejido urbano y se construyen entre 1350-1440 utilizando viejos materiales; también surgen los barrios moros y judíos. El siglo XVI marcará la edad

(el Centro Histórico) abarcaba unas ciento trece hectáreas,[3] contenía cuatro mil casas y doce mil habitantes en la época. En sus casi tres kilómetros amurallados se concentraban el 70 % del comercio, servicios y trabajo.

El siglo XIX había traído cambios significativos a la estructura de la ciudad, a raíz de la ocupación francesa, pero especialmente tras la desamortización y la enajenación de conventos, así como una nueva imagen, a través de su pasado romano. En este convulso siglo trabajaron en la ciudad varios eruditos que contribuyeron a su estudio y su defensa (Cunha Rivara, Simões, Pereira...). En la primera mitad del siglo XX, las intervenciones fueron pocas, en zonas de antiguos conventos (Santa Mónica, Salvador, Santa Catarina y Paraíso) o la creación de nuevas plazas y centros (como las de Joaquim António Aguiar o Giraldo). En 1919, como se ha indicado, se organiza un pionero colectivo de defensa de la ciudad (Grupo Pro-Évora).

El periodo entre 1930-1970 se caracterizó también por pocos cambios en la ciudad a excepción de los producidos por el Estado a través de la Direcção Geral dos Edifícios e Monumentos Nacionais (DGEMN) que interviene en el patrimonio histórico con algunas demoliciones, reconstituciones de estilo, consolidación y mantenimiento de algunos monumentos (Colégio do Espírito Santo, Calvario, Catedral, San Francisco, Palacio Real, Lóios, Graça, Santa Clara, murallas). Los mayores cambios provienen de algunas nuevas construcciones de edificios públicos desde mitad de siglo (Caixa Geral de Depósitos, montepío, PSP, hospital, puesto de turismo, escuela de enfermería, Delegación de Salud, Instituto Universitario de Évora, Palacio de Justicia). Un Estado que, a partir de los años treinta, ofrecía una imagen de Évora como ciudad histórica bajo un prisma nacionalista, dentro de la política cultural del Estado Novo, impulsando el estilo *português suave*, nueva arquitectura oficial de la *cidade museu*. Estilo idealizado de la casa portuguesa que alteró algunas fachadas de edificios y que aparece ya consignado en un Regulamento Geral da Construção Urbana para a Cidade de Évora en 1937.

Hasta los años cuarenta el Centro Histórico tenía lo esencial de las funciones urbanas, y la población estaba contenida en el perímetro de las murallas. En esta época se produjo la mayor sobreocupación y densificación. La construcción más popular se fue pegando a los muros de casas señoriales, la antigua muralla o el acueducto; aprovechando la solidez de estas construcciones, las casas crecieron uno

---

de oro de la ciudad: se construye el Palacio Real en el convento de S. Francisco, la Universidad, palacios para albergar a la corte y el acueducto de agua de la Prata. Se eliminan las murallas antiguas, se sitúa el Ayuntamiento y la prisión en la plaza de Giraldo y se prolonga la ciudad hacia el sur hacia el Palacio Real. La ciudad cuenta con todos los periodos artísticos: arquitectura gótica, manuelina,y mudéjar, Renacimiento, Barroco, rococó, neoclásico, etcétera (Espanca [1966] 2000).

[3]   Exactamente 112,8 hectáreas de las que 104 son construidas.

o dos pisos, las casas pequeñas se llenaron. El Centro Histórico alcanza en 1940 su máxima población, 18 559 habitantes y, para poder alojar ese número de personas en poco menos de un círculo de tres kilómetros que miden sus murallas, se tuvo que recurrir a soluciones arquitectónicas insólitas: se ocuparon los espacios entre los contrafuertes de las iglesias, los arcos del acueducto o algunos patios de casas en ruina, convirtiendo el espacio urbano en un lugar pintoresco. Como ha indicado Oliveira (2007) la estructura de la ciudad y sus dificultades financieras y jurídicas dificultó la renovación. Y, como afirma Caraphina (2007), la ciudad pintoresca se debe a la pobreza. La sobreocupación también ayudó a cristalizar la estructura funcional y morfológica de la ciudad.

En 1942 hubo un primer intento de planificación de la ciudad con el Plano de Urbanização de Etienne de Gröer (Plano de Ordenamento, Expansão e Embelezamento da Cidade de Évora - Esboceto) que contenía dos partes diferenciadas: un análisis de la situación de la ciudad en la época (población, economía, sobreocupación, industria, espacios libres...) y un plan de ordenamiento (usos del suelo, condiciones y limitaciones). En 1945 presentó un anteproyecto de urbanización con un mapa, un escrito con las principales ideas propuestas y dos reglamentos. Las ideas principales eran la preservación cuidadosa del Centro Histórico con medidas para mejorar la habitabilidad e insalubridad y una atención al área residencial extramuros, con pequeños jardines y mercados, espacios libres y juegos infantiles. También trató la red de circulación, vías de acceso a la ciudad, una vía circular en torno al recinto amurallado y un cinturón verde. Situó las industrias en el sur, junto al ferrocarril, y propuso alguna construcción de interés público (la Escola Industrial e Comercial). Fue aprobado por todos, pero no hubo un plano final, aunque algunas ideas del anteproyecto tuvieron cierta continuidad.

Mientras, fuera de las murallas, solo se contabilizaban 915 fuegos (3615 habitantes). Esta afluencia hacia la ciudad y escasez de población extramuros tuvo diversas causas: entre otras que se han señalado, una política tradicional de no industrialización para tener mano de obra para el campo, la mecanización de este que expulsa a muchos campesinos, la creciente burocracia y empleo en la ciudad, etc. (Simplício 2007-2008). La ciudad estaba rodeada de quintas y heredades de las élites urbanas que también poseían sus casonas intramuros (Augustins 2006). El ferrocarril había favorecido una primera expansión hacia el sur, salpicada de almacenes y alguna pequeña industria, y habitada por clases medias y bajas. Unos años después se produjo una zona de expansión burguesa, modelo ciudad-jardín con casonas y *chalets* (zona de *urbanização* n.º 1) ya planteada por Etienne de Gröer, donde las familias más acomodadas se trasladaron abandonando el centro, y especialmente en los años sesenta. Este ensanche supuso un crecimiento organizado y ordenado; sin embargo, no era la norma, ya que la ciudad de los *bairros clandestinos* comenzó a crecer mientras decrecía y se degradaba el Centro Histórico. Entre 1965-1970 ya hay veintinueve barrios clandestinos coincidiendo con el aumento y democratización del automóvil en la segunda mitad de siglo. En los años cuarenta, los barrios son de gente rural que trasladan su modo de vida aldeano a extramuros; a partir de los años setenta, son los propios habitantes del Centro Histórico los que adquieren lotes para construir sus viviendas, clandestinas o no, abandonando la «*ciudad*». Es probable que esta acumulación de población en el Centro Histórico haya dado lugar a que popularmente se sigan refiriendo hoy día como *cidade* al Centro Histórico mientras que para el resto de la ciudad se hable de *bairros*.

DE LA REVOLUCIÓN A LA DECLARACIÓN (1974-1986)

Hasta la Revolución de los Claveles la región se caracterizó por el poco desarrollo económico y la ausencia de industrialización, lo que favoreció la preservación del patrimonio y la escasez de construcción. Sin embargo, tras el cambio político se produjo una gran actividad a nivel urbanístico[4] comenzando por un diagnóstico de los problemas fundamentales de la ciudad en su conjunto que dio lugar al pionero Plano Director Municipal (PDM) de 1980 (pero iniciado en 1978-1979 y aprobado en 1985),[5] el primero de Portugal, y, dentro de este, el Plano Geral de Urbanização de Évora (PGU) donde se valoraba el Centro Histórico globalmente. Después de 1974, la rehabilitación del Centro se convirtió en una prioridad. Se rechazaba la inacción, la renovación o estructuración urbana, la densificación, la transformación funcional desagregada, las demoliciones y el fachadismo. Las estructuras clasificadas del Centro Histórico se elevaron a ciento noventa y las líneas de orientación fueron las siguientes: condiciones de habitabilidad de los residentes evitando su desalojo, modernización de funciones (comercio, turismo, talleres, equipamientos culturales...), conservación y valorización del patrimonio construido y el ambiente, tránsito, estacionamiento y transporte público. Un programa, Plano de Circulação e Transporte, organiza el uso de vehículos en el Centro y crea zonas de peatones.

---

[4]   Ya en 1969 se contrata al arquitecto Conceição Silva para elaborar el Plano de Urbanização de la ciudad (colaborando el geógrafo Jorge Gaspar y el arquitecto Tomás Taveira) que incluye un estudio sociourbanístico y el Plano Director. Pero el modelo de «mancha de aceite» no llegó a ser aprobado. Gaspar (1972) realizó una tesis doctoral sobre las áreas de influencia de Évora que fue importante para los distintos planes.

[5]   Las fechas de los planes varían según los autores y según se considere su elaboración o la aprobación por distintos organismos; también hay revisiones constantes de los distintos planes o planes iniciales que darán lugar a los documentos definitivos. Una lista de estos es la ofrecida por Simplício, elaborada por Camelo en 2013.

Respecto al Centro Histórico cabe destacar el Programa de Recuperação do Centro Histórico «Estudo metodológico. Guia de Trabalho», con fecha de junio de 1981, ejecutado por la Oficina de Arquitetura (OA) de Jorge Silva tras una investigación de cinco meses y medio, uno más de lo acordado.[6] Este documento es interesante porque es un diagnóstico de la situación de la ciudad intramuros en la época anterior a la declaración y asesora a la Câmara en el acompañamiento del proyecto de la Unesco. En este documento el patrimonio deja de tener una mera dimensión física para tener una dimensión socioeconómica y cultural. Por ello me voy a referir al mismo con cierta extensión.

El trabajo comienza definiendo la ciudad de esta manera: «Évora milenária, cidade branca, cidade museu, simultaneamente sede de concelho, sede de distrito e polo regional» (1.1., 1). Así pues, el documento pone énfasis tanto en los aspectos históricos y monumentales como en la situación central de Évora en la región. Se indica que la ciudad intramuros sufrió una postergación económica durante más de medio siglo, lo que permitió la preservación arquitectónica y el mantenimiento de sus costumbres tradicionales. Pero además concentra el comercio, la administración, las manifestaciones culturales, etcétera.

En ese momento hay una población de dos tipos: los que viven en la ciudad desde hace varias generaciones, con poca capacidad económica y condiciones habitacionales deficientes, y los nuevos habitantes que van en busca de los servicios que concentra el Centro. Por ello se plantea una actuación doble: una cuestión técnica es la recuperación del patrimonio, pero ello supone la actuación de la Câmara[7] en cuestiones socioculturales y económicas. Se necesita, pues, un programa de recuperación del Centro Histórico.

La ciudad concentraba el comercio de todo el *concelho* y un único mercado, ya que las áreas residenciales y los *bairros* no disponían de comercio especializado; todos los circuitos de actividad agrícola pasaban por la ciudad. En ese momento la plaza de Giraldo era el centro de comercialización de ganado más importante de la región, lugar de reunión de ganaderos y tratos. Había poca industria; existía una empresa industrial textil con cerca de doscientos trabajadores y una mayoría de industrias pequeñas y artesanales, por ejemplo, la de mobiliario pintado (aunque se fabricaban los muebles fuera, se pintaban intramuros). Estas actividades artesanales fueron desapareciendo

---

[6] El ejemplar que he manejado es copia del informe con membrete OA que lleva fecha de junio de 1981 y cuyo original está en el Núcleo de Documentação da Câmara Municipal de Évora. La paginación no es correlativa por lo que me remito al documento a través de los distintos apartados.

[7] Câmara Municipal equivale a grandes rasgos a Cámara Municipal, o Ayuntamiento, pero no es exactamente lo mismo, por lo que prefiero conservar el término portugués en cursiva. Véase Oliveira (1996).

por la falta de estímulos y porque no se tuvo en cuenta su función económica en complementariedad con el turismo. El Centro Histórico atraía turistas de una manera tímida, con cierta demora, con relación al país (1.1 /día). No había medidas para sedentarizar al turista, crear iniciativas, estimular la cocina regional o actividades de artesanía. «Évora é, pois, uma cidade que se movimenta pouco» (1.2.2, 7).

A diferencia del proceso de evolución típico en las ciudades históricas europeas,[8] en Évora, debido a un desarrollo económico muy lento y a la escasa industria, con un tejido social envejecido gradualmente y la ausencia de especuladores, existía poca venta inmobiliaria y el precio era similar fuera que dentro del Centro Histórico. Además, frente a otros centros europeos, Évora no había perdido su función central y de servicios, y la población residente tendía a emplearse en el sector terciario y en la Administración.

En términos urbanísticos la ciudad intramuros mostraba una morfología homogénea, con una tipología semejante y, definitivamente, un rico patrimonio. Sin embargo, frente a los barrios extramuros, había peores condiciones de habitabilidad y salubridad, deficientes infraestructuras, mayor densidad de población y población envejecida. Fuera había una mayor dinámica de construcción, pero lo construido no era homogéneo ni integrado en las características urbanas locales.

Como guía de trabajo el documento trata de inventariar los elementos constitutivos de la malla urbana que contribuyen a la definición del lenguaje urbano. Así hay una atención a los elementos construidos (puertas, portones, ventanas, verjas, arcos, chimeneas, tejados...), elementos de infraestructuras recientes (cables de electricidad, antenas...), patios, terrazas y quintales, paredes blancas con franjas de color, calzadas de piedra y toponimias en azulejo. También se detalla la morfología urbana (la secuencia *rua estreita-pequeno largo*), la articulación entre varias habitaciones (con arcos, por ejemplo), la construcción más popular en los muros de casas señoriales, la antigua muralla o el acueducto. El documento destaca la sinuosidad de las calles dentro de la *cerca velha*, las soluciones tradicionales, como el encalado de las fachadas para dar mayor luminosidad a las calles estrechas, o la relación del espacio público con las casas señoriales a través de patios y quintales internos.

---

[8]   Según los autores del estudio, en estas ciudades se produce un proceso de evolución típico: el desarrollo económico produce empleos en zonas industriales fuera del Centro Histórico. Los jóvenes tienden a vivir cerca del empleo. Los viejos emigran al centro ocupando las casas con peores condiciones y bajas rentas. En poco tiempo el centro se llena de gente de edad. Los propietarios no invierten porque o no pueden o no les es rentable, esperando que los viejos se mueran o se vayan; la propiedad se valoriza. Por todo ello se produce una mutación radical de las clases residentes, nuevos usos del suelo y de la propiedad urbana, una profunda transformación del tejido social y el deterioro de la línea arquitectónica tradicional.

La actividad y planificación de esta época es considerable y pionera; desde 1980, mediante diferentes grupos y documentos elaborados, se empieza a trabajar en el futuro de la ciudad. El Plano de Recuperação do Centro Histórico de 1981 será un documento básico para la declaración de la Unesco, e impulsará la primera acción, una estructura de gestión creada en 1982 y denominada Núcleo de Recuperação do Centro Histórico de Évora (NRCHE).[9] Establece un método de conocimiento, inventario de los elementos arquitectónicos, conocimiento de los componentes culturales (toponimia, fiestas, ritos, gastronomía) y el análisis de fenómenos sociales y económicos. Se planteaban una serie de acciones a realizar: investigación y formación, planeamiento físico, jurídico-institucional y financiero, administración urbanística, movilización de agentes, conocimientos y técnicas de construcción, fiscalización municipal, movilización de los habitantes y sistemas de comunicación.[10] Se trata de un estudio que configura nítidamente el desarrollo de una metodología de planeamiento estratégico. Anticipó en más de una década el inicio de la divulgación y aplicación de las prácticas de desarrollo estratégico aplicadas al planeamiento de la ciudad y su metodología tuvo un impacto innovador a nivel local y nacional.

Se trataba de evitar los aspectos negativos de los centros históricos: la expulsión de la población pobre o joven o las demoliciones para mejorar el tránsito automovilístico. A nivel residencial se intentaba recuperar gradualmente los edificios existentes y más degradados, limitar el número de fuegos, controlar la transformación de edificios, aprovechar los antiguos para usos sociales, residencias de estudiantes o turismo, mejorar los espacios verdes y equipamientos sociales. Entre los objetivos intermedios estaba la realización de la intervención en un barrio que prestigiara la

---

[9]   El NRCHE está formado por diversos técnicos (Teresa Ventura, Filipe Marchand, el ingeniero Jorge Carvalho) junto con la Comissão Municipal de Arte e Arqueologia (el técnico Jorge Pires, la historiógrafa Alice Xicó y Túlio Espanca, el cronista de la ciudad), el Grupo Pro-Évora y la Comisión Nacional de la Unesco. Por la Unesco en Lisboa cumplen un papel fundamental la Dra. Graça Sampaio y el Dr. Victor Sá. El Plano Director para el Centro Histórico (Programa de Recuperação, «uma metodología de intervençāo») fue aprobado por la Câmara el 17-11-79 y por la Assambleia Municipal el 4-11-1980. Tuvo cambios y renovaciones el 13-4-1993.

[10]   El plan incluía cursos de perfeccionamiento de técnicas artesanales de construcción y recuperación, aprendizajes experimentales para formación e investigación, indicación técnica y apoyos para obtención de herramientas y medios técnicos, creación de ayudas de vivienda para ocupación temporal, obras de recuperación, distribución de señales de televisión como alternativa a las individuales, integración de paneles solares, mobiliario urbano, iluminación, incentivos a proyectos innovadores de arquitectura o imagen publicitaria, estudios de confort y salubridad de los hogares, caracterización de los edificios, uso y propiedad, apoyos a mecanismos de trasferencia de la propiedad para recuperación de hogares, apoyo a los arrendadores, creación de un programa de casas para estudiantes y profesores, identificación de hogares deshabitados y posibilidad de ser usados como alojamientos de turismo, divulgación del Centro Histórico a todos los niveles, local, nacional, internacional.

capacidad de la Câmara y permitiera movilizar los agentes económicos, apropiación colectiva de espacios públicos y su humanización, participación de la población y estímulo a los particulares.

La reinstalación de la Universidad de Évora, al final de la década de los setenta, tuvo un impacto significativo en la ciudad y en la región conforme crecía el número de estudiantes; en 1980 escasamente mil estudiantes, frente a siete mil en el año 2000.[11] La decisión de ubicar el campus en el Centro Histórico, que fue muy debatida y reflexionada, transformó la ciudad con la ocupación de grandes edificios históricos y la necesidad de alojamiento para estudiantes y profesores; también cambió el ambiente social, más joven y cosmopolita en época lectiva, con nuevos patrones de consumo, pero también con ciertos riesgos derivados de esta población flotante. La Universidad también produjo la formación y fijación de cuadros técnicos e intelectuales que repercutió en el desarrollo de la ciudad y la región. Y también un considerable y relevante corpus de análisis e investigación sobre la ciudad y el Alentejo, con carácter práctico y al servicio del desarrollo de una región deprimida (Uribe 2003).

VEINTICINCO AÑOS DESPUÉS

En este periodo se pueden observar dos etapas diferenciadas: la primera, desde la declaración en 1986 hasta 2000, un tiempo de optimismo y actividad; la segunda, desde esa fecha a la actualidad (2016), una fase más pesimista y crítica. Coincide en parte con la composición política de la Câmara Municipal que lideró el Partido Comunista desde las primeras elecciones hasta el año 2000, y que recuperó en 2013, tras una etapa socialista que caracteriza la segunda etapa y que termina con la ciudad y el país sumidos en plena crisis mundial.

Un ejemplo de la primera etapa en 1995 fue el Plano Estratégico de Évora que reunió además de la Câmara Municipal a otros cinco organismos (Centro Dramático de Évora, Comissão de Coordenação da Região Alentejo, Núcleo Empresarial da Região de Évora, União dos Sindicatos do Distrito de Évora y Universidade de Évora) que se constituyeron en Gabinete da Cidade (1995) y que impulsaron las «ideas fuertes» de lo que se quería que fuera Évora: ciudad cultural, Patrimonio Mundial, universitaria, abierta a la innovación, de calidad medio ambiental, solidaria, internacional y de congresos. Se trataba también de señalar los dominios de intervención en cuatro dimensiones: imagen de identidad de la ciudad, calidad urbana global, sostenimiento

---

[11]   En 2021 esa cifra se había estabilizado (7800) aunque ha tenido más de diez mil estudiantes. La Universidad, creada en 1559 por el cardenal D. Enrique, fue dirigida por los jesuitas hasta 1759. En 1973 se abre de nuevo, como Instituto Universitario, y en 1979 como Universidad de Évora.

económico e integración territorial. Cada uno de estos dominios tenían a su vez varios objetivos y también se señalaron diversos proyectos estructurantes para cumplir con ellos.

Desde 1981 a 2011 hay quince planes y programas (Simplício 2013, 6). Casi todos señalan los problemas de reducción y envejecimiento de la población del Centro Histórico y el estado de conservación de los edificios. Aunque se identifican los problemas y se proponen soluciones, en el siguiente plan vuelven a señalarse una y otra vez, quizá por la poca capacidad de organización de los agentes o entidades y por la escasa disponibilidad de medios financieros. Voy a referirme a estos problemas que han sido evaluados periódicamente por varios autores (Marchand 1981a, 1981b; Paços 1997; Lopes 2000, 2007; Simplício 2001; Oliveira 1998, 2003, 2005, 2008; Simplício y Camelo, s.f.; Boavida-Portugal 2003; Santos 2003; Miranda 2007, 2009).[12] Comenzaré por el mayor problema que así define el propio presidente de la Câmara, José Ernesto Oliveira, con ocasión de la celebración de los veinte años de Évora como Patrimonio Mundial, según el periodista que le entrevista:

> Duas décadas depois de classificado como património mundial, o centro histórico de Évora apresenta actualmente um quinto das casas degradadas, muitas delas em ruínas, e a esmagadora maioria da população «fugiu» para a periferia da cidade. É um cenário «muito grave», reconheceu o presidente da Câmara Municipal de Évora, José Ernesto Oliveira, nas vésperas das celebrações dos 20 anos da distinção da cidade pela Organização das Nações Unidas para a Educação, Ciência e Cultura (Unesco). De acordo com o autarca, o centro histórico de Évora perdeu 12 mil habitantes em 30 anos, passando de uma população de quase 18 mil para pouco mais de 5600 pessoas. Em paralelo, com a «fuga» da população para as zonas periféricas, as casas do perímetro amuralhado, na maioria de propriedade privada, degradaram-se, exibindo muitas delas sinais de ruína. «São cerca de 600 casas, o que representa 20 por cento do nosso património habitacional», afirmou o presidente do município, admitindo a gravidade do problema, que ameaça a integridade do centro histórico.*É preciso descobrirmos como é que vamos adaptar o centro histórico à função residencial para não deixarmos que se torne numa cidade de serviços que abre às 9h00 e fecha às 17h30»*, declarou. Para «vivificar» o centro da cidade, José Ernesto Oliveira aposta na recuperação dos edifícios degradados, que sofrem de falta de manutenção e conservação, má estrutura, problemas nas coberturas e deficiências nas caixilharias e acabamentos. Contudo, a aposta enfrenta dificuldades, uma vez que a maior parte do património é privada e pertence a idosos, muitos reformados, com baixas reformas e «sem recursos para se abalançarem na recuperação, às vezes mais cara do que habitação

---

[12] Por razones de espacio, en estas líneas solo voy a esbozar los problemas más relevantes siguiendo a los autores citados.

nova». Neste quadro, o autarca defende a intervenção de poderes públicos, «capazes de, em parceria com os proprietários privados, alterar este estado de coisas (Agência Lusa).[13]

El problema era antiguo y endémico y partía de los años cuarenta. El gobierno democrático se encontró con una situación dramática respecto a la estructura de la vivienda y la población. Había un porcentaje elevado de viviendas diminutas, ya que el 50 % de ellas tenía dos o tres divisiones[14] y en ocasiones la cocina servía también como sala y dormitorio. Tampoco era raro compartir viviendas, aun siendo pequeñas. Tan solo un 18 % tenía cinco o más divisiones. Así pues, se trataba de casas o muy grandes o muy pequeñas. Pero además el 80 % de las viviendas del Centro Histórico eran alquiladas con rentas bajas por propietarios que no residían en ellas o que dependían de las rentas para sobrevivir.

Desde 1978 se comenzó a actuar en las viviendas degradadas, que constituían el 45 % del total, en mal estado de conservación, y cerca del 40 % sin WC completo. Se necesitaba recuperar mil quinientas viviendas de las que mil no tenían cocina o baño. El desarrollo lento de la economía de la región no había creado fuertes presiones de especulación financiera hasta 1974; a esta ausencia de procesos especulativos del suelo se añadía una población envejecida,[15] desempleados y más mujeres que hombres. Cerca de un 40 % de los habitantes vivían solos o con otra persona. La renta per cápita del Centro Histórico era, en definitiva, de las más bajas del concejo. Además, quizá por la edad, había una vida colectiva mucho menor que en el medio rural, y poca integración de niños, jóvenes y mayores. Las fiestas tradicionales (bodas, bautizos, matanza del cerdo, fiestas municipales, la espiga) ni tenían expresión en la ciudad intramuros ni se habían substituido por otras celebraciones; por ejemplo, no existían grupos vocales ni ranchos folklóricos. Quizá ello se debiera a que cerca de la mitad de los cabezas de familia de intramuros eran originarios de otros lugares del concejo, impulsados por el éxodo rural y desagregados de sus lugares de origen. Estas condiciones de habitabilidad, asociada al aumento de riqueza y la generalización del automóvil, impulsó posteriormente el movimiento contrario: una fuerte expansión urbanística hacia el exterior de la ciudad antigua, los *bairros clandestinos* y también a los barrios legales que se organizaron posteriormente.

---

[13]   www.publico.pt/.../centro-historico-de-evora-enfrenta-fuga-de-habitantes- para-a-periferia-109057

[14]   *Divisiones* no equivale a *habitaciones* en Portugal; dos divisiones significan dos estancias (por ejemplo, una cocina y una habitación).

[15]   Un 18 % de la población tenía más de sesenta y cinco años y un 53 % más de cuarenta años; tan solo un 12 % tenía menos de diez años.

La Câmara recuperó inicialmente ciento veinte inmuebles[16] y mantuvo reglas urbanísticas rígidas para defender la homogeneidad del Centro. La candidatura supuso el inicio de una gran actividad, la formación de maestros de obras para rehabilitar casas tradicionales, programas como RECRIA de recuperación de las casas más modestas, prestando dinero para instalar cuartos de baño. No hay que olvidar que la mayoría de los que vivían en el centro eran los más pobres. En 1995 hay un *dossier* de intervención en que se compran casas, se recuperan y se colocan en el mercado (en venta o alquiler). Se trataba de hacer un listado de los edificios con señales de ruina, se los analizaba, se identificaba a los propietarios «tentando-se amigavelmente por negociação ou intimação que o proprietário realize as obras, colocando-se desde logo a hipótese de aquisição por parte da CME y se envía un dossier al Conselho da Europa».[17] En 2007 la Câmara crea la Sociedade de Reabilitação Urbana, denominada Évora Viva, para facilitar los procesos de recuperación de los edificios. Todos los planes y programas señalan la necesidad de recuperación y revitalización del Centro y el mantenimiento de su función residencial. Pero todos se refieren a ello porque no se solucionan los problemas: la desertización del centro, el envejecimiento de la población y el deterioro de los edificios, muchos en ruinas.[18] Quizá el mayor problema es la pérdida de población en el Centro Histórico que ha pasado de los 18 559 habitantes de 1940 a los 4715 de 2011. La recuperación de hogares ha sido muy discreta, reducida y puntual en lugares concretos, por falta de financiamiento. El sector privado ha invertido en zonas comerciales, pero las viviendas terminaron como almacenes en muchas ocasiones. Según ha indicado Oliveira (2007)[19] el centro

---

[16]   Se intenta esa recuperación en diferentes épocas y con distintos programas (Protocolo Câmara-Caixa Geral de Depósitos 1985-1992, que recupera setenta y cinco fuegos mediante préstamos y bonificaciones; Programa RECRIA de recuperación de casas modestas arrendadas 1988; REHABITA Regime de Apoio à Recuperação Habitacional em Áreas Urbanas Antigas; PRAUD Programa de Recupetração de Áreas Urbanas Degradadas 2000, Programa Municipal de Reabilitação de Caixilharia de Madeira, SRU. CASA CAIADA 2005, 2014, Programa Municipal de Reabilitação de Fogos PMRF; Programa Municipal de Reabilitação de Caixilharia de Madeira). Varios de estos programas se vuelven a relanzar en diferentes épocas. Véase Simplício (2001).

[17]   Dossier Rehabilitação do Centro Histórico, Évora, Departamento do Centro Histórico da Câmara Municipal. Los cincuenta y tres edificios, entre otros de 18 m^2, 400 m^2 y 1050 m^2 cuestan entre 900 c, 20 500 c y 52 500 c (900 000 escudos).

[18]   Los planes se suceden continuamente y se revisan una y otra vez: el PDM (Plano Director Municipal aprobado en 1985 se revisa en 2008; el PGU (Plano Geral de Urbanização) de 1985 sufre revisiones en el 2000 y en el 2011. El Plano Estratégico de Évora de 1995 deviene Plano de Desenvolvimento Estratégico en 2009. Pero además aparecen otros programas como EVORACOM, POLIS, Agenda 21, Acrópole XXI y protocolos diversos (Simplício 2013).

[19]   En varios artículos y trabajos realizados, pero especialmente en el señalado, Oliveira (2007), a quien sigo en estas páginas.

se desdensifica, pero no se rehabilita por varias razones: por una mayor movilidad al incrementarse el automóvil que hace más factible el traslado a la periferia; por los nuevos modelos sociales y de habitar que se decantan por urbanizaciones, espacios abiertos, aparcamientos y espacios verdes; nuevas condiciones de crédito que facilitaron la compra de lotes y construcciones, y una mayor libertad en la construcción fuera de las murallas que dentro. La gente joven muestra poco interés por vivir en el centro por la escasa oferta para nuevos residentes, condiciones de higiene deficientes, sin servicios ni sociabilidad. Así las políticas públicas han tenido poco efecto: los planes dirigidos a salvar el patrimonio han sido muy restrictivos para alterar el uso, los planes de circulación no fueron implantados en profundidad, aunque se encuentra comercio de calidad, existe poca demanda dada la población, y la animación cultural no favorece la fijación de población (Santos 2003; Oliveira 2007). En la actualidad no hay un equilibrio y complementariedad entre el Centro y las nuevas áreas urbanas —el medio centenar de barrios—.

No menos importante como factor inhibidor de intervención y recuperación ha sido el propio patrimonio tal como ha indicado Neves (2010), por cuanto está envuelto en procesos burocráticos de compatibilidad con las estrictas normas que impone la declaración. Las políticas para atraer o mantener residentes han sido poco visibles, no ha habido una política fiscal favorable a los que viven en el Centro Histórico, ayuda con las licencias o los impuestos, ni penalización a los que mantienen casas abandonadas o en ruina. No se ha tenido en cuenta las dificultades que provoca el patrimonio al ciudadano común que quiere vivir en una ciudad con el confort y calidad actual y quiere adaptar sus viviendas a los nuevos usos. La rehabilitación del patrimonio es rígida, difícil y cara, y plantea problemas adicionales; por ejemplo, al renovar o crear las infraestructuras se produce el hallazgo de restos arqueológicos que paralizan las obras —algo muy frecuente en Évora—. Las pocas pequeñas industrias y talleres del Centro han ido desapareciendo. El resultado de estos factores es que, mientras se vaciaba, la ciudad histórica cristalizó, con el pretexto de que todo era patrimonio y su imagen intocable se postalizó. Para el ciudadano era más fácil construir en la periferia, libre a los constreñimientos y al peso patrimonial del Centro. La rehabilitación no ha sido una prioridad para el poder local, que suele incumplir la ley (Santos 2003; Neves 2010). Por supuesto el estado de conservación mejoró, se recuperaron hogares, pero de una forma aislada y poco articulada. En un estudio realizado en el año 2000, todavía el 25 % de los inmuebles necesitaban obras de recuperación total, el 29 % obras parciales, y algo menos de la mitad, el 45 %, estaba en buen estado.[20]

---

[20] Según Neves (2010) en 1991 había un 11,5 % de edificios desocupados. En 2001, 423 necesitaban obras de recuperación parcial, 367 de recuperación total y había 660 alojamientos vacantes degradados y fuera del mercado inmobiliario.

Los centros históricos no deberían ser transformados en montajes turísticos para ser contemplados porque se convierten en lugares sin vida. Solo sobreviven si tienen una función y la residencial es una de las más importantes que influye en otras, como, por ejemplo, el comercio de proximidad.[21] Obviamente, este es un problema común a muchos centros históricos, pero se puede paliar con una política fiscal favorable a los que allí viven, la penalización a quien tiene las casas abandonadas, nuevos tipos de comercio o la creación de una ciudad con vida universitaria.

Como se ha indicado, son tres los factores que tienen una gran influencia en la dinámica local: el patrimonio, el turismo y la Universidad (Paços 1997). La Universidad impulsó la revalorización del Centro al llegar personas que compraron casas en el centro antiguo o las alquilaron a estudiantes en el ciclo lectivo. Frente al traslado de algunas instituciones fuera del Centro Histórico, la Universidad optó por permanecer dentro. Ello ha supuesto la revitalización de muchos edificios históricos como sede de facultades y servicios (Colegio Espirito Santo, Luis António de Verney, Casa Cordovil, Palacio de Vimioso…). Y aunque también han sufrido algunos cambios necesarios para la función docente, tienen una función, al fin y al cabo, que evita la ruina de edificios costosos de mantener. La Universidad ha tenido un fuerte impacto en la actividad económica y cultural, ha introducido nuevos hábitos de vida y nuevos establecimientos como bares o discotecas, que impulsan la actividad económica, un comercio dirigido a los jóvenes (*boutiques*, zapaterías, tiendas de fotocopias), escuelas de idiomas y de danza, y, en general, un rejuvenecimiento del centro donde más de un tercio de la población es mayor de sesenta y cinco años. La Universidad ha estimulado la investigación y el conocimiento de la ciudad desde muy diferentes ángulos y también el contacto y relación con España, Europa y África, a través de protocolos de colaboración y participación en proyectos y redes internacionales. Sin embargo, también ha traído consecuencias menos deseables: el choque de los jóvenes con la población más mayor, ruido nocturno de bares y discotecas, inseguridad y vandalismo (Paços 1997; Santos 2003). Y también una fuga de los jóvenes hacia sus lugares de origen en el fin de semana o en vacaciones escolares que deja la ciudad desierta.

Algo similar sucede con el aumento del turismo que se produce especialmente tras la declaración, cuando los operadores turísticos incluyen a Évora en sus circuitos. En 1976 tan solo recibe 9613 visitantes; en 1986 fueron 96 000 y cuatro años después, en 1990 se triplica esa cantidad, 448 508. Ello ha supuesto el aumento de puestos de trabajo en el sector terciario, a través de la multiplicación de hoteles, bares, restaurantes y terrazas, el cuidado por la gastronomía local, un nuevo tipo de

---

[21]   Si bien está creciendo un área de servicios y comercios hacia el sur junto a los nuevos supermercados. Pero ha fracasado el Centro Comercial Eborim, el de Feira Nova y las salas de cine, que cerraron en 2009.

comercio para el turista, tiendas de *gourmet*, y es, sin duda, un dato muy positivo en términos económicos. Se valora «nossa tradição cultural e riqueza patrimonial: a Gastronomia, o Artesanato, a Arqueologia, a Etnografia, o Ambiente e o Património Monumental» (A.C.F. 1990, 9).

Sin embargo, el aumento del turismo conlleva ciertos aspectos negativos, por ejemplo, el ruido nocturno de los turistas que molesta a la población mayor; la demanda de artesanía que lleva a la producción en serie y uniformiza o suprime a los artesanos; el aumento del tráfico y la trepidación en una ciudad tan poco adecuada para el automóvil que puede traer problemas de tránsito y acceso, polución, riesgos de salud y riesgo al patrimonio edificado,[22] problemas con la basura, aumento de precios, escasez de tiendas de alimentación.[23] El abandono de las viviendas y su degradación disminuye la población (Paços 1997) y con ello el comercio de proximidad que cambia en favor de las tiendas turísticas. También hay que tener en cuenta que el turismo es, en cierto modo, caprichoso, por lo que la dependencia de este tiene sus riesgos. En 1999 alcanza 448 508 visitantes, aunque últimamente ha descendido la cifra y en 2010 y 2011 apenas superaba los 130 000, mientras en 2014 visitaron Évora 147 437 turistas. Pero esencialmente produce incomodidad al habitante del Centro Histórico al que le cuesta vivir con la imagen turística y pintoresca que muchas veces se intenta trasmitir, tal como indica, en una entrevista, Carapinha:

> [...] aqui, o reconhecimento de Évora como Património Mundial era mais para as pessoas de fora do que para as de dentro. Para quem já vivia em Évora, tratava-se da cidade museu, aquela invetiva do sec. XIX e do Estado Novo... o interesse pelo Património não tem estado no seu valor cultural, mas no seu valor turístico, o que é um disparate (2007, 45).

Y esto mismo sugiere Oliveira[24] (2005) al identificar el despoblamiento como el mayor problema y afirmando que los residentes deben ser el centro de las atenciones. Estos necesitan entre otras cosas mejores equipamientos y servicios de proximidad, rehabilitación de viviendas (fusiones de casas pequeñas o división de las grandes). Plantea un centro que subraye sus aspectos patrimoniales, ambientales, estéticos y no un mero escenario para turistas. Así resume la situación de los centros:

---

[22]   Según Neves (2010) la importancia del automóvil como principal factor de transformación urbana y territorial en los últimos treinta y cinco años nos ofrece el mejor ejemplo de estructuras y trazados irreconciliables en ciudades históricas. Se ha intentado organizar el tráfico en la ciudad (SITEE, aparcamientos fuera de la muralla o subterráneo), pero son usados por no residentes.

[23]   Incluso se ha sugerido que la prostitución y la marginalidad adquieren mayores dimensiones (Comissão Social 2007).

[24]   En el momento directora del Departamento del Centro Histórico, Patrimonio y Cultura de la Câmara Municipal.

Uma agonia persistente percorre os centros –durante o dia são espaços vivos onde turistas, trabalhadores e utilizadores dos comércios e serviços agitam o centro; *à noite são espaços mortos, com riscos de* apropriação por segmentos mais marginais da sociedade, onde os poucos residentes são incomodados por esses e outros frequentadores noturnos (Oliveira 2005, 141).

Este panorama no es completo sin tener en cuenta la importante posición de Évora en la red urbana regional y los servicios administrativos, educacionales y de salud que proporciona a la población rural (Universidad, hospital, Tribunal de Relación). A partir de los años ochenta, el Centro Histórico acentuó sus funciones como centro cívico, administrativo, económico y cultural de la ciudad. Évora ocupa una posición relevante en el sistema urbano portugués por su localización geográfica, por ser capital regional, polo de atracción del Alentejo, por su peso cultural y turístico, por la Universidad y la clasificación como Patrimonio Mundial. Muchos servicios se extienden a todo el sur (región militar y distrito judicial) o el mercado abastecedor, que está en Évora y en tan solo cuatro ciudades más del país. La influencia de Évora en el Alentejo y el sur de Portugal ha sido muy notable con la entrada en el Mercado Común, liderando programas de desarrollo regional, solo tamizada por la atracción de Lisboa sobre Évora por el incremento de transportes y carreteras. La existencia de la Universidad, el CENDREV[25] y la Fundación Eugénio Almeida, por citar algún ejemplo,[26] ha contribuido a la imagen de la ciudad como centro cultural y de congresos.

Por otra parte, el Centro Histórico de Évora se ha considerado por la Unesco uno de los núcleos mejor preservados, con un importante conjunto patrimonial, calidad arquitectónica/espacial del espacio urbano, densidad constructiva media (viviendas tipo villa o aldea), espacios libres públicos y privados, y área central dinámica (Oliveira 2003). A diferencia de otros centros históricos con otras centralidades, el de Évora concentra el comercio y servicios. La ciudad no se ha convertido como otras ciudades en ciudad temática orientada al turista y a la explotación del patrimonio. Por el contrario, se le dotó de los servicios públicos, comercio y oferta turística, acogió la Universidad y reformuló el espacio público (Oliveira 2007).

---

[25] Se trata de un centro de creación artística con cuarenta años de antigüedad que ha tenido un relevante papel en el panorama de la ciudad y el país.

[26] Aparte de las citadas, hay otras instituciones unidas al estudio y salvaguarda del lugar, como son el museo, la Iglesia, el Servicio Regional de Arqueología, el GPE, la Unesco, el Consejo de Europa y el Grupo Pro-Évora.

A MODO DE CONCLUSIÓN

GENTE FINA NÃO VIVE AQUÍ
Graffitti, diciembre 2011 y enero 2012 cerca de la Câmara Municipal

Com tudo no seculo XX [...] o centro histórico é menosprezado pelos seus residentes... nunca se construiu tanto, mas nunca se construiu tão pouca cidade (Oliveira 2007).

Évora está inmersa en el dilema de preservar su bellísimo centro histórico a costa
de su desertización, el viejo dilema de la ciudad para ser contemplada (aquella antigua
cidade museu) o vivida. La ciudad, envuelta en su valor patrimonial, continúa su
proceso de vaciamiento, envejecimiento y empobrecimiento.

Y sin embargo el centro, como se ha podido apreciar, no ha optado por ser, como
otros centros, un mero escenario turístico, una ciudad temática orientada a la explotación de su patrimonio. Por el contrario, ejerce una fuerte influencia regional y
concentra una gran parte de los servicios públicos y funciones, pero esta concentración de servicios puede tener también sus aspectos negativos. Durante el día, como
se ha indicado, son espacios vivos —turistas, comercios y servicios—; en la noche,
espacios muertos, lugares de los que se apropian los marginales y nocturnos. Además,
ello implica que el centro quede desierto, que suban los precios y que aparezcan
conflictos con los residentes (Paços 1997; Oliveira 2007).

Por supuesto el despoblamiento es un problema común a todos los centros históricos, si bien con distintas intensidades, y está provocado por varios factores: políticas
urbanísticas, nuevos modos de vida, *marketing*, especulación inmobiliaria. Es más,
la pérdida de población en el caso de Évora fue lógica y necesaria teniendo en cuenta
los excesos de densificación del pasado; se suponía que en algún momento podría
alcanzar un número sostenible, pero se ha seguido produciendo una disminución de
la población que alcanza niveles preocupantes. Probablemente el hecho de ser una
ciudad amurallada y en cierta forma aislada, por su poca continuidad con los *bairros*,
hace dramática la separación.

Y diversa. Se ha indicado que los planes urbanísticos se aplican como si el centro
fuera homogéneo en densidad de construcción, función, valor histórico y patrimonial
(Oliveira 2005). Casi todos los autores se refieren al Centro Histórico como un todo.
Obviamente es un conjunto integrado, pero las tres parroquias del Centro Histórico
(Santo Antão, São Mamede y Se-São Pedro) tal como se puede apreciar en el *Diagnóstico Social das Freguesias do Centro Histórico* (2007) no solo tienen una distinta
composición de la población, sino diferente nivel social, calidad de vida y redes de
solidaridad, carga patrimonial e impacto del turismo. Muy significativamente San
Mamede, la menos turística y el *ghetto* de la antigua morería, es la *freguesia* que

muestra más identidad, redes de solidaridad y un mayor ejercicio de la participación y la ciudadanía.

El arquitecto Paulo Neves (2010) ha analizado el caso de Évora en particular como una *shrinking city*, un proceso de transformación de las ciudades, de forma lenta pero implacable, con una serie de patologías identificadas y fundamentalmente el despoblamiento, que tiene dos fases. Por un lado, la desdensificación de centros superpoblados y, por el otro, la masificación producida por el automóvil, un factor clave no siempre explícito en el cambio de maneras de habitar. El centro de la ciudad, referencia primordial, envuelve patologías contradictorias y representa un universo circunscrito extremadamente consolidado que gradualmente pierde capacidad de acompañar y dar respuesta a los deseos y necesidades de sus habitantes. Según este autor existen dos tendencias en la ciudad portuguesa: o bien se da un centro tradicional o histórico con importancia monumental e identitaria que concentra reliquias patrimoniales al mismo tiempo que degradación y patologías, o bien se crean nuevas centralidades dinámicas como reajustes a nuevos patrones de producción y consumo. En Évora se ha producido una desestructuración de su sentido y sentimiento urbano que se traduce en casas en ruina, abandonadas, un considerable porcentaje de edificios desocupados, degradados y fuera del mercado inmobiliario. Évora vive congelada en su condición patrimonial por la dificultad de combinar lo nuevo y lo viejo (Choay 2005; Neves 2010). La política de patrimonio que se asiente casi exclusivamente en la preservación no es sostenible.

El propio concepto de clasificación está en discusión, ya que la clasificación trae consecuencias contradictorias. Las acciones de protección y valoración patrimonial internacional, a pesar de sus buenas intenciones, producen limitaciones como la disminución de flujos de actividad (comercio, servicios, habitación) que generan desinterés respecto a la inversión. En 2012, al cumplirse los veinticinco años de la declaración, el propio presidente de la Câmara al presentar un programa «das festas à medida da crise» reconocía que el «título de património mundial é um orgulho que sai caro». Una de las últimas medidas a este respecto fue la exención del IMI (impuesto sobre bienes muebles) en los centros históricos solicitada en un debate titulado muy significativamente «Centro Histórico de Évora: Classificação e Futuro».[27]

Al procurar proteger estos lugares de las dinámicas globalizantes para conservar su supuesta autenticidad se producen situaciones de atrofia que progresivamente provocan el abandono por las incompatibilidades sociales que se generan. La musealización de muchos centros históricos congeló el proceso evolutivo de esos contextos. Congelado y muerto, postalizado, el Centro Histórico se va pareciendo irónicamente

---

[27] De 28 de febrero de 2015 (ialentejo.sigimo.com/.../67-isencao-do-imi-sobre-os-edificios-do--centro- historico-continua-a-ser-reivindicada.html)

a la antigua *cidade museu* que tanto se pretendió evitar al comienzo del proceso. Esta aspiración por una ciudad «viva» se aprecia en este comentario:

> Envelhecido e desertificado, o centro histórico de Évora precisa de «vida», defende Grupo Pró-Évora. Ser Património Mundial não chega, é preciso reanimar uma zona que, cada vez mais é dos turistas e menos dos eborenses. No Dia Nacional dos Centros Históricos, o Grupo Pró-Évora alerta para a necessidade urgente de revitalizar o centro histórico de Évora. O mais antigo grupo em atividade em Portugal, na defesa do patrimó-nio, lembra que os anos passam e os problemas agravam-se, nomeadamente ao nível da habitação. Há dezenas de casas devolutas cujos proprietários ou se desconhecem ou não tem capacidade para cuidar dos seus bens patrimoniais. Os jovens «fogem» para a periferia da cidade, ficam os mais velhos. O problema está a crescer e urge encontrar soluções para inverter este padrão. «Pensamos que o centro histórico tem que ser vivido e, no caso de Évora pela sua extensão ainda com maior razão de ser. É preciso que a habitação seja revitalizada e que os habitantes tenham cuidado com o que é seu para que não se degrade. O problema não é só a falta de gente a viver dentro do centro histórico, é também a degradação que tem sofrido» lamenta Celestino David, do Grupo Pró-Évora. «Não é preciso grandes invenções, nem grandes perspetivas de animação e, sobretudo, não devemos inverter a lógica no sentido de o tornar atrativo a todo o custo para os turistas. Ele tem de ser atrativo, em primeiro lugar, para os habitantes» sublinha, à Renascença, Celestino David (Silva 2014).

El 18 de agosto de 1986, la Comisión Nacional de la Unesco trasmite al presidente de la Câmara Municipal de Évora copia de la comunicación con la recomendación de ICOMOS para inscribir el Centro Histórico de Évora en la Lista del Patrimonio Mundial (en adelante PM), que será ratificado el 25 de noviembre. Para justificar su inscripción en la lista del PM se aludió a la coherencia del conjunto y a la existencia de una malla homogénea de monumentos y edificios resultantes de procesos de formación de la ciudad a lo largo de los siglos. Pero además de los grandes monumentos religiosos, militares o civiles la ciudad albergaba modestas casas populares y otros elementos pintorescos; fundamentalmente era el conjunto de la ciudad lo que la hacía tan extraordinaria. En el *dossier* se indicaba que el Centro Histórico era una villa construida anónimamente a lo largo de los siglos por la cultura de todo un pueblo; Évora —se decía— es volumen contra volumen, sombras y luz..., todo a la vez, murallas, torres, iglesias, templos, mansiones, palacios, acueducto, puentes, jardines, arcadas..., en definitiva, una fuente de sorpresas.

Las sucesivas celebraciones de esta inclusión en el PM no se pueden desligar del contexto social y político en que tienen lugar. Desde las casi tres décadas de la declaración como ciudad Patrimonio de la Humanidad ha habido en la ciudad dos etapas políticas diferenciadas: la primera durante veinticinco años (1977-2001) fue liderada por Abílio Dias Fernandes como presidente de la Câmara de Évora por la Coligação Democrática Unitária (CDU), una coalición de comunistas y verdes. Entre 2001 y 2013 gobierna José Ernesto Oliveira del Partido Socialista (PS). Desde 2013 vuelve el CDU con Carlos Pinto da Sá. Estos datos, así como la situación económica general del país, son relevantes para entender el proceso y la naturaleza de las celebraciones en la ciudad.

---

[1] Este capítulo está dedicado a la memoria de Carmen Balesteros de quien recibí generosa ayuda y amistad en mis distintas estancias en Évora. Una primera versión fue preparada para el VII Encuentro de Antropología Ibérica que tuvo lugar en Barco de Ávila, muy bien dirigido por Pedro Tomé y posteriormente publicada (Cátedra 2017).

CELEBRACIONES

El análisis del impacto que ha tenido la declaración de PM en la ciudad ha sido periódicamente evaluado, de un modo implícito o explícito, especialmente al cumplirse
los diez, veinte y veinticinco años de la fecha de declaración. A partir de esas fechas
canónicas hay otras conmemoraciones a los veintisiete, veintiocho y veintinueve
años. En 2016 se produjo el 30.º aniversario.

DIEZ AÑOS

A los diez años de la declaración, en 1996 la Câmara Municipal organiza una exposición en el Palacio de Don Manuel. El catálogo recoge diversas citas sobre Évora,
por parte de escritores y artistas que se han referido a la ciudad o la han representado.[2] El catálogo incluye diversas cartas que envían, para celebrar la efemérides,
el presidente de la República Jorge Sampaio, el primer ministro António Guterres,
el presidente de la Câmara Municipal de Angra do Heroísmo (hermanada con Évora
desde 1988), el de Sintra (recién clasificada) y los presidentes del Instituto Português
de Património Arquitectónico e Arqueológico, de la Comisión Nacional de la Unesco,
del ICOMOS (en el momento, Cláudio Torres), de la Organización de Ciudades Patrimonio Mundial (OCPM), de la Comissão Municipal de Arte, Arqueologia e Defesa do
Património, el de la Câmara Municipal de Évora Abílio Dias Fernandes y el investigador Túlio Espanca. Aparecen varias poesías de niños de diez años y también pasajes
de la propuesta de clasificación (1984), la recomendación del ICOMOS (1986), así
como información de ciertas actuaciones realizadas en el Centro Histórico desde su
clasificación (recuperaciones, medidas de tráfico, modernizaciones) y sus características regionales y arquitectónicas. Se señalan los grupos e individuos que se han
preocupado por la ciudad y las dificultades legales y financieras que han dificultado
su actuación (CME 1996).

Un año después se publica un cuidado volumen con textos en portugués, francés
e inglés. Abre el volumen el presidente de la Câmara, Abílio Dias Fernandes, quien
señala la celebración de la decena de años que lleva la ciudad como Patrimonio de la
Humanidad, pero también anuncia la III Asamblea General de la Organización de
Ciudades Patrimonio Mundial y el IV Coloquio Internacional que tendrá lugar en Évo-

---

[2]   Luís de Camões, Miguel Torga, Virgilio Ferreira, Fernando da Costa, Fialho de Almeida, Florbela
Espanca, Matos Sequeira, Alberto Sousa, Celestino David, Antunes da Silva, entre otros.

ra. Abílio Dias Fernandes había sido muy activo en esas tareas internacionales.[3] El libro recoge una buena colección de fotografías de Évora realizadas por Eduardo Gageiro y un breve repaso de la historia de la ciudad —apenas tres páginas— por parte de José Saramago, quien concluye afirmando que «Évora é um estado de espírito». Se trata de una obra eminentemente institucional que edita la propia Câmara Municipal (Gageiro y Saramago 1997). Ambos documentos celebran la declaración junto a los organismos más relevantes del país en el primer caso y con dos eminentes invitados en el segundo. Pero además y en ambos casos se muestra el despegue internacional de la ciudad y sus aspiraciones universalistas, especialmente evidente en la publicación en tres idiomas. Se trata de una celebración optimista y esperanzadora. Así me decía el presidente de la Câmara sobre aquel momento:

> E depois, em 1986, dez anos depois, fomos classificados património da humanidade pela Unesco. Portanto, quando fizemos isto, preparámos, fizemos a nossa candidatura e fomos classificados património… Quando fomos classificados Património da Humanidade tínhamos os problemas básicos mais ou menos avançados e então fomos potenciar esta questão do património, das relações internacionais, melhorar a qualidade de vida, introduzir vertentes urbanísticas já na nova construção, fomos criando novas zonas de expansão, mas já com qualidade, fizemos aparecer a Malagueira…

Las celebraciones coincidieron con el IV Coloquio Internacional de la OCPM que reunió en Évora, del 17 al 20 de septiembre de 1997, a más de quinientos participantes, así como a diversas importantes instituciones. Entre estas se encontraban la Unesco, el Banco Mundial, la Organización Mundial del Turismo (OMT), la Fundación Aga Khan para la Cultura, el Consejo de Europa, el Instituto de Conservación Getty, etc. El tema principal del evento fue el turismo con sus diferentes retos y oportunidades para las ciudades del Patrimonio Mundial, un tema pionero en este contexto, que dio lugar al llamado *Llamamiento de Évora*.[4] Esta conmemoración y coloquio representaron un hito para la ciudad por su valor simbólico de prestigio e identidad, tal como afirmaba el presidente de la Câmara:

---

[3]   Había sido proponente de la constitución de la Organización de las Ciudades Patrimonio Mundial de Quebec en 1991 y vicepresidente de la OCPM en Fez en septiembre de 1993.

[4]   Las conclusiones se plasmaron en el llamado *Llamamiento de Évora a favor de un desarrollo turístico preocupado en salvaguardar la vitalidad y el carácter de las ciudades históricas,* en el que se destacó la necesidad de un turismo «responsable» y «duradero» manejado con prudencia que asegurase la calidad de vida y la identidad cultural de los residentes; la armonización de la industria turística, los turistas y las autoridades locales; la coordinación para salvaguardar el patrimonio urbano histórico, y la actuación de los actores del desarrollo turístico para impulsar un turismo cultural preocupado en conservar el carácter histórico de las ciudades para generaciones futuras.

Como classificação de dimensão é cidade média, como valor histórico, como valor regional, como valor de [...] simbólico, de toda a história, do prestígio, de ser uma cidade património mundial, foi a primeira cidade de Portugal, do continente, a ser classificada. E depois fizemos a candidatura e fomos os primeiros a ser classificados. Isso ganhou logo um prestígio muito grande.

Sin embargo, también hay quien indica que, al final de este periodo, el ímpetu inicial no tuvo la continuidad necesaria por parte de la Câmara Municipal, quizá por problemas financieros, pero también por optar por un nuevo modelo de turismo y su comercio asociado:

Portanto, quando lhe falei na habitação no centro histórico, houve um interesse em manter a habitação no centro histórico até determinada altura. Depois parece que a *Câmara* começou aos poucos a chegar à conclusão que não tinha capacidade financeira para... de desenvolver trabalhos de recuperação de habitação, portanto isso tinha que ser feito por particulares. E aos poucos a Câmara começou a retirar-se um bocado desse processo, a deixar que esse processo ficasse entregue a particulares. Porque nos anos anteriores houve uma... uma grande dinamização da Câmara entusiasmar as pessoas, e mesmo a Câmara tomar conta dos processos nalguns casos, dar subsídios para recuperar e isso tudo. A partir de 80 e tal a Câmara começou a afastar-se. Começou a afastar-se e agora, o que a gente tem assistido é que as casas têm vindo a ser substituídas por comércios. Quando são casas pequenas, não têm grandes condições, então... pronto, são substituídas por comércios. Tem havido gente... Embora a Câmara e na Câmara se diga que eles contrariam isso, o que querem é que haja habitação, o que é certo é que a gente todos os anos vê cada vez mais comércios, todos os anos aparecem mais lojas, mais comércio na cidade.

VEINTE AÑOS

El panorama de la conmemoración de los diez años cambia significativamente al cumplirse veinte años desde la declaración. Como en el anterior, hay un Coloquio Internacional en colaboración con la Universidad de Évora: «Évora 20 anos depois. Património e renovação urbana: conhecer para intervir nas cidades Património Mundial» del 23 al 25 de noviembre de 2006. Hay una Sessão Solene Comemorativa dos 20 anos da Classificação de Évora pela Unesco, que cerrará el coloquio, y una exposición de escultura romana «Imagens e Mensagens del Museu de Évora». La Sessão Solene será seguida de una visita inaugural a la exposición «Évora Desaparecida», compuesta por fotografías de la ciudad del Archivo Fotográfico Municipal en los siglos XIX y XX.

El libro que recoge la exposición del mismo nombre (Almeida 2007)[5] documenta las alteraciones producidas en la ciudad entre 1839 y 1919 y específicamente las demoliciones de edificios históricos; es decir, no solo se refiere a lo que existe, sino a lo que se ha perdido. Pues bien, esto —lo que se ha perdido— se refleja también en el aniversario. En este tiempo han entrado en la lista PM otras ciudades y las celebraciones tienen una menor importancia nacional e internacional. Tras veinte años tanto el coloquio como la exposición sugieren menos optimismo y más crítica. Según el presidente de la Câmara en ese momento, el socialista José Ernesto Oliveira:

> Quisemos, nas comemorações, lançar um olhar de reflexão sobre o que aconteceu na cidade nos últimos 20 anos e fazer uma avaliação crítica, quer abrangendo todos os aspectos positivos, quer os negativos ou menos conseguidos, que certamente também ocorreram.[6]

La revista *Monumentos* (n.º 26, 2007) dedica un número a Évora que recoge diversos estudios e investigaciones: desde intervenciones arqueológicas a análisis de edificios históricos y restauraciones, proyectos a realizar y un resumen de la Mesa Redonda Património e Cidade que tuvo lugar con ocasión del 20.º Aniversario de la Declaración. Uno de los artículos de María Manuela Oliveira titulado «O envelhecimento do Centro Histórico de Évora» (2007) señala uno de los aspectos más negativos de la evolución de la ciudad. El propio presidente de la Câmara Municipal, José Ernesto de Oliveira, indicaba que el coloquio internacional serviría para hacer una «avaliação crítica sobre o significado, o alcance e a importância» de las dos décadas de la declaración. La revista de la Universidad de Évora *Revue* dedica un volumen a la celebración de los veinte años, con el significativo título de Évora, *¿Quo Vadis?* (2007) y cuya presentación dice así:

> Na celebração dos vinte anos da elevação do Centro Histórico de Évora a Património da Humanidade, Évora encontra-se numa encruzilhada: sendo uma das mais belas cidades de Portugal, tem assistido à desertificação do seu núcleo histórico. Por esta razão, as comemorações vieram também dar lugar as novas questões. São desafios que a cidade tem de encarar...

Un trabajo de Eduardo Miranda (2009) evalúa el impacto de la declaración en la ciudad, veinte años después, en *A Cidade de Évora,* con textos de arqueología, historia, urbanismo y antropología de la ciudad. El *balanço* es negativo, pese a que se intentan destacar las actividades, planes, acciones y mejoras realizadas. Según

---

[5] De igual forma, se refiere a la práctica de la fotografía en la ciudad en este periodo que registra las modificaciones y demoliciones.

[6] Según la Agência Lusa que le entrevista.

Miranda, los veinte años de la declaración son tan solo el final de un largo camino de salvaguarda del conjunto edificado de la ciudad intramuros, siguiendo el contexto europeo. En este sentido la clasificación no constituye una ruptura, sino un momento significativo de un recorrido en el que ya estaban en vigor medidas e instrumentos de protección. Évora fue pionera antes de la guerra, y antes del establecimiento de legislaciones nacionales, a través de organizaciones como el Grupo Pro-Évora y de eruditos y personalidades (Pereira, Cunha Rivara, Simões, Chicó, Espanca) que favorecieron su conocimiento y preservación. Pero además la ciudad y la región, dadas sus características económicas, favorecen la tradición, el apego al patrimonio histórico y la imagen urbana tradicional y, por el contrario, dificultan la renovación.

La declaración del Centro Histórico como Patrimonio Mundial tuvo gran impacto en la ciudad a nivel simbólico, de prestigio, visibilidad, reforzando el orgullo y la consciencia de su herencia patrimonial; también a nivel económico y turístico. Pero la población decreció y envejeció y aunque se recuperaron viviendas en pésimo estado, se hizo de forma aislada y poco articulada. Si bien se suceden y se revisan los planes, no siempre se solucionan los problemas. En definitiva, aparte de la pérdida de población del centro (hasta cierto punto inevitable) se ha reducido la función comercial, la administración pública, se producen abandonos de inmuebles, degradación y una museificación del centro. Hay conflictos entre transeúntes y automóviles, entre residentes, bares y discotecas, falta de estacionamiento para residentes, carencia de espacios públicos y verdes, necesidad de renovación del comercio, infraestructuras, programas de restauración y un déficit de divulgación pública (Miranda 2009).

Las celebraciones tuvieron lugar entre octubre de 2006 y enero 2007 y cubrieron todo tipo de actividades.[7] Entre ellas la publicación de un denominado *livro de prestígio,* con fotografías de la ciudad captadas por cuatro fotógrafos portugueses (José Manuel Rodrigues, Duarte Belo, Aníbal Lemos e David Infante) y un escritor (José Luís Peixoto), *Évora - Quatro fotógrafos e um escritor* o un libro de poemas *Flores da Planície - Livro de Poemas e de Flores* de Paulo Barriga y João Vilhena; libros para niños y jóvenes (como *Património de Évora para crianças* o *Património Évora para Jovens*). También diversas exposiciones fotográficas y documentales («Património Mundial Português; O Inventário do Património do Centro Histórico», «Projeto Memória-apresentação pública do banco de imagens sobre a cidade») o el ciclo de Cine *Évora e o Património.* Hay diversas exposiciones de otros temas («O Património Mundial de Origem Portuguesa», «Exposição de Filatelia Nacional, 20 anos de intervenção nos Monumentos do Sul»), muestras de pintura (Filomena Coquenão o Bert Holvast) y actuaciones teatrales (IV Encontro de Teatro Ibérico y *Um Inimigo do Povo* de Henrik Ibsen) o marionetas (*Bonecos de Santo Aleixo*). La Universidad de Évora organizó una Mesa Redonda Património e

---

[7]   http://iris.cpidt.pt/publishing/img/home_104/diversos/NA_2006-10_006_Web.pdf

Cidade y se impartieron diversas conferencias. [8] Hubo un encuentro sobre «A evolução histórica e urbanística do Templo, o Fórum, o Paço Episcopal/Museu e a Sé». La música estaba representada por la Banda Filarmónica Harmonia Reguenguense e Coro, hubo un *Concerto de Madrigais*, por el Kassiopeia Quintet, un espectáculo de ópera, un concierto del coro Stella Matutina y otro de órgano por Rui Paiva. También se produjeron visitas guiadas al patrimonio militar y al patrimonio arquitectónico monumental de la Fundação Eugénio de Almeida. Esta fundación preparó la edición limitada de un vino, denominado *Évora, 20 anos de Património Mundial*.

A pesar de toda esta actividad, la prensa recoge una entrevista con el presidente de la Câmara Municipal, quien expone un panorama preocupante:

> Duas décadas depois de classificado como património mundial, o centro histórico de Évora apresenta atualmente um quinto das casas degradadas, muitas delas em ruínas, e a esmagadora maioria da população «fugiu» para a periferia da cidade. É um cenário «muito grave», reconheceu o presidente da Câmara Municipal de Évora, José Ernesto Oliveira [...].«É preciso descobrirmos como é que vamos adaptar o centro histórico à função residencial para não deixarmos que se torne numa cidade de serviços que abre às 9h00 e fecha às 17h30», declarou. Para «vivificar» o centro da cidade, José Ernesto Oliveira aposta na recuperação dos edifícios degradados, que sofrem de falta de manutenção e conservação, má estrutura, problemas nas coberturas e deficiências nas caixilharias e acabamentos. Contudo, a aposta enfrenta dificuldades, uma vez que a maior parte do património é privada e pertence a idosos, muitos reformados, com baixas reformas e «sem recursos para se abalançarem na recuperação, às vezes mais cara do que habitação nova». Neste quadro, o autarca defende a intervenção de poderes públicos, «capazes de, em parceria com os proprietários privados, alterar este estado de coisas». A Câmara de Évora criou uma Sociedade de Reabilitação Urbana, denominada Évora Viva, para facilitar os processos de recuperação dos edifícios. [...]. Apesar destes problemas, o centro histórico de Évora, um dos 13 sítios portugueses classificados como património mundial, foi ontem apontado por uma representante nacional da Unesco como «um dos mais bem preservados» núcleos urbanos do país (Agência Lusa).

VEINTICINCO AÑOS

El 1 agosto de 2011 se anticipa el programa de celebraciones del 25 aniversario de la declaración en la Agenda Cultural. La celebración tuvo lugar en medio de una difícil

---

[8]   *Conferências no âmbito da exposição Esculturas Naturalistas:* «Do final do século XIX à I Grande Guerra - Cultura, Património e Formas Artísticas», «Do Final do Século XIX à I Grande Guerra - Consciência Patrimonial: da Defesa dos Monumentos à Defesa dos Museus».

situación económica en el país. *Rádio Renascença*[9] señalaba un «programa das festas
à medida da crise[...], mas pensado à medida da 'magras' disponibilidades financeiras
do município consistente en una Sessão Solene», un concierto y una medalla conmemorativa creada por el escultor João Cutileiro. «Tem turistas, falta investimento. A
cidade é bonita, mas falta limpeza, queixam-se alguns», declaraba el presidente de la
Câmara y que el título de Patrimonio Mundial es «um orgulho que sai caro».

Para esta ocasión se organizó el Proyecto Évora, Percursos e Memórias. 25 Anos
de Património Mundial da Humanidade, 25 Monumentos, 25 Lendas, Histórias e
Devoções consistente en dos visitas mensuales a los monumentos más representa-
tivos de la ciudad dirigidas por especialistas. Hubo una conferencia por la mañana
de João Carlos Brigola, profesor de la Universidad de Évora, y otra impartida por mí
misma en la tarde. Una publicación (Martins 2012) del Archivo Municipal se dedica
a la conmemoración del aniversario a través de la exposición «Évora Património
Mundial. 25 Anos de Classificação» que pretendía reflexionar sobre ese periodo de
tiempo. En la publicación se hacía un repaso a las circunstancias y acciones para llevar
a cabo la clasificación, sus repercusiones, el aumento del turismo y las modernas
intervenciones, tanto institucionales como privadas.

Mención especial merece el Programa Acrópole XXI que incorporaba once entidades e instituciones que colaboraban en el dinamismo de la ciudad (Câmara Municipal
de Évora, Fundação Eugénio d'Almeida, Associação Comercial do Distrito de Évora,
Biblioteca Pública de Évora, Cabido da Sé de Évora, Direção Regional da Cultura, Fundação Inatel, Museu de Évora, Sistema Integrado de Transportes e Estacionamento
de Évora, Universidade de Évora y Sociedade de Reabilitação Urbana Évora Viva).

Esta celebración tuvo lugar en medio de una situación política un tanto movida
ante las próximas elecciones a la presidencia de la Câmara. Tras tres mandatos del
Partido Socialista desde 2001 (el primero con mayoría absoluta y los otros dos con
mayoría relativa), en medio de una muy difícil situación económica, incluido un rescate europeo, el malestar se apreciaba en la ciudad. El CDU, que había liderado la ciudad
tras la revolución durante veinticinco años, se encontraba muy activo; así el 16 de
noviembre de 2011 convoca un *encontro* en el Jardim do Paço «para pensar o futuro»:

> Não pretendemos tanto enaltecer o passado de Évora e o percurso iniciado 1986 no
> caminho de um modelo de desenvolvimento de rosto humano, tutelado pela cultura e
> virado essencialmente para as pessoas. Hoje entendemos que **é urgente devolver a ideia
> de Évora ao patamar dos sonhos de todos que a habitam, que a construem, que a
> visitam, que a desejam.** Trata-se tão só de reencontrar o futuro reencontrando simul-

---

9   25-11-2011 7:00 por Rosário Silva Renascença. Évora, 20-11-2011, Movimento A Cultura está
Viva e Manifesta-se na Rua. rr.sapo.pt/informacao_detalhe.aspx?fid=30&did=40313

taneamente as referências patrimoniais que desde sempre densificaram a vida desta terra e de todos nós e que se diluíram no fluir de tempos hodiernos de má memória.[10]

Esta convocatoria alternativa, realizada el mismo día de la celebración oficial, el 25 de noviembre, contaba como invitados al arqueólogo António Carlos Silva, el escritor António Modesto Navarro y la historiadora Ana Paula Amendoeira. Pero la crítica fundamental provino del *vereador* Eduardo Luciano del CDU, quien tomó la palabra en este acto para protestar del supuesto intento de apropiarse del proceso de declaración:

> Ainda assim, não poderemos deixar de lembrar que o processo de classificação teve a sua génese no entusiasmo e empenho dum executivo municipal onde a CDU detinha a maioria e era liderado por Abílio Fernandes. Só pode parecer redundante esta referência, aos que não estiveram na sessão solene de hoje promovida pela Câmara Municipal e aos que não estão regularmente presentes nas reuniões públicas de câmara e da Assembleia Municipal. De facto, nos últimos 10 anos, o esforço que a actual maioria que tem feito, para nos convencer de que a única coisa de positivo que herdaram foi a classificação de património da humanidade e indo o mérito na quase totalidade para o património, tem sido notável. Basta ler o documento distribuído hoje na Sessão Solene, para se perceber que, segundo o autor do texto ou de quem o encomendou, o único mérito do executivo municipal de então foi ter a «sagacidade e argúcia» de ter descoberto o valor do património legado.
>
> Para estes senhores, são quase completamente alheios ao processo de classificação: a decisão política, a participação dos cidadãos, o pioneirismo das intervenções necessárias ou o trabalho técnico efetuado. Na aludida sessão solene fomos ainda brindados com um hilariante testemunho de Mário Soares, gravado em vídeo, onde o senhor quase que ousa atribuir a si próprio o mérito da classificação, por via da particular amizade com um representante da Unesco.

El mismo *vereador* señaló las dificultades con las que se encontraba la ciudad, fundamentalmente la ya endémica desertización del Centro Histórico que en 2011 solo albergaba 4715 habitantes:

> Sabemos que muitas das dificuldades que o Centro Histórico de Évora atravessa são comuns à generalidade dos territórios com as mesmas características, mas não podemos deixar de criticar a completa ausência de resposta por parte do executivo municipal ao acentuar de problemas como a desertificação, o abandono patrimonial, a insegurança, a deficiente limpeza pública, o definhamento da atividade económica ou o desinvestimento na promoção de eventos culturais condignos com o espaço cénico que representa. De facto, não só não se procuraram caminhos e respostas que contribuíssem para travar

---

[10]   La negrilla es del documento. En el blog de la convocatoria, un anónimo indicaba: «16/12/01-16/12/11, 10 Anos de Poder "socialista" no concelho. DESTRUIÇÂO...COMPADRIO...».

estes fenómenos, como se tomaram decisões de sentido contrário. Salientamos aqui a deslocalização de serviços municipais para o Parque Industrial que, pelo seu impacto e pelo exemplo, constituiu uma forte machadada no Centro Histórico, amputando-o da localização de funções administrativas essenciais, com óbvio reflexo na atividade comercial. Também esta decisão ajudou à criação desordenada de múltiplas centralidades concorrentes com a cidade classificada, contribuindo para a sua desertificação. Como pode o executivo municipal falar em vivificar o Centro Histórico, ou lamentar-se da sua falta de atratividade para a função habitacional ou terciária, quando dá o exemplo no sentido oposto às suas palavras... Podemos afirmar que os últimos dez anos constituíram para o Centro Histórico de Évora, não uma paragem no tempo mas um retrocesso significativo em relação à defesa e preservação do património... Mas também temos afirmado que estes tempos não durarão para sempre e que é preciso começar desde já a pensar em propostas e estratégias que permitam retomar o caminho interrompido em 2001.

Sin duda, encontramos aquí un discurso preelectoral crítico frente a una candidatura opositora. Por ejemplo, respecto al Proyecto Acrópole XXI antes citado:

Lembremo-nos de passagem do projeto de intervenção em espaço público denominado Acrópole XXI, que começou num concurso público e acabou num ajuste direto. Que foi anunciado como obra que iria deixar marca perene no território e que seria para concretizar, depois foi atirado para debaixo do tapete por causa da crise e agora ressuscita de novo mesmo a tempo de ser incluído nos discursos das comemorações.[11]

Con respecto a la exención del impuesto municipal sobre inmuebles (IMI) que se solicita sea retirado en el caso de la ciudad Patrimonio Mundial, se indica:

Bem ilustrativos desta posição política, são os argumentos usados contra a determinação legal de isenção de IMI nos sítios classificados como património mundial, onde não poucas vezes se pretende manipular a opinião pública usando argumentos do mais

---

[11]   Intervenção do vereador Eduardo Luciano na sessão comemorativa dos 25 anos da Classificação de Évora como Património Mundial pela Unesco. http://maisevora.blogspot.pt/2011/11/evora-patri-monio-mundial-25-anos-de.html

Algunos asiduos al blog responden con comentarios a favor o en contra. Por ejemplo:
26 NOVEMBRO, 2011 17:53. Anónimo said:
Ler este homem é sempre um prazer transcendental... O que ele escreve, pensa, idealiza são de uma originalidade profunda, características de um espírito arguto, perspicaz, ousado... eu sei lá que mais...Parabéns Eduardo... tens uma grande cabeça....
28 NOVEMBRO, 2011 21:19. Anónimo said:
Ão é com este Eduardo ke lá vão... fala muito, mas em abstrato, não tem coragem de xamar nomes aos bois e aos boys. O ke faria se estivesse na Câmara??? kem assumiria o Urbanísmo?? uma figurinha frágil sem voz de comando?? um coisinho ke declina poderes a uma kualker?? FALEM VERDADE E DIGAM O KE SAO CAPAZES.

baixo populismo, não hesitando em desvalorizar junto dos eborenses que residem fora do território classificado, a importância para todo o concelho da existência do Centro Histórico com a sua riqueza patrimonial. Temos dito que a continuação desta política errática e sem estratégia visível conduzirá necessariamente ao agravar das dificuldades sentidas e em último rácio colocará em causa a própria classificação que hoje comemoramos.

Y entre otras hubo críticas y contrarréplicas respecto al cartel de la conmemoración[12] (figura 25).

Al mismo tiempo, el 25 de noviembre se convoca el «FÓRUM - A Cultura está Viva e manifesta-se na Rua» por parte de un grupo de agentes culturales muy descontentos de los recortes de las subvenciones. Se organizó una concentración y vigilia, una «assembleia de rua» para protestar por el poco interés de las autoridades oficiales hacia la cultura y los agentes culturales. En uno de los puntos se exigía a la Câmara Municipal que presionase a individuos e instituciones para recuperar los edificios degradados del Centro Histórico. Se trataba de «trazer a discussão sobre a cidade e a cultura para a praça pública».[13] El «convite» se planteaba así:

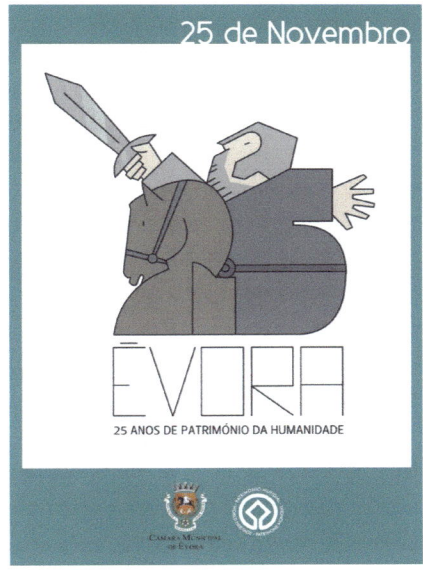

Figura 25. Cartel de celebración de 25 años de declaración de CPM, Évora.

---

[12]   16 NOVEMBRO, 2011 17:08 Anónimo said:

E o Cartaz Comemorativo do Aniversário da Classificação de Évora pela Unesco, Património da Humanidade????? Digníssimo, não é? Revelador do desrespeito que têm pela cidade, pelos seus cidadãos e até dos antepassados. Desdramatizando - é mais uma pérola a juntar a tantas outras...
16 NOVEMBRO, 2011 22:43 Anónimo said:

Os comentadores deste blog são muito sensíveis, mas exprimem essa sensibilidade com insultos e ofensas. No meu tempo de escola o livro de leitura tinha uma história/ditado que se chamava o velho, o rapaz e o burro. Não vou aqui explicar a mesma, mas este blog é um bom exemplo desse ditado, tudo está mal, desde que não seja feito por nós. A propósito do referido cartaz, pode-se ou não gostar, e ai sim cada um pode dar a sua opinião, porque é infantil, porque foi feito na travessa de.. etc, etc, até aquele que não vê o dois e o cinco, deve ser daltónico, ou então tem de ir ao oftalmologista, pois se há uma coisa que se vê perfeitamente são esses dois números. É feio? e depois? se foi por concurso, este certamente foi o melhorzinho, Já não se lembram do logótipo de Évora no tempo do Abílio, aquilo o que era? uma obra de arte certamente, pois fiquem sabendo que para mim, era tão ou mais feio do que este cartaz. E depois, PORRA, é apenas um cartaz, para quê tanta guerra e tanto ódio???E pronto, podem mandar-me à tal parte, que eu só vou de for acompanhado...

[13]   http://www.cincotons.com/2011/11/evora-25112011.html

Esta sexta-feira, dia 25 de Novembro, um grupo de cidadãos vai assinalar os 25 anos de Évora Património da Humanidade com uma concentração/vigília junto ao Salão Central Eborense, cuja degradação é o símbolo do pouco apreço que os poderes públicos têm manifestado pela cultura e pelos seus agentes na cidade de Évora e que hoje se traduz em dívidas relativas aos apoios acordados de parte do ano de 2009, ano de 2010 e já de 2011 aos agentes culturais, muitos deles com salários em atraso e colocando alguns grupos mesmo em risco de extinção. De entre as várias atividades programadas para esta Assembleia de Rua, no Pátio do Salema, a partir das 18 horas do próximo dia 25 de novembro —data em que se assinala o 25º aniversário da classificação do Centro Histórico de Évora como Património Mundial— constam pinturas, música, intervenções e a apresentação de uma moção, para ser debatida e aprovada...

En la moción se solicitaba a la Câmara el pago de apoyos prometidos, la recuperación del *salão* aludido y otros edificios degradados, y el permiso para actuar espontáneamente en las calles y plazas.

VEINTISIETE AÑOS

El 1 de mayo de 2013 el presidente de la Câmara Municipal del Partido Socialista cesa, según parece por razones personales y de salud, antes de las próximas elecciones que tienen lugar en septiembre de ese mismo año. Por casi el doble de votos que el PS resulta ganador Carlos Pinto de Sá por el CDU, partido que vuelve a recuperar la presidencia de la Câmara tras doce años. Al poco de llegar el presidente celebra los veintisiete años de la declaración (una fecha poco usual en las celebraciones), que destaca como un logro del primer gobierno democrático, como aquí indica en su mensaje de celebración:

A classificação de Évora como Património da Humanidade, há 27 anos, constituiu um marco referencial para o Alentejo, para Portugal e para o Poder Local Democrático criado pela Revolução de Abril. No país libertado da ditadura fascista e com enormes necessidades básicas por resolver (p. ex., água, saneamento, eletricidade) só uma visão estratégica, esclarecida e comprometida com a construção de um novo futuro de maior desenvolvimento e bem-estar para Évora teria capacidade para olhar o património e a cultura como uma das bases fundamentais do progresso. É justo reiterar a nossa gratidão a todos os que no Município, mas também com o Município conceberam, elaboraram e conseguiram aquele honroso, mas responsabilizante reconhecimento da Unesco. É justo que, no centenário do seu nascimento, associemos a esta comemoração a figura maior de Túlio Espanca que teve relevante papel neste processo.[14]

---

[14]   Mensagem do Presidente da Câmara Municipal de Évora a propósito do 27º Aniversário Património Mundial. http://maisevora.blogspot.pt/2013/11/mensagem-do-presidente-da-camara.html

Las celebraciones incluyeron una visita guiada dentro del Proyecto Paço a Passo «O século de ouro de Évora na memória dos Paços Reais», una visita a los Paços do Concelho realizada por parados, otra visita comentada por el arqueólogo Sarantopolos «Templo e Termas – dois edifícios de Ebora Liberalitas Iulia», un concierto por la Orquesta de la Universidad de Évora, un montaje escénico para celebrar el 12.º aniversario de la creación del Archivo Fotográfico Municipal y una exposición fotográfica «Évora Património da Humanidade: Um Olhar de Luis Pavão». Hubo también una «Sessão Evocativa del 27.º aniversário da classificação de Évora como Património da Humanidade» con intervención del presidente de la Câmara y del arquitecto Jorge Silva[15] y juegos didácticos para niños del 1.º Ciclo do Ensino Básico mediante el

Figura 26. Cartel de celebración de 27 años de declaración de CPM, Evora.

concurso «À Descoberta do Centro Histórico de Évora» y «Conheces os monumentos da água?» Quizá el acto más relevante fue «O legado de Túlio Espanca» en el centenario de su nacimiento y la presentación de su biografía. Una hija suya estuvo presente en una Muestra de Dulces Conventuales que realizaron los parados en formación. El cartel de la conmemoración vuelve a ofrecer esta vez una imagen tradicional (figura 26).

VEINTIOCHO AÑOS

Un año después hay nuevamente una celebración del veintiocho aniversario, cuya característica más llamativa es la coincidencia con la solicitud de clasificación del cante alentejano por la Unesco. El propio cartel de la celebración no deja dudas (figura 27).

---

[15] Para una evaluación del papel de este arquitecto en la declaración véase, por ejemplo, a Pereira (2007) y Silva (2007).

Figura 27. Cartel de celebración de 28 años de declaración de CPM, Évora.

El presidente de la Câmara decía al respecto a la Agência Lusa:

> Vamos assinalar mais um ano da classificação de Évora e esperamos associar a esta alegria uma outra que é o anúncio de que o Cante Alentejano será também considerado Património da Humanidade, «em rigor, já está assumida», porque «é um dos grandes cantes da humanidade». «Este tipo de música popular, muito ligado às tradições de trabalho, tem tendência a desaparecer quando essas tradições de trabalho também desaparecem, mas o cante tem sabido resistir a essa mudança da sociedade no Alentejo, entrar em novas classes sociais e manter viva a chama», observou. Carlos Pinto de Sá referiu que, tal como aconteceu com a cidade, o Cante Alentejano pode tirar proveitos do eventual «selo» da Unesco, nomeadamente ao «dar-lhe maior alento à necessidade de o dinamizar e levá-lo às escolas e, naturalmente, uma visibilidade internacional ao Alentejo e também a Évora».

El programa incluía un concierto doble de fado y flamenco, un espectáculo que también se representó en Cáceres en su veintiocho celebración, al igual que en Évora. En la Sessão Solene da Câmara de Évora participó Filipe Marchand, uno de los responsables del proceso de la candidatura de Évora a Patrimonio Mundial.[16] Se leyó un texto original del poeta Manuel Gusmão, por el actor Rui Nuno del CENDREV, y hubo un recital de música y canto. Se inauguró la exposición fotográfica «Évora» ejecutada a partir de alzados rectificados, se efectuó un espectáculo de luz y sonido en la plaza de Giraldo, un aula abierta de cante alentejano y la *inauguração da expo-*

---

[16]   Quien desde muy temprano tuvo una preocupación importante por el Centro Histórico. Véase, por ejemplo, Marchand 1981a y 1981b.

sição «Na Black Box, Visita Inesperada». Todos estos espectáculos congregaron una animada audiencia lo que se recoge con estas palabras:

> O Salão Nobre dos Paços do Concelho foi pequeno para acolher todos aqueles que, esta terça-feira, dia 25 de novembro, se quiseram associar às celebrações do 28.º aniversário. De facto, a principal sala de visitas da autarquia onde decorreu a Sessão Solene desta importante efeméride esteve com lotação esgotada para escutar as intervenções do Presidente da edilidade, Carlos Pinto de Sá, e de Filipe Marchand, o rosto mais visível da vasta equipa que há cerca de 30 anos preparou a candidatura à Unesco.
>
> «Foram dias de grande inquietação e expetativa, sem grandes referências nacionais, pelo que o trabalho desenvolvido, por uma vasta equipa, teve o mérito de desbravar um novo caminho, com o Dr. Abílio Fernandes ao leme», referiu Filipe Marchand, lembrando mais à frente algumas peripécias vividas, «neste desafio inaudito, desbravador de caminhos, num processo complexo a envolver um centro histórico com tão grandes dimensões.

Unos meses antes, en el Día de los Centros Históricos (28-3-2014) el Grupo Pro-Évora y la União das Freguesias de Évora habían convocado un debate titulado «Centro Histórico de Évora: Classificação e Futuro» para pedir la exención del impuesto sobre bienes inmuebles (IMI) para los centros clasificados como Patrimonio de la Humanidad. Una iniciativa en la que participaron la Câmara Municipal, la Direção Regional de Cultura do Alentejo y la Associação Portuguesa para a Reabilitação Urbana e Proteção do Património (APRUPP), e invitaron al Movimento de Defesa do Centro Histórico a asociarse. La periodista Rosário Silva de *Rádio Renascença*[17] entrevistó al responsable del Grupo Pro-Évora, quien, aparte de señalar los problemas principales del Centro Histórico, sugirió que el cambio de gobierno de la ciudad y las nuevas perspectivas de diálogo podrían ayudar a buscar una solución:

> Envelhecido e desertificado, o centro histórico de Évora precisa de «vida», defende Grupo Pró-Évora. Ser Património Mundial não chega, é preciso reanimar uma zona que, cada vez mais é dos turistas e menos dos eborenses.
>
> No Dia Nacional dos Centros Históricos, o Grupo Pró-Évora alerta para a necessidade urgente de revitalizar o centro histórico de Évora. O mais antigo grupo em atividade em Portugal, na defesa do património, lembra que os anos passam e os problemas agravam-se, nomeadamente ao nível da habitação [...]. Pensamos que o centro histórico tem que ser vivido e, no caso de Évora pela sua extensão ainda com maior razão de ser. É preciso que a habitação seja revitalizada e que os habitantes tenham cuidado com o que é seu para que não se degrade. O problema não é só a falta de gente a viver dentro

---

[17]   «Évora quer ser mais que património mundial» 28-03-2014 10:17. http://rr.sapo.pt/informacao_detalhe.aspx?fid=25&did=143499 Áudio Centro Histórico de Évora está envelhecido e despovoado. www.cincotons.com/2014_03_01_archive.html

do centro histórico, é também a degradação que tem sofrido" lamenta Celestino David, do Grupo Pró-Évora [...] a cidade recebe cada vez mais turistas que fazem desta cidade, a sua cidade de eleição, mas apenas por poucos dias. O título honorífico levou Évora ao mundo, mas só trouxe prestígio e não veio acompanhado de recursos, nomeadamente de ordem financeira. [...]. São as pessoas que dão a vida. «Não é preciso grandes invenções, nem grandes perspetivas de animação e, sobretudo, não devemos inverter a lógica no sentido de o tornar atrativo a todo o custo para os turistas. Ele tem de ser atrativo, em primeiro lugar, para os habitantes» sublinha, à Renascença, Celestino David.

Neste dia dedicado aos centros históricos fica também uma boa noticia. Finalmente, vão ser retomadas as reuniões da Comissão Municipal de Arte, Arqueologia e Defesa do Património, onde estas e outras questões serão tratadas. De acordo com o Grupo Pró-Évora, o novo executivo camarário já mostrou boa vontade para trabalhar com a sociedade civil em prol do património, apesar das limitações económicas que existem. O retomar destes encontros é um primeiro passo com vista à melhoria das condições do centro histórico de Évora e, sobretudo, para quem nele habita (Silva 2014).

VEINTINUEVE AÑOS

También hubo una celebración de los veintinueve años de la declaración, pero mucho menos notoria que las anteriores. En la Sessão Solene de la conmemoración del 25 de noviembre, aparte de la intervención del presidente de la Câmara, impartió una conferencia el profesor Paulo Simões Rodrigues y hubo un concierto del grupo So In Jazz Trio. Uno de los asistentes escribía así:

> Tive a oportunidade de assistir, nos Paços do Concelho, à comemoração dos 29 anos da classificação [...]. A oportuna alusão do Presidente da Câmara não só historiou como apontou o caminho. Évora assume o seu património e tem uma estratégia. Apenas ouvi os tópicos que o Presidente entendeu transmitir e não conheço a dita estratégia. Seja como for, no limite, qualquer coisa é melhor que nada, como aconteceu nos últimos anos, anos de mais. Durante muito tempo, Évora esqueceu-se do que é, esqueceu e perdeu muito da sua identidade. Perdeu muitos anos de oportunidade. Vamos em frente e recuperemos o possível desse tempo perdido.
>
> A sessão nos Paços do Concelho mostrou uma grande fragilidade, a sala estava a um terço. Isto é, atrevo-me a escrever que quase uma mão chegava para contar os que estavam para além dos obrigatórios — entidades oficiais e dirigentes da Câmara Municipal de Évora (CME). Na prática, os poucos que vão existindo (bem sei que nunca houve muitos) estão completamente afastados da cidade e do seu património. Muito provavelmente, esta é a maior fragilidade de Évora e da sua marca ...[18]

---

[18]   www.otrosmundos.cc/2015/12/patrimonio-da-humanidade-evora/

Tan escasa asistencia y parca celebración motivó un artículo de opinión en un blog crítico *A Cinco Tons* firmado por Carlos Júlio y titulado «Evora: 29 anos de Património da Humanidade, uma data (percebe-se) comemorada da forma envergonhada». El artículo indicaba lo siguiente:

> Évora assinala hoje sem pompa nem circunstância (apenas com uma pequena cerimónia simbólica) o facto do seu Centro Histórico ter sido classificado há 29 anos [...]. Há 4 anos, num momento em que a Câmara de Évora ainda era liderada pelo PS, o movimento «A Cultura está Viva e manifesta-se na Rua» convocou uma concentração junto ao Salão Central, símbolo máximo do estado de degradação a que o património na cidade de Évora tinha chegado. Deste movimento faziam parte elementos que hoje pertencem à maioria que dirige a Câmara nos últimos dois anos. Mas a verdade é que o estado de abandono a que o Património esteve votado continua. Não existem Planos de Salvaguarda, o Património é diariamente esquecido, a Praça do Giraldo, depois da pequena «lavagem de cara" pós-eleitoral que teve, mergulha no marasmo e na degradação verificada nos últimos anos.
>
> Percebe-se que o município, envergonhado, não comemore condignamente esta data, dado o estado de degradação do Património [...] e num momento em se prepara para alienar 30 mil metros públicos de terreno, junto ao Centro Histórico, para um Centro Comercial [...]. O que não se percebe é o silêncio da oposição e da opinião pública anestesiada por muitas doses de propaganda [...]. Se há quatro anos era urgente recuperar o Salão Central e cuidar do Centro Histórico, parando a degradação avassaladora e revitalizando-o com novas atividades e novos atores - hoje é mais do que urgente, deve ser prioritário.

En el blog siguen diecisiete comentarios a favor y en contra; entre otras controversias políticas, la cuestión del patrimonio en general y el Salão Central en particular se explica por la escasez de medios económicos y la herencia recibida. Un anónimo indicaba:

> É preciso pachorra para engolir as provocações, aturar o vazio de ideias, as meias-verdades, a desinformação, e o dolo do CJ. Só para recordar aos esquecidos, ou aos que se deixam ir na conversa: 1. Nos anos 90 a câmara CDU fez os projetos técnico e financeiro para recuperar o Salão Central 2. No novo milénio a câmara PS decidiu que a prioridade era reconstruir a Praça de Touros da família Torres [...] estafando uma data de dinheiro público municipal, em vez de reconstruir o Salão Central como estava planeado. 3. Depois de inúmeros negócios ruinosos, como o da Praça de Touros, o PS entregou o município falido, sem dinheiro sequer para pavimentar as ruas e remodelar infraestruturas básicas e essenciais. Mas aqui, parece que tudo isso não interessa, e que convém esquecer. 4.Portanto, expliquem lá onde é que esta câmara vai arranjar dinheiro para manter a cidade a funcionar, e para reconstruir o Salão Central? Vender os dedos? (porque os anéis já se foram), Oferecer a ruína aos amigos, livre de custos e prejuízos?

(que foi o que o PS fez com as águas de Évora), Jogar no Euromilhões? Pedir ajuda à Fundação (João) Mário Soares? os e prejuízos (que foi o que colocar uma velinha na Capela das Aparições? (2015, 14-38).

Pese a estas críticas en ese mismo año (24-6-2015) se destinó la aplicación del 1 % del PIB para la cultura (que hasta ese momento no alcanzaba el 0,1 %), mediante una moción aprobada por unanimidad en la Câmara Municipal.[19]

TREINTA AÑOS

Évora celebró los treinta años de la declaración en 2016.[20] En esa fecha contaba con un logotipo conmemorativo realizado a través de una consulta pública (figura n. 28). Como se indicaba, en su realización se tuvieron en cuenta los temas, colores y las influencias de la ciudad según Lopes y Martins:[21]

Figura 28. Cartel de celebración de 30 años de declaración de CPM, Évora.

---

[19]   http://www.cm-evora.pt/pt/site-viver/culturaepatrimonio/cultura/Paginas/mocao-1para-a--Cultura.aspx

[20]   Si bien comencé a redactar este ensayo a mediados de 2015, lo terminé en 2016, por lo cual solo voy a referirme a los actos programados hasta esa fecha.

[21]   Tânia Lopes y Sofia Martins de la Agencia Hora Comunicação. Véase http://www.briefing.pt/criatividade/35861-o-patrimonio-de-evora-em-logotipo-by-hora.html#ixzz411M5yHZR

Diz a agência que, neste novo logotipo, é possível «encontrar as influências históricas que vêm dos celtas, dos romanos, dos árabes, dos católicos e dos judaicos e que hoje se pode apreciar através dos edifícios e da própria estrutura do seu centro. É, inclusive, o próprio traçado das ruas, que envolve a palavra Évora».

Já as cores escolhidas pretendem simbolizar a vida e o pulsar da cidade: o vermelho e laranja, como cores energéticas e representativas do Património Cultural; o azul e o verde, como principais representações do Património Natural (jardins e pátios amplos); o bege e o castanho, dos edifícios e do granito, aqui a cimentar e a representar o património arquitetónico do centro histórico.

Entre otras celebraciones, se organizó desde noviembre de 2015 un ciclo de tres encuentros técnicos sobre «O planeamiento sobre os Conjuntos Classificados» que tuvieron lugar en noviembre de 2015 y enero y febrero de 2016 («O Planeamiento para a Salvaguarda; A Envolvente dos Sitios Classificados; Centros Históricos-Problemas e Oportunidades») con distintos especialistas (arquitectos, abogados, urbanistas...). En colaboración con una universidad inglesa el 28 de enero de 2016 se anunció la puesta en marcha de un proyecto de regeneración del Páteo de Salema, una reivindicación frecuentemente formulada. Asimismo, tuvo lugar entre enero y diciembre de 2016 el evento gastronómico «Évora, doce meses de boa mesa. Traditional Flavours» con participación de sesenta restaurantes y diversas pastelerías y tiendas *gourmet*. El presidente de la Câmara Municipal planteaba así la conmemoración a través de una entrevista al *Diário do Sul* el 24-2-2016:

Mais que assinalar a efeméride de três décadas de classificação de Évora como Património da Humanidade, o executivo pretende fazer algo que fique na história no concelho.

Em entrevista exclusiva ao «Diário do Sul», o presidente da Câmara anuncia que o município preparou uma candidatura ao Alentejo 2020, no âmbito do plano estratégico sustentado, com vista a revitalizar o centro histórico, salientando a recuperação de edifícios municipais, apoio aos proprietários para requalificação dos imóveis, centralizar serviços e atrair empresas para a zona intramuralhas, captar habitantes, repensar a mobilidade e ajudar à dinamização do comércio tradicional. Carlos Pinto Sá sublinha que isso só será possível com a aprovação do plano de saneamento financeiro, pela Assembleia Municipal, o que lhe permitirá dispor de algumas verbas para se poder candidatar aos fundos comunitários. A situação económica da edilidade volta a ser um dos motes de conversa, garantindo o autarca que o equilíbrio das contas continua a ser uma das principais prioridades. «Herdámos uma situação financeira muito grave que levou a que a Câmara ficasse em falência técnica [...]. Sem dúvida, para isso preparámos uma candidatura ao Alentejo 2020, no âmbito do plano estratégico sustentado que tem várias componentes: recuperação de edifícios municipais de um conjunto de edifícios de outras entidades; programa de apoio aos proprietários de edifícios que pretendam recuperar os seus imóveis; trazer atividade económica para dentro do centro histórico e vamos dar o exemplo ao deslocar os serviços que estão no parque industrial para a antiga estação rodoviária; arranjar habitação social dentro das muralhas; instalar uma residência universitária no edifício das Alcáçarias e estudar o plano de mobilidade para peões e comerciantes se sintam confortáveis. [...] Gostaria que Évora voltasse a ser referenciada como uma cidade do património, da cultura e em outras áreas onde tem capacidade de inovação, sempre aliada à componente económica» (Zacarias 2016).

Al igual que las otras conmemoraciones, la Câmara organizó diferentes actividades para celebrar este aniversario, que festeja juntamente con Cáceres, también PM en la misma fecha. Unos días antes se inicia un ciclo de encuentros «10 Visões sobre o Patrimonio Cultural» tras una Sessão Evocativa en el Teatro Garcia de Resende con la intervención del presidente y la directora regional de Cultura del Alentejo seguida de un concierto de la Orquestra Philarmónica de Lisboa. Ese mismo día tienen lugar otros actos[22] y durante varios días diversos conciertos, espectáculos de danza, poesía, teatro, un maratón, un nuevo vino conmemorativo y la inauguración de la exposición «O Centro Histórico de Évora e as Artes do Trabalho (1939-1960)».

CONCLUYENDO...

No cabe duda de que la declaración en 1986 fue un hito en la ciudad, tras la revolución del 74, pero como afirma la persona que habla a continuación, que trabajó en la Câmara esos años, la fecha significó «a cereja em cima do bolo», es decir, la culminación de un considerable esfuerzo y trabajo durante varios años:

> Portanto, o que eu lhe respondi a ela foi, estes anos de 80, 85, todo este trabalho —sendo que a cereja em cima do bolo é a classificação em 86— isto resulta tudo uma grande capacidade, de uma grande qualidade... com uma grande criatividade, com uma grande paixão a trabalhar isto. Isto, quando digo [...] em tudo aquilo que se fazia. Eu, a propósito dessa conversa com a professora, fui ver algumas agendas que tenho lá, antigas. Se você... Eu olhando para aquilo digo: «Tu eras doido». Aquilo é de doidos, a quantidade de trabalho que a gente tínhamos que fazer. Quer dentro, quer fora. Para já não falar dos serviços da Câmara, nos serviços que faziam esse trabalho técnico [do] processo de classificação, de intervenção nos clandestinos, da criação dos planos de pormenor... Nós, quando chegámos, à Câmara tínhamos um problema gravíssimo com o abastecimento de água à cidade. Tivemos que resolver esse problema... logo a seguir ao 25 de Abril.

La fecha supuso su despegue internacional y su desarrollo turístico; en cierta forma fue una nueva refundación de la ciudad. Los aniversarios culturales son

---

[22] Visitas guiadas, entrega de certificados de «Cidadão temporário de Évora» a estudiantes, donaciones de antiguos proyectos de arquitectura e ingeniería por parte de miembros del Grupo Pro-Évora y el documental *Marfim* de Luis Godinho, sobre músicos en las calles eborenses. https://www.bpe.pt/Atividades/Eventos/Post/689/%C3%89vora-30-anos-como-Patrim%C3%B3nio-Mundial-da-Humanidade

pausas en la marcha del tiempo, marcan años especiales para conmemorar sucesos fundacionales que ayudan a articular la identidad regional y nacional. En este caso la declaración, que se siente fuertemente asociada a una etapa de gobierno, marca un antes y un después en la identidad de la ciudad.

Las conmemoraciones expresan la diversidad y complejidad de la ciudad. La primera celebración, a los diez años, incluyó la participación de diversas autoridades nacionales e internacionales, desde el presidente de la República a la representación nacional de la Unesco, ICOMOS, OCPM, otras instituciones culturales y económicas, además de diferentes niveles de la administración local. Este impacto nacional probablemente se debió al hecho de haber sido la primera ciudad continental portuguesa en ser declarada PM,[23] y también su despegue internacional, ya que sirvió como sede de la asamblea y coloquio de la OCPM. Pero especialmente se aprecia, en esa primera fecha, un interés por las aportaciones culturales literarias y gráficas: literatura, pintura, fotografía. La elección del inminente premio Nobel José Saramago y el fotógrafo Gageiro para una obra institucional a tres idiomas atestiguó este interés por la producción cultural y su internacionalización. Hubo una especial atención a la infancia y al tema del turismo, a través del *Llamamiento de Évora*, la primera vez que se trataba en las reuniones de la OCPM. En el documento el turismo se celebraba como «conquista social del siglo XX, actividad prometedora para la revalorización y el desarrollo de las ciudades», pero también se señalaba que es un recurso que se debe fomentar con prudencia.

Diez años después, en el vigésimo aniversario, la conmemoración fue más local y menos nacional, quizás porque habían aparecido otras ciudades y centros históricos PM. Fue también menos exultante y más crítica; la desertificación y envejecimiento de la población del Centro Histórico estaba alcanzando niveles preocupantes y el impacto del turismo y la consiguiente musealización de la ciudad histórica lo agravaba. La recuperación de edificios degradados y en ruinas se consideró una prioridad y varias actividades incidieron en el intento de *vivificar* el Centro Histórico. El guion de la celebración fue, sin embargo, muy amplio: coloquios internacionales, exposiciones y diversas publicaciones. Como en el anterior, la fotografía y la literatura mantuvieron su importancia y también el teatro, la música y el patrimonio. La Universidad de Évora colaboraba activamente en estas celebraciones organizando mesas redondas y conferencias. Hubo actuaciones y espectáculos para todo tipo de público con una especial atención a niños y jóvenes a quienes iban dirigidas diversas publicaciones.

---

[23]   La primera de Portugal había sido el centro histórico de Angra do Heroísmo, isla Terceira, Azores, en 1983, tras su destrucción a consecuencia de un seísmo ocurrido el 1 de enero 1980. Aparte de algunos conventos (Tomar), monasterios (Batalha, Jerónimos…) o espacios naturales, los primeros centros históricos PM fueron los de Angra do Heroísmo 1983, Évora 1986 y Oporto 1996.

Este panorama se agravó cinco años después, a los veinticinco años de la declaración, en pleno rescate europeo, dentro de una situación económica difícil, lo que hizo que las celebraciones fueran modestas y austeras. Se organizó un programa (Acrópole XXI) que intentaba aunar a las entidades e instituciones ciudadanas para tratar de dinamizar la ciudad y solucionar sus endémicos problemas. Pero pese a estos intentos unificadores se estaba organizando una fuerte oposición frente a unas elecciones próximas poco prometedoras para el partido socialista que gobernaba la ciudad. La coalición CDU de los antiguos comunistas organizó, el mismo día de la celebración oficial, una sesión alternativa en el que intentaron recuperar, simbólicamente, el proceso de la declaración, liderada por el antiguo presidente de la Câmara Abílio Dias Fernandes, una figura clave en la etapa posterior a la revolución. En el acto hubo críticas a la situación de la ciudad histórica y sus problemas, al Programa Acrópole XXI e incluso al propio cartel de la celebración. También se organizó ese día una contracelebración (el «Forum A cultura está viva e manifesta-se na rua») junto al Salão Central, un edificio degradado que simbolizaba la falta de interés por el patrimonio y la cultura según los organizadores. Los recortes financieros a los agentes culturales habían provocado muchas protestas.

En la siguiente celebración, a los veintisiete años —una fecha rara para la mayoría de las efemérides— el CDU, ya en el gobierno de la ciudad, celebró la declaración con diversas actividades culturales y sociales: conciertos, montajes escénicos, exposición fotográfica, visitas a los Paços do Concelho realizadas por parados, juegos y concursos para niños. Además, se contó con la intervención del arquitecto Jorge Silva y se conmemoró el centenario del nacimiento de Túlio Espanca, ambos muy involucrados en el proceso de la declaración.

Si bien esta celebración podría estar justificada por el inicio en ese momento del gobierno del partido que había hecho de la declaración su bandera, se justificaría menos la celebración del 28.º aniversario, si no fuera porque en esos momentos está a punto de ser declarado el cante alentejano Patrimonio Mundial Inmaterial por la Unesco. El 27 de noviembre de 2014 este canto polifónico generalmente masculino (pero también, en menor medida, mixto y femenino) y asociado a las tradiciones de trabajo en los campos del Alentejo entró en esta categoría.[24] La celebración de este año incluyó la participación en la Sessão Solene de Filipe Marchand (otro de los protagonistas del proceso de la declaración), la lectura de textos poéticos, un recital de música y canto, un concierto doble de fado y flamenco, una exposición fotográfica, un espectáculo de luz y sonido y, obviamente, un aula abierta de cante alentejano.

---

[24]   http://www.unesco.org/culture/ich/es/RL/el-cante-alentejano-canto-polifonico-del-alentejo--sur-de-portugal-01007?RL=01007

Estas celebraciones y la euforia por las dobles declaraciones no esconden los problemas de la ciudad histórica. Unos meses antes, a finales de marzo de 2014 se alzaron diversas voces discordantes. El Grupo Pro-Évora, que siempre fue crítico en las cuestiones urbanísticas y patrimoniales, planteaba la necesidad de que la ciudad histórica fuera «vivida» por sus habitantes, una ciudad cada vez más de los turistas que de sus moradores. Se planteaba la exención del IMI para este tipo de ciudades y mostraba buena voluntad para trabajar con el nuevo equipo de la Câmara. Pero las críticas arreciaron especialmente en la siguiente celebración en el 29.º aniversario, una parca celebración «comemorada da forma envergonhada», según un periodista quien destacaba que el patrimonio en general y el Salão Central continuaban en el mismo estado de abandono y degradación dos años después de haber accedido el nuevo equipo, que se defendía aludiendo a la falta de recursos financieros.

Esta falta de recursos se aprecia en el 30.º aniversario en palabras del presidente de la Câmara, Carlos Pinto Sá, quien resumió los problemas que sufre el Centro Histórico desde hace años agravados por la crisis del momento. Sin embargo, su planteamiento fue volver a hacer historia, al considerarse heredero del impulso que dio origen a la declaración.

José Luis García ha indicado (1994, 2000) que las conmemoraciones y celebraciones no son casuales ni su contenido lo es; se trata de la organización representativa de la diversidad, actuaciones eficaces para la organización de las conductas. García ha hecho la distinción entre conmemoración y celebración; ambas suponen una cualificación del tiempo, pero son diferentes. En la conmemoración, el pasado y sus acontecimientos reales o ficticios proporcionan la estructura cualificadora del presente. Se trata de actividades pautadas desde acontecimientos de un pasado, supuestamente común, sujetos a un recuerdo compartido. Conmemorar viene de *memorare cum*, recordar conjuntamente, que implican a los actores rituales de una manera determinada. Las celebraciones toman como pretexto acontecimientos del presente o del pasado, pero los participantes recurren a comportamientos que, en vez de reproducir el pasado, se sustentan en su propia representación. La conmemoración es, pues, un ritual donde opera, como estructurador de la representación, un guion que recoge hechos consumados del pasado, acontecimientos de identidad y rodeados de fuerte emotividad. En la celebración, también un ritual efemerizado, el elemento estructurador son los propios actores, definidos en el momento de la representación. Pero como indica el autor, hay casos en que «las celebraciones se forman a partir de las conmemoraciones» (García 2000, 149). Y esta transformación es la que se ha producido en el caso que me ocupa.

En estas líneas se puede apreciar la apropiación del aniversario por parte de un grupo que se considera heredero directo del proceso y suceso de la declaración. Así la *conmemoración* de la efeméride supone la *celebración* de sus *legítimos* dueños que se constituyen como grupo frente al gobierno de la ciudad mediante la utilización de esa efeméride en la lucha política y en la reivindicación de una nueva ciudad. No solo se participa, sino que se aceptan las reglas del juego social. En las celebraciones se inician, reafirman planteamientos simbólicos, ejercicios de poder.

La conmemoración sigue un guion establecido con la participación de una gran variedad de especialistas de la cultura que intervienen en sus actos (profesores de universidad, intelectuales, fotógrafos, actores, pintores, músicos, escritores, poetas, historiadores...) o técnicos especializados (arquitectos, urbanistas, ingenieros...) y diversas instituciones. Una conmemoración contiene varios elementos comunes; invariablemente los organizadores invitan a especialistas académicos a impartir una conferencia o se organiza un coloquio o mesa redonda; por norma hay una exposición de pintura o fotografía, se editan libros y se proyectan películas o documentales. Aparecen noticias en la prensa, radio y televisión; las páginas de cultura de los periódicos locales y nacionales recogen estos aniversarios. Hay incluso ciertas convenciones en las fechas en que se celebran las conmemoraciones. Los aniversarios de personas son frecuentes a los cincuenta años o múltiplos de cincuenta (cien, ciento cincuenta, doscientos...). En sucesos del pasado inmediato, en cambio, aparecen a los diez, veinte, veinticinco, cincuenta años (Johnston 1991). Esto último sucede en las tres primeras conmemoraciones de la declaración de Évora, pero no en las siguientes en que aparecen celebraciones poco usuales a los veintisiete, veintiocho y veintinueve años. Obviamente, con el cambio de gobierno, la nueva Câmara Municipal intenta recuperar el protagonismo de un proceso que desarrolla una nueva perspectiva de la ciudad, la reapropiación de un pasado simbólico en una dura época poco gloriosa de penuria económica. El culto a los aniversarios ayuda a los gobiernos a cultivar la identidad local, uno de los niveles de la identidad cultural, y, tras la revolución, la declaración es el rasgo más distintivo de Évora frente al mundo, su bandera. Como ha sugerido Johnston (1991, 63) una ciudad tiene que ser imaginada antes de ser experienciada. Probablemente el culto de los aniversarios quizá esté reforzando los intereses postmodernistas en el sentido de servir como vehículo para reafirmar las autoridades del pasado, y tal vez se pueda sugerir que se mira al pasado porque no se quiere mirar al futuro.

Las celebraciones sirven, pues, para diversos propósitos: académicos, de gobierno, comerciales. Los aniversarios culturales no solo son un culto, sino también una industria, un impulso cultural que produce oportunidades comerciales, que llega a ser una industria cultural. Los gestores culturales y líderes locales explotan aniversarios como técnica para vender tradiciones. Las oportunidades comerciales han producido una industria de la conmemoración en la que se organizan conciertos y exhibiciones, se editan publicaciones y libros populares o científicos, se producen carteles, camisetas y suvenires. Los aniversarios justifican tareas interdisciplinares que benefician tanto a los que las producen como a los que las reciben. En términos económicos, estimulan industrias de servicios para consumidores diversos. La industria conmemorativa une a funcionarios, publicistas, periodistas, manufacturas, artistas, hoteles, agencias turísticas y negocios de viajes a nivel local, regional y nacional. En términos económicos el visitante es un consumidor y todo puede ser museable. Como ha indicado Fortuna:

> Así nuestras ruinas, nuestros monumentos y nuestros museos, en fin, nuestro patrimonio, son retirados a la historia y transformados en paisaje estetizado. Todo lo que es estético es hoy comercializable y consumible [...]. El pasado y los lugares de nuestras ciudades se volvieron mercancías [...] (1998, 73).

La atención a la ciudad histórica, a los ritmos y aniversarios también inspira la reflexión sobre la mortalidad humana: las instituciones perduran, pero no los individuos. A través de los aniversarios, no menos que a través de otros rituales, los humanos reconocemos la transitoriedad que tratamos de exorcizar; el culto a la fama y al pasado perdura más allá de los que lo crearon.

Capítulo 12

La ciudad se abre al mundo[1]

El día en que Évora es clasificada Patrimonio Mundial por la Unesco el presidente de la Câmara Municipal de la ciudad Abílio Dias Fernandes declaraba, alborozado:

> A distinção [...] um premio desejado ao longo de muitos anos [...] a consagração do esforço [...] por vezes alvo de críticas e incompreensões [...]. Nos últimos anos a este cenário excecional [...] juntou-se uma intensa vivência coletiva [...] uma cidade viva [...] polo regional [...] para que os nossos filhos recebam intacta uma cidade que foi hoje reconhecida como um valor cultural pertenecente a toda a Humanidade (Fernandes 1987a, 198-199).

En presencia del presidente de la República y varias autoridades nacionales y extranjeras, Abílio Dias Fernandes detallaba las glorias y periodos importantes de la ciudad y señalaba también su estancamiento hasta el 25 de abril de 1974 en que se crea «um novo renascimiento da cidade». También intervino el representante de la Comisión Nacional de la Unesco, quien señaló que no solo era una ciudad *monumento,* sino una ciudad *viva* e indicó que los bienes inscritos en la Lista de Patrimonio Mundial ostentaban el favor, primacía y privilegio de la comunidad internacional en cuanto a su conservación, defensa, valorización y restauración. Tras un largo periodo de degradación y deterioro «dos exponentes máximos da vida dos povos e da transitoriedade planetária» la Convención de 1972 «impôr aos Estados o dever de conservar o seu própio patrimonio cultural e natural [...] símbolo de una cultura que passa a ter uma expressão universal no seio da comunidade internacional, e um

---

[1] Este capítulo fue preparado para el VI Encontro Ibérico de Antropólogos de Miranda do Douro y posteriormente publicado (Cátedra 2015). Mi agradecimiento a los organizadores, Jean Yves Durand y a Humberto Martins, por la oportunidad de discutir el tema con ellos y con el resto de los participantes. Más adelante presenté una nueva versión en el I International Congress Rethinking the Limits of Cultural and Natural Heritage que tuvo lugar en Valencia. Agradezco a Beatriz Santamarina y Agustí Andreu su invitación y comentarios; también, como siempre, los de Jorge Freitas Branco.

sentimiento nobre de ciudadão português sendo igualmente ciudadão do mundo»
(Fernandes 1987, 199-202).

Un análisis de los testimonios de la prensa de esos años (Bernardo y Matos 2008)
ilustra sobre las estrategias de divulgación de actividades y acciones sistemáticas
por parte de los responsables municipales para promover la ciudad y su patrimonio.
Entre 1981 y 1982 aparecieron las primeras referencias sobre un plan de la Câmara
Municipal de recuperación de la ciudad para defender y mejorar el patrimonio cultural y arquitectónico de la Évora *antiga*. Y en 1983 ya se indica que la Unesco fue el
primer organismo internacional en apoyar la recuperación. Según Bernardo y Matos,
a finales de 1981 participa una delegación eborense, con el presidente de la Câmara
al frente, en un encuentro sobre ciudades históricas en Europa, que tuvo lugar en
Friburgo (Suiza). Este encuentro abrirá *novas perspectivas* en apoyos técnicos y financieros internacionales. A finales de 1982 se organiza un seminario sobre «Defesa
y Recuperação dos Centros Históricos» y un homenaje a Túlio Espanca. Según las
autoras, en estos años se individualizó la cuestión del Centro Histórico en el contexto
de la acción municipal y se percibió que tal recuperación exigía conocimientos, apoyos
técnicos, institucionales y financieros.

Frente a las dieciséis informaciones que aparecen entre 1981 y 1982, en 1983 y
1984 las noticias se acercan al centenar. Se trata de distintos proyectos e iniciativas
locales, [2] pero especialmente se publican noticias internacionales. En 1983 en un
artículo se informaba de que el Consejo de Europa apoyaba la Câmara en la recuperación y preservación del Centro Histórico, al igual que la Unesco. También aludía
al Premio Europeo de Conservación de Monumentos Históricos de Hamburgo por
parte de la Fundación FVS, que había recaído en Túlio Espanca. En 1983-1984 las
noticias aluden a la visita de Alfred Schmid (profesor, historiador de arte y presidente
de la Comisión Nacional de Monumentos Históricos de Suiza y miembro del comité
director del Consejo de Europa para la política urbana y patrimonio arquitectónico), el apoyo y las visitas de delegaciones del Consejo de Europa y la Unesco. En
1985 la Câmara promueve un Atelier Internacional sobre «Recuperação do Centros
Históricos» con participación de la comisión portuguesa de la Unesco, y la propia
Unesco, con treinta especialistas de veintidós países. Se trataba de consagrar Évora
como una experiencia piloto, de gestión equilibrada entre las ciudades con centros
históricos, que sería divulgada a nivel mundial. La clasificación se solicita en 1984 por
la Câmara al Instituto Portugués de Patrimonio Cultural. Se formaliza la candidatura
a través del Ministério dos Negócios Estrangeiros. En abril de 1986 ICOMOS había
recomendado su inclusión en la World Heritage List (Bernardo y Matos 2008).

---

[2]   «Projecto de Recuperação do Centro Histórico y de Casa Caiada, Caixilharia de madeira», y
recogida de postales y fotos antiguas que dará lugar al Arquivo Fotográfico da Câmara Municipal.

En este capítulo trataré de analizar el proceso seguido en la internacionalización de la ciudad y sus antecedentes, a través de su clasificación como Patrimonio Mundial.

ANTECEDENTES

Mucho antes de la declaración, la ciudad monumental había sido tradicionalmente considerada una *cidade museu*. Por ejemplo, la *Revista Turismo*, en un número especial dedicado al *Delumbramento de Évora*, en octubre de 1945, la calificaba de este modo y de «encantadora cidade de turismo»:

> Évora é a rainha da planície alentejana. O grande centro da mais rica região portuguesa agropecuária [...] *Évora* é a cidade-museu onde pedras gloriosas evocam história maravilhosa, atestando o passagem de antigos povos desde os romanos até aos nossos dias. As suas ruínas, igrejas, conventos, palácios e fontes constituem deslumbrante cenário evocativo dos templos esplendorosos das cortes dos reis e dos príncipes, de venerandos bispos e cardeais, da Universidade, das famosas escolas de Música e Pintura, de grandes senhores, poetas e artistas que por aqui passaram enobrecendo a Pátria e o Mundo. Évora é uma encantadora cidade de turismo (Mendes 1945, s. p.).[3]

Pero será después del 25 de abril cuando la ciudad trata de pasar de *cidade museu* a *cidade viva*. Un arquitecto, Jorge Silva, que tuvo mucho protagonismo en este cambio, decía así en una entrevista:

> [...] a cidade estivera muito tempo parada. Ora, isto é mau e bom ao mesmo tempo [...] há uma estagnação, não havia investimentos, não havia transformação [...] mas estava tal e qual como existia [...]. Percebeu-se que havia um grande valor histórico, nomeadamente entendeu-se que a cidade não era, como se dizia na altura, a cidade museu, a cidade monumento, mas toda ela era um conjunto, um valor en si, estava muito preservada[...] (Silva en Pereira 2007, 29).[4]

---

[3] Pero ello no quiere decir que Évora viva del pasado, como a continuación se indica: «Évora atrai a atenção, acalenta o deslumbra conforme o prisma sob que fôr observada. Compêndio de arte, de história e de religião, Évora silenciosa não está adormecida nas suas pedras milenárias; Évora sonhadora não se ficou embevecida nas glórias do passado; levanta-se ao sol nascer, arroteia os campos, semeia e colhe, acompanha a vida, ganha diariamente a luz e o espírito que tem feito das suas gentes, desde sempre, portugueses dos maiores, daqueles aos quais a fé orienta ou a visào do Destino da rumo» (Mendes 1945, s. p.).

[4] Se trata de una entrevista que hace Pereira a Silva en la revista *Revue* que sigo para analizar este periodo. Dado que lo que cito son las propias palabras de Silva, en adelante las referencias aparecen con el nombre del entrevistado.

Jorge Silva fue uno de los muchos arquitectos que, tras el 25 abril, salieron de las grandes ciudades a lugares menos centrales, periféricos, con la ilusión de poder cambiar las cosas «para a melhoria da qualidade de vida das pessoas». Évora estaba mal conservada, ya que tan solo había un arquitecto o dos en toda la ciudad. Silva tenía familia en Évora, aunque había estudiado en Lisboa, y vino a integrarse en un Gabinete de Apoio Técnico de la Câmara Municipal. Es elegido *vereador* de la Câmara en las primeras elecciones municipales. En 1975 y 1976 comenzaron las grandes cuestiones en materia de urbanismo, dentro del Plano Director Municipal, como la recuperación de barrios degradados. Para ello se organizó un equipo multidisciplinar (arquitectos, sociólogos, economistas) «a questão era obter uma metodologia de intervenção no centro histórico» (Silva 2007, 29).

No fue fácil al principio: «A palavra património quer dizer o património que é nosso, o nosso património, mas as pessoas não o sentiam [...]. Nesses anos era raro o lojista ou o comerciante que não quisesse colocar a sua porta de alumínio[...]» (Silva 2007, 30). Para convencer a los eborenses de los valores de su ciudad fue crucial el reconocimiento internacional, la llegada de gente de fuera y extranjeros, además de la organización de seminarios; los de dentro se dieron cuenta de que quizá ellos tenían algo de valor que desperdiciaban. «Localmente era difícil ter-se essa noção, ter-se distanciação para se avaliar o valor de Évora». En 1982 se empieza a pensar en la candidatura cuando uno de esos extranjeros ligado a la Unesco visitó Évora y lanzó la idea. Pero entre 1975 y 1982 se realizaron diversos estudios que culminan con un *relatório* del Programa de Recuperação do Centro Histórico de Évora (PRCHE) donde ya se manejaba la idea de que la internacionalización era un *valor garantido* y se comenzaba a preparar la candidatura formalmente. En 1981 la revista *Poder Local* inicia la publicación de una serie de artículos sobre el patrimonio dirigida por el arquitecto Jorge Silva, una buena prueba del ambiente de trabajo y preocupación por la ciudad. Filipe Merchand, un economista que trabaja en la Câmara de Évora, escribe dos de ellos en ese año sobre la preservación del patrimonio y la recuperación del Centro Histórico (Merchand 1981a, 1981b). Protesta del apellido de *cidade museu* que tiene la ciudad indicando que ello se debe al casi medio siglo de «política anciolsada, de fachada, bloqueante tendente a manter viva a aparência monumental e urbanística (esta só parcialmente), mas a produzir a morte lenta das suas estruturas» (Merchand 1981b, 56). Se apunta la idea de que el Centro Histórico no son solo sus monumentos, sino también, y sobre todo, las casas, calles, arcadas, patios, plazas...; es todo el conjunto lo que forma el Centro Histórico. Marchand anuncia la aprobación reciente del PRCHE, el programa de recuperación, con sus objetivos (mejora de la habitabilidad, tránsito, turismo, industria artesana, actividades culturales, artistas, convivencia). Indica que en los últimos seis años se han dado pasos para frenar la degradación de los edificios, el éxodo de los jóvenes y las transformaciones urbanísticas desordenadas. Se trata en definitiva de transformar la ciudad en un *museu vivo*. Tras enumerar los proyectos y los esfuerzos de tipo cultural que se llevan a cabo, se pretende transformar a Évora «para o despertar da cidade». Ciertamente tuvieron un gran trabajo que realizar. La ciudad era el centro de una región agrícola de latifundio con mano de obra poco cualificada. Era una ciudad muy provinciana, congelada en el tiempo y con un turismo poco cuidadoso y centrado en sus monumentos.

Entre otros objetivos estaba la realización de la intervención en un barrio que prestigiara la capacidad de la Câmara y permitiera movilizar a los agentes económicos, la apropiación colectiva de espacios públicos y su humanización, participación de la población y estímulo a los particulares.[5] El «Estudo metodológico, guía de trabajo» del PRCH ya citado, ejecutado por la Oficina de Arquitectura de Jorge Silva, asesorará a la Câmara en el acompañamiento del proyecto de la Unesco. Este documento proporcionó una visión de conjunto del estado del Centro Histórico y adelantó un programa de recuperación de este. Se tuvieron en cuenta las características de Évora frente a otras ciudades históricas europeas (por ejemplo, la importancia de su función central) y el incipiente turismo (escaso y poco desarrollado). El PRCH estableció un método de conocimiento, un inventario de los elementos arquitectónicos, la especificación de los componentes culturales, el análisis de fenómenos sociales y económicos. Se planteaban una serie de acciones: investigación y formación, planeamiento físico, jurídico-institucional y financiero, administración urbanística, movilización de agentes, conocimientos y técnicas de construcción, fiscalización municipal, movilización de los habitantes y sistemas de comunicación. La primera acción consistió en la creación de una estructura de gestión, el NRCHE, como he señalado más arriba, a la que siguieron otras propuestas.[6]

---

[5]   Desde 1980 se va preparando la inscripción mediante diferentes grupos y documentos elaborados. En 1980 se crea el Plano de Salvaguarda do Centro Histórico. En 1981 el «Estudo de metodología de recuperación» ya citado. En 1982 se crea el Núcleo de Recuperação do Centro Histórico y posteriormente el Plano de Circulação e Transportes de Évora. Otros planes posteriores incluyen el Plano de Urbanizaçao de Évora (2000), Revisão do Plano Director Municipal (2007), «Estudo de enquadramento regeneraçao urbana» (2008) o el Plano Estratégico (2010).

[6]   Se proponían diversas acciones como cursos de perfeccionamiento de técnicas artesanales de construcción y recuperación, centros experimentales para formación e investigación, indicación técnica y apoyos para obtención de herramientas y medios técnicos, creación de bolsas de habitación para ocupación temporal, obras de recuperación, distribución de señales de televisión como alternativa a las individuales, integración de paneles solares, mobiliario urbano, iluminación, incentivos a proyectos innovadores de arquitectura o imagen publicitaria, estudios de confort y salubridad de los hogares, caracterización de los edificios, uso y propiedad, apoyos a mecanismos de trasferencia de la propiedad para recuperación de los hogares (muchos tenían alquileres muy bajos), apoyo a los arrendadores, creación de un programa de casa para estudiantes y profesores (con ayuda de la Universidad de Évora), identificación de hogares deshabitados y posibilidad de ser usados como residencia turística, divulgación

Se trató de un estudio que configuraba el desarrollo de una metodología de planeamiento estratégico. Según el propio Silva (2007) anticipó en más de una década el inicio de la divulgación y aplicación de las prácticas de desarrollo estratégico aplicadas al planeamiento autárquico y supuso un impacto innovador en el concejo y a nivel nacional e internacional. Así decía el presidente de la Câmara, quien tuvo un importante papel en el proceso:

> Do ponto de vista de Portugal, nós somos o primeiro município de Portugal que fizemos um Plano Director Municipal. Fomos o primeiro município de Portugal, que foi aprovado pelo governo, em mil novecentos e oitenta e qualquer coisa. E o nosso Plano Director Municipal é um modelo de plano. Foi o primeiro e é um modelo de plano daquela época. Que foi cumprido integralmente durante vinte anos –porque aquilo foi muito participado e tal. O nosso desenvolvimento urbanístico foi um desenvolvimento urbanístico harmonioso. Foi feito um desenvolvimento urbanístico...
>
> E durante esses dez anos fomos fazendo os estudos de base, a preparação de base sobre as coisas do centro histórico, da cidade histórica. Fomos estudando, fomos investigando, fomos definindo prioridades, fomos discutindo a defesa do centro histórico, como é que se faz, e fomos preparando a cidade para defender o património, para valorizar o património e para ter vida cultural. Porque não é só o património, isto tem que ser... E portanto, estes dez anos em que foi para resolver um problema concreto, por outro lado foi a preparar as pessoas para começar a ter vida cultural, vida associativa, patrimonial, e tal...

En 1983 la Câmara va a París para «cautivar» a la Comisión del Patrimonio Mundial de la Unesco. El programa atrae la atención de la Comisión, vienen a Évora varios técnicos, y se inicia la candidatura. Hubo un contacto puntual anterior con la Unesco para una intervención-piloto en un barrio de la ciudad (Largo do Chão das Covas) que fue financiado en más de la mitad por este organismo. La declaración fue formulada a finales de 1985, pero sin tiempo de presentarse ese año, por lo que se declara al año siguiente.

> [...] E depois, em 1986, dez anos depois, fomos classificados património da humanidade pela Unesco. Portanto, quando fizemos isto, preparámos, fizemos a nossa candidatura e fomos classificados Património... Quando fomos classificados Património da Humanidade tínhamos os problemas básicos mais ou menos avançados e então fomos potenciar esta questão do património, das relações internacionais, melhorar a qualidade

---

del Centro Histórico a todos los niveles: local, nacional e internacional. Estos datos y los que siguen los he tomado del propio Jorge Silva (2007), quien realiza una evaluación del proceso seguido a los veinte años de la declaración como Patrimonio Mundial.

de vida, introduzir vertentes urbanísticas já na nova construção, fomos criando novas zonas de expansão, mas já com qualidade, fizemos aparecer a Malagueira[...]

Incluso unos meses antes de la declaración, aunque ya inminente, el impacto de esta se hizo manifiesto en la visita oficial de la reina Isabel II de Inglaterra y su marido a Évora acompañados por el presidente del país. La reina visitó la catedral y algunas calles de la ciudad, almorzó en la Universidad y asistió a una exhibición ecuestre y a una sesión de cante alentejano. El presidente de la Câmara, Abílio Dias, ofreció a la reina un tapete de Arraiolos.[7]

Aunque desde 1984 ya se discutían y elaboraban los objetivos estratégicos de Évora, será a partir de la invitación de la ciudad alemana de Speyer, en 1990, al Simposium Internacional de EUROMIT sobre ciudades medianas de la Europa del 2000 cuando se plantea de un modo explícito el tema de la planificación estratégica y donde se tiene noticias de otros planes similares, como el de Barcelona. Este *simposium* es interesante porque se llega a un acuerdo sobre «la idea de la ciudad», la «vocación» de la ciudad y su forma de colocarse en el futuro. Un grupo de la Câmara concluyó con la idea base de que el desarrollo de Évora se haría alrededor de la idea de «Polo regional y Ciudad Cultural de Europa», pero además se discutieron otras cuestiones: tamaño ideal para Évora, imagen urbana, entorno urbano, funciones y equipamientos (Oliveira 1998).[8]

La Câmara solicitó la candidatura al Programa Comunitario RECITE, y la ciudad lideró la creación de una red de ciudades con el proyecto «Estrategias de desarrollo de las ciudades medianas de Europa» que se aprobó en 1992 y trabajó tres años en la definición de metodologías para elaborar planes estratégicos. El plan estratégico eborense ha sido innovador a nivel nacional: porque surgió de una «necesidad sentida», la de responder a los nuevos retos planteados por la apertura de la ciudad al mundo exterior, porque implicó a otros agentes de la ciudad, por ser el primero que se elaboró en Portugal y en definitiva por el intercambio de experiencias internacionales (Oliveira 1998).

---

[7]   Visita de «sua Majestade a Rainha Isabel II a Portugal» (1985-03-28) RTP Arquivos. Ver: Visita oficial de Isabel II a Portugal – RTP Arquivos. Agradezco a Jorge Freitas Branco que me señalara el dato.

[8]   Lo llevó a cabo el Gabinete de la Ciudad compuesto de seis instituciones. Participaron la Universidad de Évora, Asociación de Empresarios, Centro sindical, Centro Dramático, Comisión de Coordinación Regional y Grupos de Trabajo. Se señalaron sesenta acciones para realizar y quince objetivos específicos (desde EVORANET a la promoción de eventos internacionales, la creación de la imagen de identidad cultural de la ciudad, la defensa del espíritu de la ciudadanía, calidad urbana, integración territorial y sostenimiento económico) según indica Manuela Oliveira a quien sigo en estas líneas (principalmente 1998, pero también 2003, 2005, 2007), si bien muchas acciones quedaron en el camino. Las ideas «fuertes» fueron las siguientes: Ciudad Cultural Patrimonio de la Humanidad, universitaria, abierta a la innovación, calidad medio ambiental, solidaria, internacional y de congresos.

UNIVERSALIZACIÓN: *OS POVOS E AS ARTES*

Del 18 al 26 de septiembre de 1982 se celebró en Évora un festival titulado «Os povos e as artes» que dedicaba cada día a una villa portuguesa de las poblaciones cercanas del Alentejo;[9] se trataba, pues, de un festival comarcal organizado por la Câmara Municipal y la Direção Geral de Turismo. El evento comenzaba con una banda de música, un concierto de órgano en la catedral y una sesión de poetas alentejanos, grupos folklóricos de las poblaciones en cuestión, juegos y fuegos artificiales. Los demás días había conciertos, actuaciones folklóricas, corales, filarmónicas municipales, teatros locales, grupos etnográficos, exposiciones de pintores, escultores, fotografías, etc. de los lugares invitados. Había también visitas guiadas a los principales monumentos de la ciudad orientado por Túlio Espanca, el cronista de la ciudad.

> Al promover la iniciativa... por los pelouros da Cultura e do Turismo teve en vista os siguientes objetivos: Divulgar os **elementos culturales** da região, nomeadamente os aspectos artísticos e arquitectónicos e **a cultura popular**. Dar a conhecer à população local e a **cultura** de outras regiões do pais. Promover a nivel nacional e mesmo internacional o conhecimiento da cidade de Évora que pela sua riqueza histórica e monumental constitui um centro de atracção turística dos mais importantes do pais, que urge promover. Contribuir para o **enriquecimiento cultural** das populações a traves do conhecimiento mútuo das experiencias e realizações de cada região. Criar condições para que Évora e seu Centro Histórico seja cada vez mais uma cidade onde as **manifestações culturais**, pela sua regularidade, qualidade e diversidade, sejam parte integrante da vivência da população. (PROGRAMA-1982; la negrita es mía).

En 1987 vuelve a celebrarse una nueva edición de «Évora, os povos e as artes», pero sin embargo el festival ha dejado de ser comarcal o nacional para abarcar una dimensión internacional, ya que lleva el subtítulo de I Encontro das Cidades Classificadas Património Mundial. En esos cinco años se ha producido el proceso de declaración de la ciudad como Patrimonio Mundial. Esta edición, del 19 al 27 de septiembre, tuvo como invitadas las ciudades de Cáceres, Toledo, Nesebar (Bulgaria), Súzdal (Rusia) y Angra do Heroísmo (Azores). La presencia de ambas ciudades del este no era ajena al hecho de que el presidente de la Câmara, Abílio Dias Fernandes, perteneciera al Partido Comunista. El presidente de la Câmara indicaba: «As gentes

---

9   Sábado 18, Dia de Vila do Conde y de Fafe; Domingo 19, Dia de Peso de Regua y Miranda do Douro; Segunda 20, Dia de Moura; Terça, Dia de Portel; Quarta 22, Dia de Évora; Quinta 23, Dia de Reguengos de Monsaraz y Gouveia; Sexta 24, Dia de Nazaré; Sábado 25, Dia de Ribatejo; Domingo 26, Dia de Sa. Mamede–Portalegre.

de Évora acolhem na sua cidade outros povos e outras culturas» escogiendo como punto de partida el Patrimonio Cultural.

Tuvo como patrocinio y apoyos la Presidencia de la República, Secretaría de Estado de Cultura, la de Turismo, Comisión Nacional de la Unesco, Instituto portugués de Patrimonio Cultural, Fundación Calouste Gulbenkian y la Sociedad Central de Cervejas; colaboraron la Universidad de Évora, el Centro Cultural, el Museo de Évora y el Grupo Pro-Évora. El programa contenía varios espectáculos, conciertos, grupos corales, de folklore, fuegos de artificio, cine y una comida «tradicional» de cada una de las ciudades en las Ruinas Fingidas del Jardín Público. Cada ciudad tenía su propio pabellón en el Jardín Público y una exposición de su patrimonio y artesanía. Hubo también una exposición colectiva de los artistas plásticos contemporáneos de cada ciudad y otra sobre las ciudades y monumentos portugueses inscritos en la Lista del Patrimonio Mundial. Túlio Espanca impartió una conferencia y se organizaron varias sesiones sobre patrimonio: «Arqueologia e arquitectura», «Como se recuperou uma ruina», «A problemática da reabilitação urbana», «Construcção em envolvente histórica», «Coloquio sobre recuperação dos centros históricos». Entre los acuerdos hubo una propuesta de creación de una asociación de ciudades Patrimonio Mundial bajo el patrocinio de la Unesco.

Este primer año internacional de «Os povos e as artes» fue oficialmente evaluado como un éxito en la reunión ordinaria de la Câmara el 14 de octubre de 1987, por cuanto varios de los objetivos planteados fueron llevados a cabo. Los presidentes de los Ayuntamientos de las cinco ciudades asistentes reconocieron como tal la iniciativa a nivel cultural, intercambio científico y técnico y defensa del patrimonio. La iniciativa traspasó el ámbito local, regional y nacional llamando la atención a las entidades nacionales y extranjeras sobre lo oneroso, complejo y lento que es la conservación y recuperación de los centros históricos, y la necesidad de contar con apoyos financieros y técnicos. Évora con esta iniciativa lanzó la idea a otras ciudades semejantes que se propusieron constituirse en asociación. También se consideró positiva la gastronomía que trajeron las ciudades, la muestra de artistas portugueses y la cobertura llevada a cabo por Antena 1 portuguesa y RTVE española. Se incluyó un *Balanço final* sobre el *encontro* de fecha 27 de septiembre de 1987, donde se señalaron más ampliamente los logros de la convocatoria; si bien «como conclusão final, foi referido que, a pesar de todas as dificultades, dado o escaso tempo de preparação, que se reflectiu nalguns aspectos organizativos» el objetivo fue cumplido.

Sin embargo, otro documento del *dossier*, sin fecha, también llamado *Balanço final* que comienza con la etiqueta *Balanço crítico* es mucho más amplio e informativo de cómo se desarrolló la iniciativa eborense. En una reunión con todas las jefaturas de servicios que intervinieron se señalaron varias críticas del evento, tales como que los servicios no fueron incorporados a tiempo ni participaron en la concepción de la iniciativa; hubo poco tiempo para prepararla (los primeros contactos fueron en febrero y hasta abril no se invita a las ciudades, pero además las elecciones anticipadas del presidente de la República solo permiten contactar con él en agosto). Hubo problemas con los alojamientos de la delegación de Súzdal (debido a la indefinición de quién se debería hacer cargo de los gastos y a su falta de información sobre las personas que lo componían) y especialmente sobre los problemas de alojamiento de las delegaciones en el Conventinho de Mitra, que no funcionó. Concretamente se dice literalmente de una de las delegaciones: «De referir que o grupo de Toledo fez estragos na Mitra no valor de 45 000$00». En cuanto al programa social se dice que se elaboró una semana antes y la recepción de los miembros oficiales y culturales estaba sobrecargada y superpuesta. También se trataron muy tardíamente los coloquios, que tuvieron poca participación de las ciudades, a excepción del coloquio final. Sobre los transportes se comenta que la Câmara tenía tres coches averiados el día 18, con servicio programado, por lo que se tuvo que pedir prestados vehículos a otras poblaciones cercanas; esta falta de transporte impidió llevar a cabo el programa de divulgación previsto en el *concelho* y otros lugares. También se criticó la afluencia de público, que fue muy numerosa en el espectáculo del templo romano y los fuegos de artificio, pero muy escasa en el Jardín Público debido al pago solicitado para su ingreso y al mal tiempo. La decoración del Centro Histórico fue parca y los objetivos del encuentro poco claros, lo que creó dificultades en los servicios y en la coordinación de las ciudades.

Hay también una crítica a cierto favoritismo con Súzdal («Referiu-se que a CME deu um tratamento especial à Delegação de Súzdal, facto que transpareceu para as outras Delegações»). Entre los apoyos financieros —unos nueve mil *contos*, la Câmara puso cinco mil, pero los gastos sumaron más de doce mil. Las mayores partidas, más de tres mil *contos* cada una, fueron para las comidas y muestra gastronómica y para el programa cultural, aunque también se destinaron a alojamiento, materiales y personal provisional, más de mil quinientos en cada uno de los conceptos. En una nota se dice que los desvíos de presupuesto (cerca de cinco mil *contos*) se refieren a gastos no previstos (cenas y coloquios), pero especialmente a los cuatro mil *contos* de la Sociedade Central de Cervejas (que prometió verbalmente, pero no concretizó).

En el balance global se reitera la tardía organización con las ciudades cuya confirmación llega diez días antes del evento y que dejó a Cracovia en el camino. En mayo se limitaron las ciudades a nueve (tres de ellas como observadores: Santiago, Teruel y Segovia). Sin embargo, parece que la comunicación sobre el encuentro efectuada en agosto fue positiva, puesto que aparecieron cincuenta y dos noticias sobre el tema en los medios de comunicación. También el informe considera positiva la asunción de la complejidad del evento, pensado en sus inicios como algo mucho más simple.

Asistieron como público 25 000 personas. Se vincularon la Secretaría de Estado de Turismo y la de Cultura, se divulgó la ciudad a nivel nacional e internacional, se produjo un programa cultural de calidad, se prestigió la Câmara que impulsó apoyos y formas de cooperación, se planteó la posibilidad de que Évora fuera la sede de la Asociación de Ciudades Patrimonio de la Humanidad, se valoraron los contactos con la Unesco y el trabajo realizado sobre el patrimonio y el Centro Histórico.

Pese a las críticas, la iniciativa se convierte en una celebración periódica bianual hasta el año 1995. Dos años después en 1989 y también durante una semana (sábado 16 al domingo 24 de septiembre) el festival celebra el II Encontro das Cidades Classificadas Património Mundial invitando a Angra do Heroísmo, Segovia, Habana, S. Salvador de Bahía y Súzdal. Esta ciudad rusa, a pesar del título del *encontro*, no está clasificada en ese momento como Patrimonio Mundial,[10] por lo que el presidente de la Câmara la declara «observadora, convidada e "gemea de Évora"». Un periodista (João Nasi Pereira) hace alguna crítica sobre la pobreza franciscana de algunos pabellones de algunas ciudades convidadas, y también se destaca el enorme esfuerzo de los municipios, que llevan la defensa de los centros históricos sin cooperación alguna nacional o internacional. El periodista se lamenta de la poca publicidad del evento en circuitos internacionales y la marginalización sistemática del Alentejo. Es el año del aniversario de los descubrimientos (Évora Quinhentista), por lo que se teatralizan autos de los viajes de descubrimiento de Gil Vicente y André de Resende a la India. También hay exposiciones de artesanías locales, de arquitectura, arqueología, conciertos y cenas en las ciudades que acuden.

El 22 de septiembre hay una Reunión Nacional de ICOMOS a la que acude gente de Marsella, Valencia y Túnez sobre «Criterios de Intervenção em Centros Históricos». El *vereador* Valente se refiere a los mayores problemas de estas ciudades: el mantenimiento de la población en los centros históricos, mejoría de las condiciones de habitabilidad de los hogares, combatir la terciarización y consecuentemente la desertificación del espacio urbano, la animación sociocultural, defensa de la cualidad arquitectónica de los espacios públicos, la circulación y los estacionamientos. Las conclusiones de ICOMOS son cuatro: 1.º Que se forme una asociación internacional de ciudades clasificadas Patrimonio Mundial;[11] 2.º Profundizar en el conocimiento de la ciudad a través de una cartografía pormenorizada; 3.º Respetar el concepto de autenticidad defendido en la *Carta para a Salvaguarda das Cidades Históricas,* fundamental para el correcto desarrollo del Turismo Cultural; 4.º Promover la identifi-

---

[10]   Será clasificada en 1992, dentro de los Monumentos blancos de Vladimir y Súzdal.

[11]   Eso se hará en 1991, en Quebec, dentro del Primer Coloquio Internacional de las Ciudades del Patrimonio Mundial, con cuarenta y una ciudades representadas. Seguirá el segundo coloquio en Fez en 1993 con cincuenta y seis ciudades representadas.

cación de los inmuebles e indicar periodos de construcción, autor, restauraciones...
(Évora, 24 de septiembre de 1989).

El III Encontro das Cidades Classificadas Património Mundial se vuelve a reunir
en Évora en 1991 en el más breve y reducido de los festivales realizados: cuatro días
(19-22 de septiembre) y tres ciudades ibéricas (Angra do Heroísmo, Ávila y Santiago).
Probablemente ello es debido a que el *encontro* tiene lugar tres meses después del
I Coloquio Internacional de las Ciudades Patrimonio Mundial en Quebec (donde
se reúnen cuarenta y cinco de los setenta y ocho sitios y ciudades clasificadas). En
esta reunión Évora propone una Asociación de Ciudades Patrimonio Mundial que
se aprueba en la Declaración Final (Declaración de Quebec sobre la Protección de
los Conjuntos Históricos Urbanos en Periodo de Evolución y Red de las Ciudades
del Patrimonio Mundial, 4 de julio de 1991). Además, el presidente de la Câmara
de Évora participa el día anterior al *encontro* (18 de septiembre) en Córdoba en la
Reunión Constitutiva de la Secretaría Regional del Sur de Europa de la OCPM y
brindando su apoyo expreso a la alcaldesa de Córdoba, en ese momento de Izquierda
Unida. Esta actividad y superposición es constante.[12]

El representante de Ávila señala la similitud de la fecha de declaración de ambas
ciudades (6-12-1985 en el caso de Ávila y 25-11-1986 para Évora) destacando la
conservación del perímetro total de sus murallas. Invita a Évora a que se hermanen
las dos ciudades (algo que no se hará, puesto que Évora está ya hermanada con
la ciudad rusa de Súzdal, y como tal es invitada a varias convocatorias). Como en
otras ocasiones hay varias exposiciones y coloquios referidos a los problemas de las
ciudades.[13] Hay una dramatización *Quadros do casamento do Príncipe Dom Afonso com
Dona Isabel de Castela*. Évora 1490 que pone en escena durante dos días el Centro

---

[12]   Por ejemplo, el 8 de abril de 1989 hay un coloquio: «Que fazer com os Centros Históricos
Patrimonio Mundial» con ocasión de la visita de una comitiva de Angra do Heroísmo a Évora. Participan
dos arquitectos: Fernando Távora y Alcino Soutinho. Pero ese mismo año Évora asiste al II Encontro
Internacional de Municipios com Centro Histórico en Guimarães el 2 de noviembre, donde se pide
la ratificación urgente de la Convención Europea para la Salvaguarda del Patrimonio Arquitectónico,
aprobada en Granada en 1985 y todavía no ratificada.

[13]   Exposición del templo romano de Évora en el museo; por parte del Grupo Pro-Évora se plantea
un Programa de Rehabilitación de Áreas Urbanas Degradadas; Inatel impulsa la presentación de Artistas
Plásticos de la Câmara. Hay también un coloquio sobre los centros históricos y otro sobre el tráfico en
los mismos, y sobre los desafíos de la gestión de los noventa. Cada día una de las ciudades se encarga de
realizar una cena con los platos típicos. A título de ejemplo, los de Ávila son sopa, ternera roja abulense,
patatas revolconas con tropezones, cochinillo asado y crema de natillas (que prepara el restaurante
La Cochera). La de Évora: *entradas regionais, açorda alentejana, Borrego assado com batatinhas novas e
salada, melão, doce hidalgo*. En ambos casos platos tradicionales clásicos. También acuden artistas (en
el caso de Ávila, el pintor Florencio Galindo), arquitectos, representantes públicos y grupos folklóricos.

Dramático de Évora, con otras colaboraciones de la ciudad, que incluye un banquete y cortejo regio además de un torneo medieval.

El IV Encontro se celebra del 11 al 17 de septiembre de 1993 con la asistencia de Cuzco, Bergen, Súzdal, Salamanca, Fez y Angra do Heroísmo.[14] El programa sigue similar estructura que los anteriores. Hay un espectáculo lírico y cada día una comida típica y un espectáculo de música popular de cada una de las ciudades. Se organizan los siguientes coloquios: «A arqueología urbana e a recuperação dos centros históricos», «Os centros Unesco e seu papel na defesa do patrimonio», «Centros históricos: prevenir os riscos de incêndios». Hay una exposición «Razões de ser de uma cidade y tasquinhas tradicionais en el Jardim Público». También este año hay una dramatización: *Quadros do Juramento e Menagem ao Príncipe Manuel, filho de João III*. Acaba con los consabidos fuegos de artificio.

En 1995 tiene lugar el último festival «Évora, Os povos e as artes» entre el 21 y 24 de septiembre, un reducido V Encontro que congrega tres ciudades: Angra do Heroísmo, San Gimignano y Mérida. Hay una exposición sobre intervenciones recientes en el Centro Histórico, una sesión científica sobre seguridad, incendios, sismos e iluminación, otra sobre recalificación del espacio urbano en los centros históricos y sobre los juegos tradicionales como patrimonio. Se presenta una guía bilingüe Évora-Mérida. El programa termina con una *Noite vicentina* con textos de Gil Vicente.

Pero en esas mismas fechas, el domingo 24, hay una reunión de presidentes de Câmara para la creación de una Red de Cooperación, a la que acuden representantes de seis ciudades españolas y ocho europeas (Toledo, Segovia, Santiago, Ávila, Cáceres, Salamanca, Florencia, Estrasburgo, Mont St. Michel, Rodas, las alemanas Lübeck y Bamberg, Bath y la ciudad finlandesa de Rauma) para preparar la 3.ª Asamblea General de la OCPM que tendrá lugar en Évora dos años después, con la representación de 123 ciudades, el doble que las que asisten a Bergen dos años antes.

Esta se realizará del 17 al 20 de septiembre de 1997 juntamente con el 4.º Simposio de la OCPM. Este coloquio reunió a más de quinientos participantes, así como a diversas instituciones. Entre estas se encontraban la Unesco, el Banco Mundial, la Organización del Turismo Mundial (OMT), el Aga Khan Trust for Culture, el Consejo de Europa, el Instituto de Conservación Getty, etc. El tema principal del evento trató sobre el turismo, con sus diferentes retos y oportunidades para las ciudades del Patrimonio Mundial. Se adoptó el llamado *Apelo de Évora* que contemplaba el desarrollo turístico basado en la adopción de medidas que asegurasen la calidad

---

[14] También unos días antes (8 de septiembre de 1993) tiene lugar en Fez el II Coloquio Internacional de las Ciudades Patrimonio Mundial de la OCPM, en el que hay cincuenta y seis ciudades representadas, Évora entre ellas. Se propondrá a Bergen como sede del siguiente coloquio en 1995.

de vida y el respeto por la identidad cultural de los ciudadanos.[15] En su cuarto año de fundación, la OCPM se había afianzado gracias, entre otras cosas, a su estatus de miembro observador ante el Comité del Patrimonio Cultural del Consejo de Europa, y su título de organización no gubernamental con estatus consultivo especial, ante el Consejo Económico y Social de las Naciones Unidas. Por otra parte, el acuerdo Unesco-OCPM firmado el 6 de septiembre de 1997 confirmó su asociación con la Unesco. El presidente de la Câmara se refería así a esta reunión:

> Depois fizemos um encontro mundial em Évora, em 1997, de todas as cidades do mundo, estiveram cá presentes. Deu um grande prestígio. Todas as cidades do mundo estiveram representadas, a maioria esteve cá, foi uma coisa muito importante, as pessoas conhecerem diretamente a cidade de Évora. E portanto, ganhou um grande prestígio, e como tem qualidade de vida... Tem prestígio exterior por todo o passado, pela história, pelo património, pela beleza e pela projeção, Évora projetou-se ao longo destes anos todos, na relação com todo o mundo, com todas as cidades e tal.

Este fue un hito en la universalización de una pequeña y periférica ciudad del sur y el impacto de una declaración institucional, la espita de su apertura al mundo. De las más de dos docenas de ciudades que acuden al artesanal «Os povos e as artes» aparecen varias ciudades americanas, africanas y europeas. Hay, obviamente, una buena representación de las vecinas ciudades españolas y la presencia constante de una ciudad portuguesa, Angra do Heroísmo —la primera en ser declarada Patrimonio Mundial— (hermanada con Évora desde 1988) y de la gemela rusa Súzdal, una preferencia del presidente de la Câmara Municipal. Abílio Dias Fernandes fue sin duda un personaje central en esta apertura por su presidencia al frente de la Câmara durante un largo periodo de veinticinco años desde 1976. Sin embargo, en las elecciones de 2001 este candidato por el PCP incluido en el CDU perdió las elecciones.[16]

Gracias a la internacionalización y a la apertura al exterior se llevan a cabo reflexiones y planteamientos periódicos en torno a la ciudad, encuadrada dentro de un conjunto de ciudades europeas similares.[17] La participación en redes internacionales supuso el reconocimiento de problemas comunes, a pesar de las diferencias.

---

[15]   Évora ha seguido siendo activa en las reuniones de la Asamblea General de la OCPM. La ciudad ha sido sede en dos ocasiones (algo que no se repite en otros casos); la última de la que tengo noticia, en diciembre de 2004.

[16]   Aunque su partido volverá a recuperar la presidencia de la Câmara en 2013.

[17]   La Asamblea General de la OCPM se volvió a reunir en Évora en 2004, aparte de la reunión de 1997; ha sido la única ciudad que repite como sede de tales reuniones.

CONCLUSIONES

En estas líneas he tratado de mostrar el proceso de despegue internacional de la ciudad en torno a la declaración de Patrimonio Mundial. Esa apertura al mundo ya comienza con la Revolución de los Claveles y la toma de poder de la ciudad por parte de un partido de corte universalista. De una olvidada («parada») pequeña *cidade museu* que malvive de sus «pedras gloriosas», de la memoria de sus «grandes senhores» y que aspira a ser «encantadora cidade de turismo» en 1945, los que contribuyen a su despegue a partir de 1974 intentan convertirla en un «museu vivo», pero «museu» al fin y al cabo. La ciudad en ese momento, tal como se indica, está sumida en el anonimato y el olvido. Las ciudades históricas las conserva la pobreza y la riqueza, y encontramos ambas en el caso de Évora. El Centro Histórico contiene los dos extremos de la estructura social: los palacios y casonas de los propietarios latifundistas y las diminutas viviendas de sirvientes y jornaleros (Augustins 2006). Tras la preservación de la ciudad, y su escasa transformación, están los intereses y posibilidades de unos y otros.

El esfuerzo de la generación que se hizo cargo de la ciudad tras la revolución es realmente considerable, tanto desde dentro como desde fuera. Los distintos proyectos, planes e informes, que salen adelante en estos años, son modélicos y muestran la preocupación por el conocimiento de la ciudad y su desarrollo estratégico, intentando evitar los aspectos negativos de otros centros históricos. También memorable es su vocación universal y su apuesta por la internacionalización, ese *valor garantido*. El despegue hacia el exterior se puede apreciar con nitidez en el cambio que tiene lugar entre 1982 y 1987, entre un primer festival de «Os povos e as artes» de ámbito comarcal que se convierte en un evento internacional, a partir de la declaración de la Unesco. En estos años se aúnan voluntades, se diagnostican problemas y se avanzan soluciones, se piensa la ciudad y se *seducen* organismos, hasta conseguir entrar en la *lista* de la Organización de las Ciudades Patrimonio Mundial (OCPM). La organización de estos festivales representa un esfuerzo de comunicación con otras ciudades y otras culturas, un intento por resolver problemas comunes a través de sesiones y conferencias, y también un intercambio simbólico de tipo cultural. El *Balanço crítico* de 1987 muestra las dificultades organizativas del evento, problemas de infraestructura, calendario, de presencias y de audiencia, pero también refleja el animoso y generoso impulso del grupo de la Câmara que lo lleva a cabo, su actividad por *mover* fuera de sus fronteras a la ciudad antes *parada* y *estagnada*. Grupo que logra unir a muy distintas fuerzas sociales (organismos nacionales, universidad, fundaciones y asociaciones locales) y que continuará bianualmente estos *encuentros* intercalándolos con otros coloquios y reuniones internacionales. Évora, a través de la presencia del presidente de la Câmara, se visibiliza en estos foros internacionales y cobra un considerable protagonismo, que culmina en 1997 con el coloquio de la OCPM, que se organiza en la ciudad con una numerosa participación de ciudades.

Un cambio interesante es el declive del enfoque del monumento aislado frente al centro histórico como conjunto, la valoración de las casas modestas y no solo de palacios e iglesias, algo acorde con la ideología del momento. Una constante en esos años es el interés que se aprecia por el patrimonio cultural y la cultura en general tal como aparece, por ejemplo, en el Programa de 1982 de «Os Povos e as artes», que he subrayado, y en los otros documentos que se elaboran sobre la ciudad. Se trata de un reiterado énfasis en la vida *cultural*, los elementos y manifestaciones *culturales*, el enriquecimiento *cultural*... Pero ¿a qué concepto de cultura se refieren? Por componentes culturales se trata de artesanías, fiestas, grupos folklóricos, ritos, gastronomía, toponimia (PRCH 1981). Más adelante se incorporan espectáculos, trajes, folklore, grupos corales, exposiciones de patrimonio, arquitectura, arqueología, fotografía, cine, juegos, muestras de artistas plásticos o poetas alentejanos y espectáculos teatrales que representan glorias nacionales, hitos históricos o situaciones de contacto (autos de viajes de descubrimientos, *Quadros do casamento do Principe Dom Afonso com Dona Isabel de Castela, Juramento e Menagem ao Principe Manuel, Noite Vicentina*...). Patrimonio se define, pues, por un exceso de materias y actividades, y especialmente sobresalen las llamadas actividades artísticas (música, teatro, exposiciones de artistas...). El concepto proviene del discurso político, los medios de comunicación y el turismo de masas.

Estos datos sugieren que el concepto de cultura se refiere aquí a la industria cultural, industria que, según Choay (2007),[18] fabrica objetos preparados y difundidos para su consumo, y adorna la ciudad convenientemente (por ejemplo, a través del mobiliario, pavimento antiguo, falsas almenas...). En Europa, desde los años sesenta del pasado siglo, se producen ritos de un culto oficial al patrimonio y la cultura, una especie de «religión laica» (Kingman y Prats 2008) y el despegue del turismo. La tan utilizada etiqueta de *puesta en valor* de los objetos patrimoniales se refiere al valor económico, a la *puesta en escena* por parte de empresas públicas y privadas, que explotan las ciudades y monumentos para multiplicar visitantes. El monumento como espectáculo de luz y sonido, o el discurso teatral, y la animación cultural son técnicas frecuentes de comunicación, escenarios que interfieren entre la ciudad, sus moradores y visitantes.

Así el concepto de patrimonio cultural se aleja de la cultura como patrimonio (García 1998), y se resume en formas sustancializadas y esencializadas. Se construyen nuevas imágenes y representaciones consensuadas de la ciudad aludiendo

---

[18]   A quien sigo en su crítica de las consecuencias negativas de la mundialización. También me ha sido muy útil un interesante intercambio de opiniones (Kingman y Prats 2008).

a la cultura, señalando aspectos que aparentan ser culturales, pero que en realidad no lo son: la cultura no está fuera de los individuos y grupos sociales que la crean y mantienen y, por tanto, no se la puede «devolver» a sus dueños. Se puede, eso sí, «devolver» una idea estereotipada de la tradición, la historia y la cultura definida desde diversas instancias. El patrimonio «son las personas»; los objetos, edificios, lugares son tan solo soportes para un tipo de discurso (Kingman y Prats 2008).

Una de estas instancias, que produce estereotipos unificadores y universalistas, es la Lista de Ciudades Patrimonio Mundial de la Unesco. La inclusión en tal clasificación obvia la diversidad de ciudades, suprime la diferenciación, en términos de ordenamiento espacial, y produce cierta uniformización mundial. El acuerdo sobre la conservación puede llevar a la destrucción por su efecto paralizante, congelado en el tiempo, por los efectos negativos del turismo (estimulado precisamente por la inclusión en la lista), su museificación (¡*cidade museu* finalmente!) y folklorización, pero además por los costos de mantenimiento que supone el encarecimiento de vida, la falta de adaptación a los usos actuales, o estandarización y banalización dentro del mercado internacional de las Ciudades Históricas; en cierta forma todas las ciudades se parecen, tienen rutas y rutinas similares, planteamientos idénticos. Como ha indicado Choay (2007), estas ciudades escenificadas, maquilladas e iluminadas mueren por el éxito, se desgastan y disgregan, congregan multitudes mientras se excluye a sus habitantes y sus actividades, se crean nuevas necesidades, como el tráfico o los negocios turísticos. Hay daños debido al tiempo, pero más importantes son los producidos por la conservación, no solo la restauración disimulada, la destrucción arbitraria o reconstituciones fantasiosas, sino los efectos secundarios: flujos de visitantes, excesos de consumo patrimonial, culto patrimonial. Obviamente, el turismo es un negocio y cuando esta industria encuentra un filón lo explota hasta las últimas consecuencias. Así desaparecen referentes urbanos (tiendas, bares), aparece extrañamiento, inflación, desplazamiento, los lugares se exponen en función del mercado turístico, las memorias se colonizan y, como en el caso de Évora, el Centro Histórico pierde su población de un modo alarmante.

Además, la pretendida universalidad no es tal: en la Lista del Patrimonio Mundial se mundializan fundamentalmente los valores y las referencias occidentales contribuyendo a la afirmación de identidad de la cultura occidental con sus valores tradicionales en relación con el tiempo, el saber y el arte. Es muy significativo que, en la Conferencia de Atenas de 1931, que inaugura el Patrimonio Mundial, sus 168 participantes fueran todos europeos, y en la de Venecia, treinta y tres años después, solo hubiera dos países no europeos (Choay 2005). La Lista de Ciudades Patrimonio Mundial que recoge Wikipedia, de doscientas cuatro ciudades, Europa y América del Norte constituían más de la mitad (ciento veinte) mientras que tan solo eran veinte las ciudades de África, veinte las de Asia y el Pacífico, al igual que los Estados árabes y treinta y siete en América Latina y el Caribe. Aunque en 1994 hubo un cambio de orientación en la política patrimonial de la Unesco intentando ser más representativa y que hubiera una presencia más equilibrada de bienes en la lista, las desigualdades permanecen.[19] Además de desequilibrios geográficos, hay otros tipológicos o temáticos: regiones subrepresentadas, escasez de patrimonio moderno y problemas de sostenibilidad.

También está cuestionada la propia categoría de Bienes de Valor Universal Excepcional que proponía el organismo internacional en la Convención de 1972 por el que un bien entraba en la lista y al que se le suponía un alto grado de autenticidad e integridad y un proyecto de gestión adecuado. Obviamente, no hay criterios que permitan justificar valores universalmente reconocidos como excepcionales; tan solo cierto consenso basado en valores occidentales. Igualmente se ha puesto en entredicho la búsqueda de *autenticidad* o *integridad* en un mundo cambiante y mestizo donde la hibridación, la interculturalidad y la movilidad son la norma y no la excepción. La justificación de los valores es un ejercicio de traducción y negociación transcultural. Los valores progresan, son reelaborados, se crean, pero se mueven entre la estética y la ética; esta última dimensión, que implica que los bienes sean útiles a la mayoría, es muchas veces olvidada.[20]

Desde 1960 se ha producido una inflación del patrimonio histórico edificado (y cualquier otro), una expansión ecuménica de las prácticas patrimoniales. Ello supone un cierto fetichismo, una acumulación de bienes patrimoniales con pretensiones de exhaustividad. La expansión y extensión es, además de geográfica y cronológica, tipológica. Se puede decir que se museifica todo (oficios, productos, artes, paisajes...). En 2013 había 981 bienes y sitios de 160 países, 1121 en 2019, y la lista tentativa estará hoy en torno a los 1500. La inscripción en el llamado *selecto club de la Unesco* tiene sus ventajas, pero también inconvenientes. Uno y no menor es la propia clasificación, algo que los Estados utilizan para clasificar lo *auténtico*, lo *propio*, lo *puro* y lo *prístino*. La clasificación de monumentos que impulsan los Estados es un formidable instrumento de selección, identificación y control. Las candidaturas están acompañadas por el compromiso del Estado de preservar el bien en cuestión a través de medidas legales, científicas, técnicas, administrativas y financieras, pero también

---

[19]   Actualmente (2021) la lista recoge 136 ciudades europeas, cuarenta y siete americanas, veinticuatro de Asia y el Pacífico, veintiuna de Estados árabes y siete de África.

[20]   En 2009 un n.º 2 de la revista *Patrimonio Cultural de España* plantea críticas al planteamiento de la Convención de 1972 y a los bienes incluidos en la lista de PM. En el Comité de PM en su 29.ª Sesión ordinaria de Durban 2005 se han discutido las formas en que se evalúan las incorporaciones al sobrepasar los 800 bienes inscritos —en 2009 ya 890— (y 1458 bienes en listas tentativas) (Sanz 2009, 68).

y fundamentalmente es una decisión política. Necesitamos conocer los mecanismos de la patrimonialización como construcción social y simbólica y los intereses que la rodean, tal como han indicado Kingman y Prats (2008).

Los problemas con los que se tiene que enfrentar una ciudad clasificada son muy variados: entre ellos, el impacto del desarrollo de infraestructuras o edificaciones, el problema de las comunicaciones, transporte, polución, construcciones modernas, transformaciones de uso, ocupación de tierra, demoliciones, presiones inmobiliarias, intervenciones en términos de escalas, emplazamiento, materiales y formas. En general tienen mayor peso las medidas normativas y burocráticas que las que se dirigen a su estudio y conocimiento de formas de vivir y de habitar. En muchos casos el énfasis está en la intervención legal e inventario de bienes con criterios proteccionistas, de salvaguardia a cualquier precio; las ciudades clasificadas parecen objetos delicados, raros y frágiles, precarios, que hay que aislar y proteger del mundo. Así a veces se produce una conservación artificial que intenta frenar la desaparición inminente de un conjunto que ya no tiene valor ni sentido para las gentes que lo habitan, los actores sociales. El énfasis en el monumento, en el objeto, elimina al que lo produce, oculta a los sujetos. Adoptar políticas de conservación sin tener en cuenta el marco histórico de referencia, el valor del tiempo y sin situar el arte en su perspectiva histórica no tiene sentido; como han indicado Prats (1997) y García (1998) es el conocimiento, los saberes, lo que se puede preservar, no las cosas.

Al querer vivir la ciudad histórica en el presente se la encierra en el pasado, se la convierte en un *museu*, se la saca del circuito de la vida. La sacralización de las ciudades produce intimidación, impide su desarrollo; las arquitecturas y monumentos no deberían convertirse en meros escenarios del pasado, sino en contextos donde reformular la tradición. Una ciudad Patrimonio Mundial es un escenario de acción social, un campo social y simbólico, una utopía concreta donde se produce un desafío constante entre conservación y desarrollo (Kingman y Prats 2008); una ciudad no se puede conservar en una vitrina. Se impone la necesidad de innovar y que se produzca la dialéctica de la destrucción y la construcción que ha creado las ciudades históricas, y también reconvertir y adaptar los edificios museificados para utilizaciones contemporáneas vivas. Y aún más importante, hay que estudiar y conocer qué significa vivir en una ciudad histórica, qué placeres, retos y dificultades plantean a la convivencia social ciudadana.

Referencias bibliográficas

A.C.F. 1990. «Évora, Património Mundial. Reportagem». *Sinais,* n.º 94: 3S-9S.

ALDEA VAQUERO, Quintín., *et al.,* dirs. 1972. *Diccionario de Historia Eclesiástica de España.* 4 vols. Madrid.

ALMEIDA, Carmen, coord. 2001. *Riscos de um século. Memórias da evolução urbana de Évora. Évora*: Câmara Municipal de Évora.

ALMEIDA, Carmen, coord. 2007. Évora *desaparecida. Fotografia e património 1839-1919.* Évora: Câmara municipal de Évora y CIDHEUS.

ALMEIDA, Fialho de. (1941) 2013. «Estâncias de arte e de saudade». En *Agenda Ebora*, 70. Año, 1941. En Grilo y Felix 2013, 3.

APPADURAI, Arjun. 1996. *Modernity at large. Cultural dimensions of globalization.* London: University of Minnesota Press.

AUGUSTINS, Georges. 2006. *Les marques urbaines du prestige. Le cas d'Évora au Portugal.* Nanterre: Société d'Ethnologie.

AUGUSTINS, Georges. 2011. *As marcas urbanas de prestígio, um caso no Alentejo.* Portel, 100Luz.

AYORA, Gonzalo de. 1519. *Muchas hystorias dignas de ser sabidas que estaban ocultas: sacadas y ordenadas por Gonzalo de Ayora de Cordoua. Epílogo de algunas cosas dignas de memoria pertenecientes a la ilustre e muy magnífica e muy noble ciudad de Avila.* Salamanca. (1519) 1851. 2.ª edición de Antonio del Riego. Madrid: Imprenta Andrés y Diaz.

AZINHAL ABELHO, Joaquim. 1984-1985. «Salmo de Tristeza às ruas de Évora». *Boletim A Cidade de Évora,* n.º 67-68. En Grilo y Felix 2013, 134.

AZINHAL ABELHO, Joaquim, y José Emídio AMARO. s.f. Década de los 50. «Evocação lírica de Florbela». En *Cartas de Florbela Espanca,* 162. Lisboa: Gráfica Boa Nova Limitada.

BAIÔA, Manuel, ed. 2004. *Elites e poder. A crise do Sistema Liberal em Portugal e Espanha (1918-1931).* Évora: Edições Colibri y CIDEHUS-EU.

BAJTIN, Mijaíl. 1987. *La cultura popular en la Edad Media y el Renacimiento.* Madrid: Alianza.

BAPTISTA, Júlio César. 1980. «São Manços (Evolução Biográfica)». *A Cidade de Évora,* n.º 63-64: 5-86.

BARATA, António Francisco. 1872. *Instituto Vasco de Gama,* tomo I, n.º 8: 209-210.

BARATA, António Francisco. 1878. «Restauração do templo romano em Évora». En *Miscelânea historico-romântica,* 185-203. Barcellos, Typographia da Aurora do Cavado.

BARNÉS, Hector G. 2019. «El día en que España casi invadió Portugal: el plan militar de 99 páginas que Franco ocultó». Cultura *El Confidencial* 15-12-2019.

BERNARDO, Maria Ana. 2001. *Sociabilidade e distinção em Évora no século XIX. O Círculo Evorense.* Lisboa: Edições Cosmos.

BERNARDO, Maria Ana, y Ana CARDOSO DE MATOS. 2008. «A candidatura de Évora a Património Mundial: Testemunhos na Imprensa». En *Puertas a la Lectura* 20/21: 75-83. Universidad de Extremadura.

BILOU, Francisco 2001. «Logotipo da Câmara Municipal de Évora –una nova imagem para una velha ideia». *Agenda Cultural,* 8 marzo-abril 2001, 52-53. Câmara Municipal.

BOAVIDA-PORTUGAL, Luís. 2003. «Os centros históricos numa estratégia de conservação integrada; contributos para o estudo do processo urbano recente do centro histórico de Évora». Tese de doutoramento Évora. Universidade de Évora.

BONIFÁCIO, Maria Fátima. 2002. *O século XIX português.* Lisboa: Imprensa de Ciências Sociais.

BORTOLOTTO, Chiara. 2014. «La problemática del patrimonio cultural inmaterial». *Culturas. Revista de Gestión Cultural* 1, n.º 1: 1-22.

BOYM, Svetlana. 2001. *The future of nostalgia.* New York: Basic Books.

BRANCO, Jorge F., y Ana I. AFONSO, eds. 2003. *Retóricas Sem Fronteiras,* vol. 1. *Mobilidades,* vol. 2. *Violências.* Oeiras, Celta.

BRANCO, Jorge F., y António MEDEIROS, eds. 2020. «Enredos ibéricos: comidas, ritos, políticas de património». *Trabalhos de Antropología e Etnologia. Dossier,* vol. 58: 153-789.

BRANCO, Manuel J. C. 2007. «A defesa do património construído em Évora. Cunha Rivara, Filipe Simões, Gabriel Pereira e Túlio Espanca». *Monumentos* 26: 118-123. En *dossier*: Centro Histórico de Évora.

BRANDÃO, Frei António. (1632) 1945. *Crónica de D. Afonso Henriques.* Livraria Civilização.

CABRAL, R. Fiuza. 1919. «A beleza de Évora». *Noticias de Évora* n.º 5531. (22, 23, 24 agosto).

CALADO, Manuel. 1997. «Um território antigo». En VV.AA. Évora, História e Imaginário. Évora: Ataegina.

CAMÕES, Luis. 1572. «Évora». En *Os Lusíadas* – Canto III, estrofa 63. En Grilo y Felix 2013.

CAMPOS, Fernando. 1986. «A letra pitagórica». En *A casa do pó.* En Grilo y Felix 2013, 35. Difel.

CARAPINHA, Aurora. 2007. «Um CHA na Planície». *Revue* 7: 40-7.

CARDOSO DE AZEVEDO, Jorge. (1652) 1966. *Agiologio Lusitano dos sanctos e varoens illustres em virtude do Reino de Portugal e suas conquistas.* Lisboa.

CARDOSO ROSAS, Lúcia Maria. 1995. *Monumentos Pátrios. A arquitetura religiosa medieval - património e restauro (1835-1928).* Porto: Dissertação de doutoramento. Universidade do Porto.

CARO BAROJA, Julio. 1959. «La ciudad y el campo o una discusión sobre viejos lugares comunes». En *Revista de Dialectología y Tradiciones Populares* XV: 381-400.

CARO BAROJA, Julio. 1992. *Las falsificaciones de la historia.* Barcelona: Seix Barral.

CARVALHO, Afonso de, coord. 1997. *Évora, história e imaginário.* Évora: Ataegina,

CARVALHO DA COSTA, António. 1708. *Corografia Portuguesa.* Lisboa.

CARVALHO MONIZ, Manuel de Carvalho. 1966. «A conquista da cidade de Évora». En *Arqueologia e História,* vol. 2: 137-149.

CASTILHO, António Feliciano del. 1838. *Quadros históricos de Portugal.* Lisboa: Typ. da Sociedade Propagadora dos Conhecimentos Uteis, 1838.

CÁTEDRA, María. 1991. «Franquear el umbral». En *El espacio privado. Cinco siglos en veinte palabras,* coordinado por Luis Fernández Galiano. Madrid: Ministerio de Cultura.

CÁTEDRA, María. 1997a. «Metáforas y signos en torno a una idea: la muralla de Ávila». *Cultura, tradición y cambio: una mirada sobre las miradas,* coordinado por Luis Díaz G. Viana, 157-183. Valladolid: Fundación Navapalos y Universidad de Valladolid.

CÁTEDRA, María. 1997b. *Un santo para una ciudad. Ensayo de Antropología Urbana.* Barcelona: Ariel.

CÁTEDRA, María. 1999. «El origen de las ciudades: la invención de la tradición en Évora y Ávila». En Mesa de Trabajo *Recreaciones etnográficas. VIII Congreso de Antropología,* coordinado por António Medeiros, 47-63. Santiago de Compostela.

CÁTEDRA, María, ed. 2001. *La mirada cruzada en la península ibérica.* Madrid: Catarata.

CÁTEDRA, María. 2003a. «Reflexiones sobre la imagen del otro en Portugal». *Culturas en contacto. Encuentros y desencuentros,* organizado por J. L. García y A. Barañano, 245-253. Madrid: Ministerio de Educación, Cultura y Deporte.

CÁTEDRA, María. 2003b. «La violencia de las imágenes: Giraldo sem Pavor». *Retóricas sem Fronteiras* 2, organizado por J. F. Branco y A. I. Afonso, 59-85.

CÁTEDRA, María. 2007. «Évora: los mitos de origen de una ciudad». *A Cidade de Évora* II série, n.º 7: 423-445.

CÁTEDRA, María. 2010. «Imaginar y crear una ciudad: el Grupo Pro-Évora». En *Los lindes del patrimonio. Consumo y valores del pasado,* editado por Camila del Mármol, Joan Frigolé y Susana Narotzky, 61-68. Barcelona: Icaria e ICA.

CÁTEDRA, María. 2011. «La reconstrucción de una ciudad: la restauración del templo de Diana de Évora». *Revista de Antropología Social* 20: 309-328.

CÁTEDRA, María. 2012. «Entre la corte celestial y la corte terrenal: los santos de Évora». En *Pels camins de l'etnografia: un homenatge a Joan Prat,* editado por J. Contreras, J. Pujadas y J. Roca, 47-68. Tarragona: Ediciones de URV.

CÁTEDRA, María. 2013. *Paisajes de antropología urbana.* Genueve ediciones.

CÁTEDRA, María. 2014a. «Imagining and constructing a city: the Group Pro-Évora». En *Globalization and Metropolization. Perspectives on Europe's West Coast,* editado por Paula Mota Santos y Paulo Seixas, 195-213. Berkeley Public Policy Press. Institute of Governmental Studies, Berkeley. University of California, Berkeley, U. F. Pessoa y ISCSP-CAPP/ U. Lisboa.

CÁTEDRA, María. 2014b. «El paisaje de las ciudades», *Saberes culturales,* editado por M. Cátedra y M. J. Devillard, 497-521. Barcelona: Bellaterra.

CÁTEDRA, María. 2015. «La ciudad se abre al mundo: Évora, Patrimonio Mundial». *Olhares e Ofícios de Antrtopólogos em Espanha e Portugal,* editado por Jean Yves Durand y Humberto Martins, 117-141. Picote, Fragua.

CÁTEDRA, María. 2016a. «Impactos. Évora Patrimonio Mundial». *Compromisos etnográficos. Un homenaje a Joan Frigolé,* editado por C. Marmol, J. Roigé, J. Bestard y Contreras, 61-84. Barcelona: Universidad de Barcelona Edicions.

CÁTEDRA, María. 2016b. «Lo inmaterial de la ciudad histórica: la imagen de Evora». Congresso Ibero-Americano *Patrimonio, suas materias e inmaterias LNEC, ISCTE-IUL,* editado por M. Menezes, J. D. Rodrigues y D. Costa.

CÁTEDRA, María. 2017. «Celebraciones. Évora, Patrimonio Mundial». *Reflexiones rayanas,* organizado por Pedro Tomé, vol 1, 9-37. Ávila: Asociación de Antropología de Castilla y León «Michael Kenny».

CÁTEDRA, María, y Serafín TAPIA. 2007. *Para entender las murallas de Ávila: Una mirada desde la historia y la antropología.* Valladolid: Ámbito.

CÊPAS PAÇOS, Emília. 1997. *Contributo para o estudo dos impactos em Évora apos classificação como Património da Humanidade.* Universidade de Évora, departamento de Sociologia.

CHOAY, Françoise. 2005. *Património e mundialização.* Casa do Sul Editora, Centro de História da Arte da Universidade de Évora «Apresentação. Que património para o século XXI», 9-11. Choay «Património: Que desafio para a sociedade. A evolução do conceito de património».

CHOAY, Françoise. (1992) 2007. *Alegoría del patrimonio.* Barcelona: Gustavo Gili.

CME (Câmara Municipal de Évora). 2000. *Riscos de um Século, Catálogo de Exposição.* Évora: Câmara Municipal de Évora.

CME. 1986. Catálogo, Exposição Évora 10 anos Património da Humanidade. Palácio de D. Manuel.

Comissão Social Inter-Freguesias do Centro Histórico de Évora. 2007. *Diagnóstico Social das Freguesias do Centro Histórico.* Évora.

COSTA, Avelino J. C. 1993. *Normas Gerais de Transcrição e Publicação de Documentos e Textos Medievais e Modernos.* Coimbra: Instituto de Paleografia da faculdade de Letras da Universidade de Coimbra.

COSTA DOS SANTOS, Manuel Francisco. 2003. *Desvitalização do Espaço Urbano – O Caso do Centro Histórico de Évora.* Dissertação de Mestrado em Sociologia. Évora: Universidade de Évora.

CUNHA, Manuela, y Luis CUNHA, orgs. 2010. *Interseções ibéricas. Margens, passagens e fronteiras.* Lisboa: 90.º Editora.

CUTILEIRO, Alberto. 1990. «Recordando o Passado». *Diário do Sul.* Évora, 26-10-1990. En Grilo y Felix 2013.

DANTAS, Júlio. 1914. «A cidade dos mosteiros», Conto «Frei António das Chagas». *Pátria Portuguesa* 7.ª ed.. En Grilo y Felix 2013, 168-169. Lisboa: Livraria Bertrand.

DAVID, Celestino. 1923. «Sertório e Geraldo-Sem-Pavor». *Évora encantadora: impressões, arte, história.* En Grilo y Felix 2013, 9. Évora: Livraria e Papelaria Nazareth, 1923.

DAVID, Celestino. 1943. «Templo Romano». *Évora, Rapsódia de Imagen.* En Grilo y Felix 2013.

DAVID, Celestino. 1944. «O Grupo Pro-Évora. Páginas comemorativas do 25.º aniversário 1919-1944 (Sua origem e fundação, fases por que tem passado, espírito e obras)». *A Cidade de Évora,* 7-8: 3-41, 103-253.

DAVID, Celestino Froes, y Marcial RODRIGUES. 2001. *Pela Biblioteca Pública de Évora. Defesa de uma Instituição Cultural.* Évora: Grupo Pro-Évora Edições.

DELFÍN, Martín. 2008. «Arias quería ir a la guerra con Portugal. El último jefe del Gobierno de Franco se ofreció a EE. UU. contra el comunismo». *El País,* 3-11-2008.

DELGADO CORRAL, Concepción. 2005. *Florbela Espanca. Asa no ar erva no chão.* Coimbra: Tartaruga.

DE SETA, Cesare, y Jacques LE GOFF, coords. 1991. *La ciudad y las murallas.* Madrid: Cátedra.

DORNELLAS, Afonso. (1930) 1962-1963 «O escudo de armas da cidade de Évora». *A Cidade de Évora* 45-46: 141-159.

Dossier «Évora, Os Povos e as Artes». 1982. Programa.

— 1987. I Encontro das Cidades Classificadas Património Mundial. Câmara Municipal, Évora.

— 1989. II Encontro das Cidades Classificadas Património Mundial. Câmara Municipal, Évora.

— 1991. III Encontro das Cidades Classificadas Património Mundial. Câmara Municipal, Évora.

— 1993. IV Encontro das Cidades Classificadas Património Mundial. Câmara Municipal, Évora.

— 1995. V Encontro das Cidades Classificadas Património Mundial. Câmara Municipal, Évora.

DUTOUR, Thierry. 2004. *La ciudad medieval. Orígenes y triunfo de la Europa urbana.* Barcelona: Paidós.

ENCARNAÇÃO, José d'. 1991. «Da invenção de inscrições pelo humanista André de Resende». *Biblos,* 67: 177–205.

ENGELS, Friedrich. 1845. *La condición de la clase obrera en Inglaterra.* Varias ediciones.

ENGELS, Friedrich. 1873. *La cuestión de la vivienda.* Varias ediciones.

ESPANCA, Florbela. 1981. *Sonetos,* Lisboa: Libraria Bertrand.

ESPANCA, Túlio. s.f. *Évora.* En Grilo y Felix 2013, 30. Lisboa: Empresa Nacional de Publicidade, SARL.

ESPANCA, Túlio. 1966. *Inventário artístico do Concelho de Évora.* Academia Nacional de Belas Artes, Lisboa 2 vols. (texto y fotografías). Disponible en CD 2000.

ESPANCA, Túlio. 1997. *Évora. Encontro com a cidade.* 2.ª ed. Évora: Câmara Municipal de Évora.

ESTAÇO, Gaspar. 1625. *Várias antiguidades de Portugal.* Lisboa.

FERNANDES, Abílio Dias. 1987. «Intervenção do Senhor Presidente da Câmara Municipal de Évora, Dr. Abílio Dias Fernandes, na sessão solene realizada no Salão Nobre dos Paços do Concelho no dia 14 de dezembro de 1986». *A Cidade de Évora* 69-70: 199-202.

FERNANDES, Maria. 1997. «Évora, memória e restauros». En VV.AA. *Évora, história e imaginario,* 67-74. Évora: Ataegina.

FERNÁNDEZ CATÓN, José Maria. (1983) *San Mancio. Culto, leyenda y reliquias. Ensayo de crítica hagiografica.* Centro de Estudios e Investigación San Isidoro (CSIC-CECEL). Caja de Ahorros y Monte de Piedad de León. Archivo Histórico Diocesano.

FERNÁNDEZ DE VALENCIA, Bartolomé. (1676) 1992. *Historia de San Vicente y Grandezas de Ávila.* Ávila, IGDDA y Caja de Ahorros.

FERNÁNDEZ SALINAS, Víctor. 2009. «El papel de ICOMOS en los procesos de declaración y seguimiento del Patrimonio Mundial». En *Patrimonio cultural de España* IPCE n.º 2, *El Patrimonio Mundial en España: una visión crítica*, 167-176.

FERREIRA, Vergílio. 1958. «Carta ao futuro». *Vértice, Revista de Cultura e Arte*, n.º 180, setembro de 1958. En Grilo y Felix, 457.

FERREIRA, Vergílio. 2000. *Aparição*. 52.º Lisboa: Edição Bertrand.

FERREIRA DE ALMEIDA, José António, coord. 1976. *Tesouros Artísticos de Portugal*. Lisboa: Seleções do Reader's Digest.

FERRER GARCÍA, Félix. 2009. *Rupturas y continuidades históricas. El ejemplo de la Basílica de San Vicente de Ávila, siglos XII-XVII*. Ávila: IGDDA.

FIALHO, Manuel. Véase Antonio Franco y Francisco de Fonseca.

FOLLIES, Karolina S. 2011. «For a critical anthropology of restoration». *Anthropology News*. vol. 52, n.º 7: 20. Octubre.

FONSECA, Francisco de. 1728. *Évora Gloriosa, Epílogo dos quatro Tomos da Évora Ilustrada que compoz o R.P.M. Manoel Fialho*. Roma: Officina Komarekiana.

FONSECA, Helder Adegar. 1996. *O Alentejo no século XIX, Economia e atitudes econômicas*. Lisboa: Imprensa Nacional Casa da Moeda.

FONSECA, Teresa 2001. Estudo e transcrição. *Triste e Alegre Cidade de Évora, Testemunho de um anónimo do século XVIII*. En Grilo y Felix 2013, 36. Câmara Municipal de Évora 2001.

FORTUNA, Carlos. 1998. «Las ciudades y las identidades: patrimonios, memorias y narrativas sociales». *Alteridades* 8 (16): 61-67.

FRANCO, António. (1728) 1945. Évora Ilustrada *extraída da obra do mismo nome do P. Manuel Fialho*. Évora: Edições Nazareth.

FREIRE, João Paulo (Mario). 1930. *Garras de Hespanha. Novos apontamentos historicos sobre a acção da Hespanha antes do dominio dos Filippes*. Famalicão, Minerva.

FREYRE, Gilberto. s.f. *Aventura e rotina*. En Grilo y Felix 2013, 2.ª ed., 84 y 88. Lisboa: Livros do Brasil.

FRYKMAN, Jonás, y Orvar LÖFGREN. 1987. *Culture Builders. A historical anthropology of middle-class life*. New Brunswick: Rutgers University Press.

FUSTEL DE COULANGES, N. D. (1864) 1979. *La ciudad antigua*. Barcelona: Ed. Iberia.

Gabinete da Cidade (1995) *Uma estratégia para a cidade de Évora*. Plano estratégico de Évora.

GAGEIRO, Eduardo, y José SARAMAGO. 1997. *Évora Património da Humanidade*. Câmara Municipal de Évora.

GALOPIM DE CARVALHO, António. 1993. «Com os cumprimentos da gerência» En *O Cheiro da Madeira*. En Grilo y Felix 2013, 75-76. Editorial Notícias.

GARCÍA, José Luis, y Antonio BARAÑANO (coords.). 2003. *Culturas en contacto. Encuentros y desencuentros*. Madrid: Secretaría General Técnica, Ministerio de Educación, Cultura y Deporte.

GARCÍA GARCÍA, José Luis. 1994. «Celebraciones y conmemoraciones». En *Antropología* n.º 8: 113-121.

GARCÍA GARCÍA, José Luis. 1998. «De la cultura como patrimonio al patrimonio cultural». *Política y Sociedad* 27: 9-20.

GARCÍA GARCÍA, José Luis. 2000. «Los rituales: estructuras y escenificaciones». *Fiesta, tradición y cambio*. En F. J. García Castaño, 129-152. Armilla, Proyecto Sur.

GARCÍA RODRÍGUEZ, Carmen 1966. *El culto de los santos en la España romana y visigoda*. Madrid: CSIC.

GARCÍA VILLOSLADA, Ricardo, dir. 1979. *Historia de la Iglesia en España*, tomo I. *La Iglesia en la España romana y visigoda (siglos I-VIII)*. Madrid: Biblioteca de Autores Cristianos.

GASPAR, Jorge. 1972. *A Área de Influência de Évora*. Lisboa: Centro de Estudos Geográficos.

GIL, Augusto. 1997. «Sextilhas a um Menino Jesus de Évora». En *Luar de Janeiro*. 1997. En Grilo y Felix 2013, 17-21. Lisboa: Ulmeiro.

GONZALEZ DÁVILA, Gil. 1646. *Teatro Eclesiástico de la S. Iglesia Apostólica de Ávila y vidas de sus hombres ilustres*. Ávila.

GOULART DE MELO BORGES, Artur, coord. 2003. *Tesouros de arte e devoção*. Évora: Fórum Eugénio de Almeida.

GRILO, Ludovina, y Antonieta FÉLIX. 2012-2013. Évora na Literatura. Contribuções para uma antologia. Núcleo de Documentação DCHPCT. Câmara Municipal de Évora. Dezembro 2012 e actualização Julho 2013.

Grupo Pro-Évora. 1920. *Estatutos*. Évora: Minerva Comercial.

Grupo Pro-Évora. 1960. *Estatutos*. 2.ª ed. Évora.

Grupo Pro-Évora. 1999. *Exposição Comemorativa. Património artístico e documental 1919-1999*. O património artístico do Grupo Pro-Évora.

GUIMARÃES, Paulo Eduardo. 2006. *Elites e indústria no Alentejo (1890-1960)*. Évora: Edições Colibri y CIDEHUS-EU.

GULICK, John. 1973. «Urban Anthropology». *Handbook of Social and Cultural Anthropology*. editado por Honigmann. Chicago: Rand McNally.

GUSMÃO, Armando Nobre de. 1942. «Évora Ilustrada» de M. Fialho, en *A Cidade de Évora*, año 1, n.º 4: 105-116 y ss.

HANNERZ, Ulf. 1986. *La exploración de la ciudad*. Fondo de Cultura Económica.

HARRINGTON, Michael. 1962. *The Other America*. New York: Macmillan.

HAUSCHILD, Theodor. 1991. «El templo romano de Évora». En Templos romanos de Hispania, *Cuadernos de arquitectura romana*, vol. 1: 107-117.

HENRIQUES, Mário Ventura. 1991. *Évora e os dias da guerra*. En Grilo y Felix 2013, 39. Lisboa: Editorial Caminho.

HERAS, Felix de las. 1991. *La iglesia de San Vicente de Ávila y la capilla de San Segundo*. 2.ª ed. Ávila: Fundación Sánchez Albornoz.

HERCULANO, Alexandre. (1846-1853) 1980. *História de Portugal*, tomo I. Livraria Bertrand.

HERCULANO, Alexandre. (1838-1839) 1983. «Monumentos pátrios». En *Opúsculos I*, organizado por Jorge Custódio y J. M. Garcia. Lisboa: Presença.

HORTINHAS, Felícia Festas. 1998. «Évora Cidade Antiga». *Sonhos de Amor*. En Grilo y Felix 2013.

HUICI, Ambrosio 1917. *El anónimo de Madrid y Copenhague*. Valencia: F. Vives Mora.

ICOMOS. 1931. *The Athens Charter for the Restoration of Historic Monuments*. http//www.icomos.org/athens_charter.html.

JOHNSTON, William M. 1991. *Celebrations. The cult of anniversaries in Europe and the United States today*. New Brunswick and London: Transactions.

KAGAN, Richard L. 1995. «La corografía en la Castilla moderna. Género, historia, nación». En *Stvdia Historica*. Historia Moderna, vol. 13, 47-59.

KINGMAN, Eduardo y Llorenç PRATS. 2008. «El patrimonio, la construcción de las naciones y las políticas de exclusión. Diálogo sobre la noción de patrimonio». En *Centro-h* n.º 1: 87-97.

LE GOFF, Jacques. 1983. *Tiempo, trabajo y cultura en el occidente medieval*. Madrid: Taurus.

LEAL, João. 2001. «Las tesis lusitanistas. Arqueología y Antropología en Portugal». *Complutum* 12: 297-309.

LÉVI-PROVENÇAL, Evariste 1928. *Documents inédits d´histoire almohade*, 96. Lisboa: Imprensa Nacional de Lisboa, 2005.

LOPES, David. 1911. *Os Árabes nas obras de Herculano*. Lisboa: Imprensa Nacional.

LOPES, David. 1940. «O Cid português: Geraldo Sem-Pavor». *Revista Portuguesa de História*, tomo I, 93-111. Coimbra.

LOPES, Nuno y Rubén MENEZES, coords. 2000. *Requalificação Urbana no Centro Histórico de Évora*. Évora: Câmara Municipal de Évora.

LOURENÇO, Eduardo. 1978. *O labirinto da saudade. Psicoanálise mítica do destino português*. Col. *Participar* n.º 10. Lisboa: Dom Quixote.

LUCIANO, Eduardo. 2011. Intervenção do Vereador na sessão comemorativa dos 25 anos da Classificação de Évora como Património Mundial pela Unesco.

MACIEL, Justino. 1997. «Évora visigótica. Évora na antiguidade tardia». *Évora, história e imaginário*. En Carvalho *et al.*, 27-40. Évora: Ataegina.

MAGALHÃES RIBEIRO DA CUNHA, Arlindo de. 1996. «A devoção popular a Santiago de Compostela em Portugal». *Brigantia*, vol. 17, n.º 3, 77-114.

MAIA, Maria Helena. 2005. «De bienes de la nación a monumentos nacionales. Romanticismo y patrimonio arquitectónico en Portugal». *Espacio, Tiempo y Forma*, serie VII, H.ª del Arte, t. 18-19.

MAIA MENDES, António. 1945. «O deslumbramento de Évora». Palavras do Sr. Governador Civil, Tenente-Coronel António Maia Mendes. *Revista Turismo* n.º 64, agosto a octubre 1945. Número especial dedicado a Évora.

MARCHAND, Filipe. 1981a. «A recuperação do centro histórico de Évora». *Poder Local. Revista de Administração Democrática* 28: 34-38

MARCHAND, Filipe. 1981b. «Évora. A preservação do património». *Poder Local. Revista de Administração Democrática* 25: 56-60.

MARIANO, Lorenzo, Borja RIVERO, y David CONDE, eds. 2023. *Antropología de la Soledad. Teorías y etnografías contemporaneas*. Valencia: Tirant Lo Blanch.

MARMÓL, Camila del, Joan FRIGOLÉ, y Susana NAROTZKY, eds. 2010. *Los lindes del patrimonio. Consumo y valores del pasado*. Barcelona: Icaria.

MARQUES, Gentil. (1962) 1999a. «Lenda do Sem Pavor». *Lendas de Portugal*, vol. 2, *Lendas Heróicas*, 83-89. Lisboa: Âncora eds.

MARQUES, Gentil. (1962) 1999b. «Lenda da moura enamorada» *Lendas de Portugal*, vol. 3. *Lendas de mouras e mouros*, 239-244. Lisboa: Âncora eds.

MARQUES PEREIRA, Sara. 2007. «Arquiteto Jorge Silva Opus» 2007. *Revue* n.º 7: 28-33, junio.

MARTINS, Humberto, y Jean Yves DURAND, orgs. 2015. *Olhares e ofícios de antropólogos em España e Portugal*. Picote, Fragua.

MARTINS, Maria do Rosário, coord. 2012. *Évora, Património Mundial*. Arquivo Municipal Cadernos n.º 4. Évora: Câmara Municipal de Évora/Arquivo Municipal DCRE/ DPT.

MATOS ABREU, Susana. s.f. «De Roma a Évora, com André de Resende: Cidade e "Património" na Historia da Antiguedade da cidade de Évora». ms. http://www.apha.pt/boletim/boletim2/pdf/Susana_Matos_Abreu.pdf

MATOS PINA MARTINS PRATA, Jorge Manuel de. 2010. «A emergência da noção de património». *Pós-Graduação em Direito do Património*.

MATOS SEQUEIRA, Gustavo, y Alberto DE SOUZA. s.f. Évora. En Grilo y Felix 2013, 30. Lisboa: Empresa Nacional de Publicidade, SARL.

MATTOSO José, dir. 1994. *História de* Portugal. Lisboa: Estampa.

MATTOSO, José. 1999. «Santos portugueses de origen desconhecida». *Atas do Colóquio Internacional Piedade Popular*. Lisboa: U. Nova.

MELO, José. 1998. «Postal Ilustrado I». En *Debruçada na Planura*. En Grilo y Felix 2013.

MENDES VASCONCELOS, Diogo. (1593) 1785. «Libro V do Município Eborense». *Coleção das antiguidades de Évora*. En Bento José de Souza Farinha. Lisboa: Na Oficina de Filipe da Silva e Azev. Véase Farinha.

MENEZES, Marluci. 2004. *Mouraria, Retalhos de Um Imaginário: Significados Urbanos de um Bairro de Lisboa*. Lisboa: Celta.

MENEZES, Marluci, José DELGADO RODRIGUES, y Dória COSTA, eds. 2016. *Congreso Iberoamericano Patrimonio, suas Matérias e Imatérias*. Lisboa: LNEC-ISCTE-IUL.

MIRANDA, Eduardo. 2009. «Évora 20 anos de Património Mundial. Um balanço. Contributo para a Avaliação do Impacto da Classificação na Cidade). *A Cidade de Évora*, n.º 7: 23-43.

MONTE, Gil do. 1941. *A Tomada de Évora ou a façanha de Giraldo Giraldes (Sem Pavor). Narrativa histórica*. Évora: Minerva Comercial.

MORAL, Tomás. 1969. «Vicenzo, Sabina e Cristeta». *Bibliotheca Sanctorum,* 1187-1190. Instituto Giovanni XXIII della Pontificia Universitá Lateranense. Roma: Biblioteca Sansot.

MORALES, Ambrosio de. (1574) 1791. *Coronica General de España*. Libro V (continuación de la *Cronica General de España,* libros 1-4 de Florian do Ocampo, Zamora). Madrid: Oficina de don Benito Cano.

MORGADO, Margarida. 1932. «Évora», junho de 2004 Poema feito para o Documentário «No Coração de Portugal» de Jean-Philippe Pierrot. *Água pródiga*, 2007. En Grilo y Felix 2013, 116. Évora: associ'arte – associação de comunicação e artes.

MOURA FERNANDES, Joaquim A. 1999. *Alentejo Ai Soledad. Antología Temática*. Secretaría de Estado de la Cultura. Delegación Regional del Alentejo. Elvas.

NEMÉSIO, Vitorino. 1946. «Alentejo – Terra e Literatura». En *Diário Popular*, de 22-2-1946, Cit. *Antologia de temática alentejana: morena a terra, moreno o canto.* – Seleção, prefácio e notas de Joaquim A. Moura Fernandes,. En Grilo y Felix 2013, 34. Évora, 1984.

NEMÉSIO, Vitorino. 1965. «Balada de Évora». *Almanaque Alentejano.*

NEVES, Paulo. 2010. Évora shrinking city. Pensar a cidade antiga para uma nova cidade. Tese de Mestrado. Universidade de Évora.

OLIVEIRA, César, dir. 1996. *História dos municípios e do poder local*. Lisboa: Temas e Debates.

OLIVEIRA, Manuela. 1998. «Una estratégia para Évora». En *Vivir las ciudades históricas. Recuperación integrada y dinámica funcional*, M. A. Troitiño y J. S. García, 205-228. Cuenca: Eds. Universidad Castilla-La Mancha.

OLIVEIRA, María Manuela, coord. 2003. *Para um caracterização do centro histórico de Évora* Évora: Câmara Municipal de Évora.

OLIVEIRA, Manuela. 2005. «Um urbanismo para os centros históricos». *Revista de Administração Local* n.º 206, marzo-abril, 139-147.

OLIVEIRA, María Manuela. 2007. «O envelhecimento do centro histórico de Évora». *Monumentos* 26: 190-197.

OLIVEIRA MARQUES, A. H. de. 1998. *História de Portugal*. Lisboa: Palas.

ORTIGÃO, Ramalho. 1941. «O culto da arte em Portugal». En *Agenda Ebora*, 7.º Ano, 1941. En Grilo y Felix 2013, 3.

PAÇO, Afonso do, y José FERNANDES VENTURA (1961). «Castelo do Giraldo (Évora) I Trabalhos de 1960». *Revista de Guimarães*, vol. 71, n.º 1-2.

PALMINHA SILVA, Joaquim. 2001. «Évora e o seu símbolo heráldico (brasão de armas da cidade)». *Diario do Sul* 23-5-2001, 5.

PATRÍCIO, Amador. (M. Cardoso de Azevedo, 1614) 1739. *História das antiguidades de Évora*. Évora: Officina da Universidade.

PEIXOTO, José Luís. 2007. *Évora ao espelho*, 15. En Grilo y Felix 2013. Évora: Câmara Municipal de Évora, 2007.

PEREIRA, Claudia Sousa. 2013. «Uma certa Évora». https://dspace.uevora.pt/rdpc/handle/10174/9132

PEREIRA, Gabriel. 1904. «Brasão d'armas do Município» Noticias d'Évora». 1033 (4-3-1904) 1040 (12-3-1904).

PEREIRA, Gabriel. 1947. «O brasão de Évora». *Estudos Evorenses,* vol. 1.

PEREIRA TAVARES, José. 2009. «Prefacio e notas». História da antiguidade da Cidade de Évora. En *Obras portuguesas*. En A. de Resende. Lisboa: Sá da Costa Editora.

PINTO DE AZEVEDO, Ruy. 1967. «Primórdios da Ordem Militar de Évora». *Boletim Cultural da Junta Distrital de Évora,* n.º 8: 1-21.

PIRES GONÇALVES, José. 1979. «Alguns aspetos das campanhas de Giraldo sem pavor na região do Guadiana». *Anais,* II serie, vol. 26, tomo I: 67-102.

PIRES GONÇALVES, José. 1980. *O papel de Giraldo sem pavor na reconquista cristã da península no século XII.* Évora: Livraria Nazareth.

Instituto de Ciências Jurídico-Políticas. Faculdade de Direito da Universidade de Lisboa.

PRATS, Llorenç. 1997. *Antropología y patrimonio.* Barcelona: Ariel.

PROENÇA, Raúl. 1927. *Guía de Portugal II. Extremadura, Alentejo, Algarve.* Lisboa: Biblioteca Nacional.

QUEIRÓS, Eça de. s.f. «A Feira de S. Brás». En *O Distrito de Évora.* En Grilo y Felix 2013, 128-129. Lisboa: Livros do Brasil.

QUEIROZ, José. 1919. «Resposta». En *Noticias d'Évora* n.º 5531, 6 de septiembre.

RAMOS, Rui. 2001. «A invenção de Portugal». *A Segunda Fundação (1890-1926). História de Portugal,* dirigido por José Mattoso, vol. 6: 495-518. Lisboa: Ed. Estampa.

REPULLÉS y VARGAS, Enrique María (1884) 1997. *Basílica de San Vicente en Ávila.* Ávila: Consejo de Fábrica, San Vicente.

RESENDE, André de. 1548. *Breviarium Evorense.* Ms.

RESENDE, André de. (1553, 1576) 1783. *História da antiguidade da Cidade de Évora* (3.ª ed. copiada de la segunda de 1576 y emendada por el autor). Lisboa: Of. S.T. Ferreira.

RESENDE, André de. (1593) 1996. *As antiguidades de Lusitania,* introducido, traducido y comentado por R. M. Rosado Fernandes. Lisboa: Fundação Calouste Gulbenkian.

RESENDE, André de. (1576) 2009. «Historia da antiguidade da Cidade de Évora». En *Obras portuguesas.* Prefácio e notas Prof. José Pereira Tavares. Lisboa: Sá da Costa Editora.

RIBEIRO, Orlando. 1986. «Évora. Sítio, origem, evolução e funções de uma cidade». *Estudos em homenagem a Mariano Feio,* coordinado por R. Soeiro de Brito. Lisboa.

RIIS, Jacob. 1890. *How the Other Half Lives.* Varias ediciones.

RODRIGUES, Marcial A. E. 1999. «80.º Aniversário do Grupo Pro-Évora. Um desafio à História local». *Grupo Pro-Évora. Exposição Comemorativa Patrimonio Artístico e Documental 1919-1999.* Évora: Imprimévora.

RODRIGUEZ ALMEIDA, Emilio. 1962. «La primitiva memoria martirial de los Santos Vicente, Sabina y Cristeta». En *Atti del VI Congresso Internazzionale di Archeologia Christiana,* 780-797. Ravena.

RODRIGUEZ ALMEIDA, Emilio. 1981. *Ávila Romana.* Ávila: Caja General de Ahorros y Monte de Piedad de Ávila.

RODWIN, Lloyd, y Robert M. HOLLISTER, eds. 1984. *Cities of the Mind. Images and Themes of the City in the Social Sciences.* New York and London: Plenum Press.

ROS AGUDO, Manuel. 2008. *La gran tentación. Franco, el Imperio Colonial y la intervención española en la Segunda Guerra Mundial.* Barcelona: Styria.

ROSA, João. 1924. *Évora. Pro-Pátria.* Propaganda de defesa regional. Lisboa: Imprensa Nacional.

ROSADO FERNANDES, Raul Miguel. 1996. «Introdução». *As antiguidades de Lusitânia.* En André de Resende,1-63, Fundação Calouste Gulbenkian.

ROSAS, Fernando. 2004. *Portugal siglo XX (1890-1976) Pensamiento y acción política.* Mérida: Editora Regional de Extremadura.

«Ruinas de Portugal» 1836. De História, Belas Letras e Artes. *El Instructor: ó Repertorio,* vol. 3, 169-172. books.google.es/books?id=cfkaAAAAYAAJ...

RYKWERT, Joseph (1976) 1985. *La idea de la ciudad. Antropología de la forma urbana en el mundo antiguo.* Madrid: H. Blume.

SAMEIRO, Pedro. 1986. «A heráldica autárquica em Portugal». *Almansor* n.º 4, 77-117.

SANTAMARINA, Beatriz. 2013. «Los mapas geopolíticos de la Unesco: entre la distinción y la diferencia están las assimetrias. El éxito (exótico) del património inmaterial». En *Revista de Antropología Social* 22: 263-286.

SANT'ANNA, Dulce. 1984. «Catedral de Évora». En *Sombra... e Luz*. Évora. En Grilo y Felix 2013, 129.

SANZ, Nuria. 2009. «Comentario acerca de la Convención sobre la Protección del Patrimonio Mundial, Cultural y Natural». En *Patrimonio cultural de España* IPCE n.º 2. *El Patrimonio Mundial en España: una visión crítica*, 43-86.

SARAIVA, José Hermano. 1989. *História de Portugal*. Madrid: Alianza Ed.

SARAMAGO, José. 1997. «O viajante está em Évora». *Viagem a Portugal*. 15.ª ed., 342-343. En Grilo y Felix 2013. Lisboa: Caminho

SARAMAGO, José e Eduardo GAGEIRO. 1997. *Évora, Património da Humanidade*. 2.ª ed. Évora: Câmara Municipal de Évora.

SCHORSKE, Carl E. 1961. *Vienna Fin-de-Siècle*. New York, A. A. Knopf (en castellano, *Viena, fin de siglo* 2011). Madrid: Siglo XXI.

SCHORSKE, Carl E. 1963. «The idea of the city in European Thought: Voltaire to Spengler». *The historian and the city*, editado por O. Handlin y J. Burchard. Cambridge, Mass. Publicado en castellano en C.A. Schorske, 2001, *Pensar con la História*. Madrid: Taurus.

SIDARUS, Adel. 1988. «Um texto árabe do século X relativo à nova fundação de Évora e aos movimentos Muladi e Berebere no ocidente andaluz». *A Cidade de Évora* 71-76: 7-37.

SILVA, António Carlos. 1997. «Évora romana. Do mito à história». En *Évora, História e Imaginário*. Évora: Ataegina.

SILVA, António Martins da. 1994. «A desamortização». *História de Portugal*, editado por J. Mattoso, 5: 293-305. Lisboa: Estampa.

SILVA, Antunes da. s.f. «Giraldo». Jornal II. En *Breve Antologia Poética*. En Grilo y Felix 2013, 133. Évora: Câmara Municipal de Évora.

SILVA, Jorge. AO (Oficina de Arquitetura). 1981. *Plano de recuperação do Centro Histórico*. Évora: Núcleo de Documentação de la Câmara Municipal.

SILVA, Jorge. 2007. «A classificação do centro histórico de Évora como Património da Humanidade». En *Monumentos* 26: 184-189.

SILVA, Rosário. 2011. «Renascença». Évora, 20-11-2011, Movimento «A Cultura está Viva e Manifesta-se na Rua» www.cincotons.com/2014_03_01_archive.html

SILVA, Rosário. 2014. 28-03-2014 10:17 «Évora quer ser mais que património mundial. Centro Histórico de Évora está envelhecido e despovoado» Dia dos Centros Históricos. Áudio. *Radio Renascença* http://rr.sapo.pt/informacao_detalhe.aspx?fid=25ydid=143499

SILVA TAROUCA, Carlos da. 1946. «S. Manços, primeiro Bispo de Évora?». *Broteria* 42: 521-529.

SILVEIRA, Luís Espinha. 1991. «Venda de bens nacionais, estrutura da propriedade e estrutura social na região de Évora na primeira metade do século XIX». *Análise Social*, vol. 26, 112-113: 585-612.

SILVERMAN, Sydel F. 1975. *Three Bells of Civilization*. Nueva York: Columbia University Press.

SIMÕES, Augusto Filipe. 1869. *Relatório acerca da renovação do museu Cenáculo, dirigido ao ex. m.º sr. Vizconde da Esperança, presidente da camara municipal de Évora*. Évora: Typographia da Folha do Sul.

SIMÕES, Augusto Filipe. 1888. «O templo romano de Évora». En *Escriptos Diversos*. Coimbra: Imprensa da Universidade.

SIMÕES RODRIGUES, Paulo, y Ana CARDOSO DE MATOS. 2007. «Restaurar para renovar na Évora do século XIX». *Monumentos* 26: 136-9. En *dossier*: Centro Histórico de Évora.

SIMPLÍCIO, Maria Domingas. 2001. *Évora: estrutura e renovação urbana no sector intramuros*. Évora: Câmara Municipal de Évora.

SIMPLÍCIO, Domingas V. M. 2007-2008. «Evolução da estrutura urbana de Évora: o seculo XX e a transição para o seculo XXI». En *A Cidade de Évora* 7: 321-360.

SIMPLÍCIO, Domingas V. M. 2013. «A cidade de Évora e a relevância do centro histórico». *A nova vida do velho centro nas cidades portuguesas e brasileiras*, organizado por José A. R. Fernandes y Maria Encarnação Sposito. Porto: G. Maiadouro.

SIMPLÍCIO, Maria Domingas, y Nuno SOBRAL CAMELO. s.f. «Centro histórico de Évora: relevância ameaçada?». https://www.academia.edu/5252717/Centro_histórico_de_Évora_relevância_ameaçada

SMITH, Gavin. 1999. *Confronting the present. Towards a politically engaged anthropology*. Oxford: Berg.

SOARES PEREIRA, Virgínia. 1986. «Os Castelhanos segundo André de Resende» Diacritica 1: 147-166.

SOARES PEREIRA, Virgínia. 1988. André de Resende. Carta a Bartolomeu de Quevedo. Coimbra: Instituto Nacional de Investigação Científica.

SOARES PEREIRA, Virginia. s.f. «André de Resende e os Portugueses segundo Bartolomeu de Albornoz». https://www.uc.pt/fluc/eclassicos/publicacoes/ficheiros/humanitas43-44/06_Virginia_Pereira.pdf

SOUSA SOARES, Torquato de. 1969. «Significado nacional da Reconquista Cristã de Évora». Separata do *Boletim da Junta Distrital de Évora*, n.º 8, 1967.

SOUSA TAVARES, Miguel. 2013. En *Madrugada Suja*. En Grilo y Felix 2013, 22.

SOUZA FARINHA, Bento José de. 1785. *Coleção das antiguidades de Évora,* escritas por André de Resende, Diogo Mendes de Vasconcelos, Gaspar Estaço, Fr. Bernardo de Brito e Manoel Severim de Faria. Lisboa.

TAVARES RODRIGUES, Urbano. 1988. *Os Campos da Promessa*. En Grilo y Felix 2013, 63-64. Ataegina.

TAVARES RODRIGUES, Urbano. 2003. *Caíram Flores sobre Évora*. En Grilo y Felix 2013, 16-17. Câmara Municipal de Évora, 2003.

TOMÉ, Pedro, ed. 2017. *Reflexiones Rayanas* Ávila, Asociación de Antropología «Michael Kenny».

TORGA, Miguel. 1950. «O Alentejo». En *Portugal*. En Grilo y Felix 2013, 113, 118. Coimbra.

TORGA, Miguel. s.f. «Canção a Évora». *Diário III*. En Grilo y Felix 2013.

URIBE, Txema. 2003. «*Mobilis in mobili*: a Universidade de Évora». *Retóricas sem Fronteiras* 1. Mobilidades, organizado por J. F. Branco y A. I. Afonso, 71-85. Oeiras: Celta.

URIBE, Txema, ed. 2007. *En-clave ibérica, vecinos, caminos y mudanzas culturales*. Pamplona: Universidad Pública de Navarra.

VELHO, Martim. 1966. «Trabalhos apresentados no Simpósio Internacional da Reconquista Cristã da Península Ibérica». Separata do *Boletim da Junta Distrital de Évora*, n.º 7, 1966.

VIEGAS, Francisco José. 2002. «Na branca e azul luz de Évora». En *Metade da Vida*. Quasi Edições.

VILA DA VILA, Margarita. 1988. «La iconografía de san Vicente y sus hermanas en el arte medieval». En J. C. Bermejo Barrera. *Parentesco, familia y matrimonio en la historia de Galicia*. Santiago: Tórculo Ed.

VILELA, Ana Luisa, *et al.* 2012. *Florbela Espanca. O espólio de um mito*. Callipole n.º 21. Colibrí.

VILLAVERDE CABRAL, Manuel. 1988. *Portugal na alvorada do século XX. Forças sociais, poder político e crescimento económico de 1890 a 1914*. Lisboa: Presença.

VILLEGAS, Alonso de. 1595. *Flos Sanctorum*. Toledo: Pedro Rodriguez.

WALKOWITZ, Judith. 1995. *La ciudad de las pasiones terribles*. Madrid: Ed. Cátedra.

WARNER, Sam Bass. 1984. «Slums and Skyscrapers. Urban Images, symbols and Ideology». *Cities of the Mind. Images and Themes of the City in the Social Sciences,* editado por Lloyd Rodwin y Robert M. Hollister, ch. 11, 181-195. New York and London: Plenum Press.

WHITE, Morton y Lucia. 1966. *El intelectual contra la ciudad*. Buenos Aires: Ediciones Infinito.

Zacarias, María Antónia. 2016. «Município quer comemorar 30 anos de Unesco com revitalização do centro histórico. Grande entrevista Carlos Pinto Sá, presidente da Câmara de Évora». *Diário do Sul*, 24 febrero 2016.

Zulaika, Joseba. 2006. «Las ruinas de la teoría y la teoría de las ruinas» *Revista de Antropología Social* 15: 173-192.

Zumthor, Paul. 1994. «La ciudad». En *La medida del mundo. Representación del espacio en la Edad Media*, 108-140. Madrid: Cátedra.

Editada bajo la supervisión de Editorial CSIC,
esta obra se terminó de imprimir en Madrid
en octubre de 2024